SUIS TON ÂME, ELLE CONNAÎT LE CHEMIN

Virginie Bobée et Violette Germont

SUIS TON ÂME, ELLE CONNAÎT LE CHEMIN

UN TÉMOIGNAGE PUISSANT
ET INÉDIT SUR L'AU-DELÀ

Le lotus & l'éléphant
POCHE

Publié pour la première fois en grand format chez Le Lotus et l'éléphant
en 2021, sous le même titre.

Édition Poche

58, rue Jean Bleuzen – 92178 Vanves Cedex

Direction : Catherine Saunier-Talec
Responsable éditoriale : Lisa Grall
Responsable de projet : Sophie Bartczak
Éditrice : Anissia Martin
Assistante d'édition : Margot Baudichet
Correction : Cécile Grembert
Principe de couverture : Nicole Dassonville
Illustrations de couverture : Istock
Mise en pages : Nord Compo
Fabrication : Anne-Laure Soyez
Responsable communication : Johanna Rodrigue
Responsable partenariats : Dana Lichiardopol (dlichiardopol@hachette-livre.fr)

Dépôt légal : septembre 2022
ISBN : 978-2-01-720020-8
42-4790-0 / 04

Achevé d'imprimer en Espagne par Liberduplex
en juillet 2024

© 2022, Le lotus et L'éléphant, un imprint d'Hachette Livre

SOMMAIRE

Vous pouvez retrouver l'actualité de Violette&Virginie sur le site : www.accord-ame.com

QUI SOMMES-NOUS ?

Nous sommes Violette Germont et Virginie Bobée. Nous sommes un duo !

Nous avons, dans un premier temps, chacune connu un parcours personnel : l'une en entreprise, l'autre en milieu hospitalier, puis nous avons changé de vie pour nous consacrer à ce monde de l'invisible qui nous interpelle depuis notre enfance. Nous avons fait toutes les deux, séparément, notre chemin dans le monde de la thérapie, du développement personnel et spirituel. Nous nous sentions quelquefois isolées, rattrapées par le doute face aux messages que nous recevions, aux contacts avec ce monde de l'au-delà avec lequel nous communiquions.

Notre rencontre a été une évidence, une rencontre d'âme à âme ! Nous nous sommes « reconnues » tout de suite et, depuis ces dernières années, nous travaillons côte à côte. Notre manière de vivre et de dialoguer avec l'invisible (en canalisation ou *channeling*) nous réunit. Être à deux nous donne une force incroyable car, ainsi, il est plus facile de vérifier les enseignements, les messages, les contacts, les pratiques énergétiques que nous recevons l'une et l'autre ou ensemble.

Notre rôle est avant tout d'être un pont entre l'invisible et le monde physique. Nous accompagnons les personnes à la recherche d'une évolution spirituelle (laïque) et d'une ouverture de conscience. Nous sommes thérapeutes énergéticiennes, depuis vingt ans pour Violette et dix ans pour Virginie. Nous utilisons divers outils : la médiumnité avec la canalisation de messages, différentes techniques énergétiques comme la libération transgénérationnelle, karmique et émotionnelle, la communication animale ainsi que la sophrologie, la méthode Vittoz.

Nous avons acquis une expérience personnelle et professionnelle en animant des conférences, des « webinaires » (ateliers de formation sur Internet), des débats, des formations, des canalisations, des enseignements et pratiques à destination du public.

Nous recevons aussi, en séances individuelles, des personnes en recherche spirituelle ou confrontées à un problème récurrent ou encore à une épreuve telle qu'un deuil, une fin de vie, une séparation, une grossesse, une maladie, etc. Nous les accompagnons. Ces séances peuvent avoir lieu soit avec l'une ou l'autre, soit en duo.

Nous sommes les cofondatrices de l'association Accord'Âme dont le but est de diffuser au public les enseignements que nous recevons des guides de lumière.

L'au-delà est une réalité !

Le monde de l'invisible est tout aussi réel que ce livre, que vous tenez entre vos mains ou que ce fauteuil sur lequel vous êtes assis. Pour nous, il est cohérent, rassurant, incontournable et indispensable : il est notre allié. Nous en avons fait une force. Certains nous disent : « Quelle chance vous avez ! Moi aussi, j'aimerais être comme vous ! » Notre médiumnité est un don du ciel que nous avons dû accepter, travailler, assumer. La plupart des gens voient ce que nous sommes aujourd'hui, mais n'ont pas idée du chemin difficile, semé d'écueils, tortueux, qu'il nous a fallu parcourir pour accepter et développer ce talent.

Lorsque nous étions enfants, notre hypersensibilité faisait que nous nous sentions à part, inadaptées à ce monde. Il nous a fallu affronter des visions de spectres, des murmures indécodables, être touchées par des présences invisibles... Cela a provoqué des terreurs et des incompréhensions face à ce qui se manifestait à nous. Ce parcours a été long, difficile, éprouvant, rempli de doutes, de peurs et de mal-être.

Malgré tout, nous avons bénéficié de ressources insoupçonnées, de rencontres déterminantes, d'un travail de développement personnel et spirituel profond. Sans tout cela, nous ne pourrions remercier le ciel pour cette évolution. Tous ces défis ont fait de nous les femmes que nous sommes aujourd'hui. Nous avons, enfin, trouvé un équilibre entre le monde matériel et immatériel, mais cela ne s'est pas fait en un jour ! Avec le temps, la curiosité, les enseignements, nous avons exploré d'innombrables aspects du monde invisible, qui ont balayé nos idées préconçues sur la mort, la séparation, la victimisation, le jugement, les épreuves, la souffrance, l'amour...

Nous « voyons », nous « entendons », nous « ressentons » ce monde de l'au-delà. Il nous apparaît lumineux, encourageant, porteur de sens dans la vie sur Terre. Il est devenu un partenaire de choix qui nous aide dans notre vie, au quotidien. Nous avons noué des liens forts, indéfectibles, avec des êtres de lumière qui sont devenus nos guides et nous accompagnent fidèlement. Ils nous ont fait suivre un parcours initiatique et nous recevons encore aujourd'hui leurs enseignements.

Ce monde de l'au-delà est partout, à chaque instant, dans notre vie. Nous l'avons apprivoisé, nous collaborons avec lui. Il nous souffle à l'oreille des mots réconfortants ou des encouragements toujours pertinents. Il nous alerte et nous protège aussi, parfois ! Il nous indique la direction à suivre et nous enseigne comment aller de l'avant avec confiance. Un jour, les guides nous ont dit : « Vous avez beaucoup appris, maintenant il faut transmettre. Vous êtes prêtes et nous vous aiderons pour œuvrer en ce sens. »

La médiumnité nous permet d'être « un pont » reliant le monde terrestre au monde « invisible ». Des guides (êtres de lumière enseignants), dédiés à la Terre, nous dictent des messages universels, magnifiques, que nous vous transmettons. Cela s'appelle des canalisations médiumniques. Nous élevons nos vibrations pour rejoindre ces êtres aux fréquences vibratoires très hautes tandis qu'ils « descendent » vers nous. Nous faisons ainsi, chacun, une partie du chemin. Nous restons totalement conscientes de ce qui se passe, mais nous les laissons s'exprimer à travers nos voix. Notre flux de paroles, nos intonations, notre diction peuvent en être modifiés car ce n'est plus nous qui parlons. Les messages délivrés peuvent être un exercice méditatif, énergétique ou un enseignement dans le but d'ouvrir les consciences et le cœur. Nous vous aidons à vous ouvrir à votre véritable nature divine, pour développer tous vos potentiels.

INTRODUCTION

Il y a quelques mois, nos guides nous ont prévenues qu'une nouvelle opportunité de partager, d'une manière inédite, nous serait offerte. Nous avons été étonnées parce qu'ils ne nous dévoilent jamais l'avenir. Curieuses, nous avons essayé d'en savoir plus, mais nous n'avons obtenu qu'un « Faites-nous confiance, tout ira parfaitement ! »

Un peu plus tard, l'une d'entre nous a reçu le message que nous devions nous préparer à recevoir des témoignages de vie d'êtres décédés que nous n'avons jamais rencontrés sur Terre et qui ne sont pas en lien avec les personnes qui nous consultent.

Lors d'un « voyage astral », nos guides de lumière nous ont invitées à les « rejoindre » dans un espace énergétique que nous identifions comme une « salle de travail céleste ». Ils nous ont présenté un être lumineux, nommé Cyléria.

Nous la percevons comme un être à l'énergie et l'apparence féminines. Elle est longiligne, avec des contours flous. Une aura très claire et puissante l'entoure. Elle est désignée comme l'âme qui nous guidera, pour un temps. Elle nous paraît sérieuse et nous sentons que l'ambiance sera « boulot-boulot ». Il va falloir nous atteler à la tâche de manière rigoureuse et cadrée. Cela ne rigole pas !

Son contact a été très fort : sa seule présence nous offrait une douce illumination que nous ne pouvions saisir consciemment et qui nous dépassait. Ce jour-là, elle tenait un grand livre lumineux, ouvert, entre ses mains. Il en jaillissait une gerbe d'innombrables signes et symboles, nimbée de lumière dorée. Elle nous a dit :

« Ce livre est déjà écrit, laissez-vous guider. Votre rôle est de l'incarner sur Terre et de lui donner vie. Faites-nous confiance. »

Elle le remit entre nos mains. Puis, nous avons vu d'autres êtres de lumière venir s'installer autour de nous. Cyléria nous a dit :

« Je vous présente l'équipe qui va vous soutenir, vous inspirer. Tout est fait, tout est là. Nous serons vos guides, tout au long de l'élaboration de cet ouvrage. »

Sur l'instant, nous sommes restées perplexes. Eh oui, notre côté rationnel nous rattrape quelquefois ! Fort heureusement, nous sommes deux et recevons exactement les mêmes informations.

Alors, Cyléria nous a précisé :

« Je vais vous présenter différents êtres qui viendront vous faire part de leurs expériences de vie. Ces êtres ne sont plus incarnés sur Terre, depuis un bon moment.

Vous ne les connaissez pas. Ils ne sont en lien avec aucune des personnes que vous avez rencontrées lors de vos séances. Considérez-les comme toute personne qui vient vous consulter. Vous pourrez engager une discussion avec eux, leur poser des questions. Ils sont volontaires et prêts pour cette belle mission commune. Nous comptons sur eux et sur vous pour ouvrir les consciences de toutes ces âmes incarnées sur Terre qui recherchent le chemin de l'éveil. »

Ce fut une rencontre magnifique ! Nous avons remercié Cyléria et son équipe et sommes revenues dans le monde terrestre, galvanisées par la mission que l'on nous confiait. Nous nous sommes dit que cela avait l'air facile, mais… par où commencer ? Un grand enthousiasme s'est installé en nous et ne nous a plus quittées pendant toute l'écriture de ce livre.

Durant plusieurs mois, nous avons eu rendez-vous, en canalisation, avec Cyléria et son équipe d'êtres de lumière qui nous ont transmis ce livre. Elle nous a mises en relation avec différentes âmes qui sont venues raconter humblement leurs histoires de vie.

Il s'avère que ces témoignages d'âmes sont d'excellents catalyseurs de réflexion sur nous-même et notre vie. Nous sommes honorées de la confiance qui nous a été accordée par chacun de ces êtres, ainsi que par nos guides !

Expédition dans le monde invisible

Pour partir à la découverte de ce monde extraordinaire qu'est celui de l'âme et du monde invisible, nous vous avons préparé quelques bagages utiles.

L'âme est une notion centrale dans ce livre. Mais qu'est-ce ? Vous pouvez remplacer le mot « âme » par « être intérieur », « maître intérieur », « petite voix », « intuition », « conscience », « esprit supérieur », « Dieu intérieur »… À vous de trouver le terme qui a le plus de sens pour vous. Quant à nous, voici la définition que nous lui donnons : l'âme est pure énergie de vie, illimitée par sa multi-dimensionnalité. Elle est la conscience éternelle et spirituelle qui perdure au fil des incarnations. Elle émane de la Source, un univers immatériel. Pour apprendre et évoluer, elle choisit de vivre des expériences dans la matière en s'incarnant dans un corps physique terrestre avec une personnalité humaine.

La personnalité humaine est le véhicule de l'âme pour une vie sur Terre. Elle a un caractère, un mental, un ego, des émotions, des sentiments… et des croyances liées à son éducation, son environnement et son histoire. Elle est indissociable du corps physique qui porte toute l'histoire de sa lignée familiale. Tout comme l'âme, la personnalité humaine possède un libre arbitre, ce qui nécessite une véritable alliance de l'une avec l'autre.

L'âme + la personnalité humaine = l'être humain

La plupart du temps, il subsiste une dualité intérieure qui éloigne la personnalité humaine de l'âme.

Au fil de ce livre, vous constaterez l'importance de leur alliance.

Les guides ont pour habitude de nous décrire l'humain et l'âme de cette manière[1] :

> « Voyez l'âme comme un aigle. Il vole au-dessus de votre tête.
> Sa vision est à 360 degrés. Il voit tout, anticipe et vous prévient d'un futur obstacle ou peut vous guider sur votre itinéraire.
> Voyez l'humain comme une fourmi. Sa taille à ras du sol. Peut-elle voir ce qui se trouve à 500 mètres ?
> Laissez donc l'aigle collaborer et guider la fourmi, lorsque celle-ci le souhaite. »

Voici une autre description de la façon dont l'âme peut aider l'humain :

> « Imaginez que vous deviez aller sauver votre camarade qui se trouve coincé au milieu d'un champ de mines.
> Votre humain ne sait absolument pas où sont cachées les mines. La tâche est ardue voire impossible, n'est-ce pas ?
> Connectez-vous à votre âme et laissez-la vous guider tel un GPS (pour reprendre votre langage), "intuitivement". Vous allez entendre : "Va tout droit, arrête-toi, tourne-toi doucement vers la droite", et ainsi de suite jusqu'à retrouver votre ami et vous sortir, tous deux, de cette situation. »

1. Pour rester fidèles à leurs messages, nous les retranscrivons exactement tels que nous les avons reçus.

L'exemple que nous vous donnons est un peu lapidaire, mais ceci est pour vous expliquer que votre âme peut vous sortir de situations qui peuvent quelquefois vous paraître inextricables. Ayez confiance en l'être que vous êtes véritablement ! »

Voici ce que Cyléria, notre guide enseignante pour l'écriture de ce livre, souhaite vous préciser :

« Au fil de votre lecture, vous allez découvrir des histoires de vie. Ces histoires peuvent ressembler aux vôtres. Même si certaines peuvent vous paraître dramatiques, vous le verrez, elles ne le sont pas puisqu'elles sont des apprentissages, des leçons de vie, pour pouvoir évoluer et donner à l'âme la possibilité de revenir sur Terre, de recommencer, de réapprendre, comme un élève. Au risque de vous décevoir, pour l'âme, il n'y a pas de réussite, il n'y a pas d'échec. Considérez que tous ces témoignages sont positifs du point de vue de l'évolution et de l'apprentissage. Ne faut-il pas tomber pour apprendre à se relever, comme vous dites sur Terre ? Il en est de même pour l'âme. »

Pourquoi l'âme cherche-t-elle à évoluer ainsi ?

« Imaginez un instant qu'en tant qu'être humain vous ne connaissiez que votre maison, que vous n'en êtes jamais sorti et que vous ne savez même pas qu'il y a un jardin, une rue, des voitures, ni d'autres êtres humains… Pensez-vous qu'en étant terré dans votre maison, vous apprendrez quelque chose ? Eh bien voilà ! L'âme choisit de quitter son confort, cette maison où elle a tout en quelque sorte, pour s'aventurer à l'extérieur, aller découvrir un jardin, le ressentir, le toucher, le regarder, voir l'interaction qu'il a avec elle... Pour ensuite explorer un peu plus loin, aller dans la rue voir ce qui s'y passe et rentrer, là encore, en interaction avec ce qui s'y vit. C'est une façon simpliste de vous expliquer que l'âme a besoin de découvrir autre chose que ce qu'elle connaît.

Quand vous êtes dans votre corps humain, ne souhaitez-vous pas faire des expériences nouvelles ? Certains d'entre vous vont sauter en parachute, faire du parapente, aller naviguer ou pratiquer une nouvelle activité. N'est-ce pas pour apprendre et évoluer ? Vous avez exactement la même façon de réagir que l'âme.”

Au cours de votre lecture, vous verrez le symbole . Il vous invite à faire une pause. Prenez le temps de sentir comment cela résonne en vous, de considérer le message ou la notion énoncés. Il est possible que vous ressentiez le besoin de faire une pause à d'autres moments. Écoutez-vous.

Quand vous verrez ce symbole, nous vous invitons également à vous interroger sur vous-même et à mener une réflexion. Ce temps que vous vous consacrez peut être l'opportunité de démarrer une réflexion consciente avec votre être profond que nous appelons l'âme.

La vérité est en vous

Lors de nos interventions publiques, nous commençons toujours par préciser : ***« Ne nous croyez pas sur parole ! »***

Nous ne pensons pas détenir une quelconque vérité ; nous cherchons encore moins à vous convaincre de quoi que ce soit. Nous sommes confiantes dans le fait que ce livre est entre vos mains parce que vous avez répondu à l'appel de votre âme.

Que vous soyez prêt ou non à changer votre regard sur votre vie et la Vie, une graine aura été semée… À vous de décider si elle germera aujourd'hui, demain ou dans plusieurs vies. C'est son rôle d'éveilleuse.

Peut-être qu'à la lecture de certaines pages vous ressentirez de la colère ou de la résistance et, à d'autres moments, cela résonnera en votre cœur. Accueillez, laissez faire les choses en vous. Certaines notions vous sembleront peut-être obscures ou étranges et vous n'en comprendrez certaines que dans quelques semaines ou mois, lorsque vous serez prêt à les intégrer. D'autres vous sembleront évidentes, comme si vous le saviez intimement depuis toujours puisque votre âme sait déjà tout.

Gardez votre discernement en toutes circonstances

Ne donnez pas le pouvoir à votre mental, à quelque chose ou quelqu'un d'autre que vous-même. Écoutez votre cœur ! Faites confiance à votre boussole intérieure (votre âme), elle connaît le chemin. Ainsi, vous trouverez votre propre vérité.

Pour votre information, nous nous sommes libérées de toutes croyances et dogmes religieux. Nous espérons vous avoir donné les bagages nécessaires pour profiter au mieux de votre expédition dans le monde de l'âme et de l'invisible. Lisez ce livre à votre rythme et avec votre cœur. Nous vous souhaitons un bon voyage !

CHAPITRE 1

LES ÂMES SŒURS

Hâpset ou la vie rêvée

Durant nos séances de libération karmique[1] ou transgénérationnelle[2], les guides de lumière nous mettent en relation avec certaines de vos *mémoires antérieures* qui entrent en résonance avec les schémas récurrents ou les obstacles que vous rencontrez dans votre vie actuelle.

Nous avons constaté au fil de nos expériences que, la plupart du temps, ces mémoires se polarisent sur les difficultés, les traumatismes, les drames que vous avez vécus dans un autre espace-temps, laissant des « séquelles » dans votre histoire de Vie. Par exemple, il vous est impossible de vous baigner ou d'approcher une étendue d'eau sans vous sentir paniqué voire paralysé. Vous n'en connaissez pas la raison. Cette peur vous paraît sans fondement puisqu'il ne vous est jamais rien arrivé de fâcheux avec l'élément eau. Lors de la séance de « visionnage » de l'une de vos vies antérieures liée à l'eau, il va nous être donné une séquence (un peu comme un film qui défilerait sous nos yeux) d'une

---

1. Libération relative aux vies antérieures.
2. Libération relative aux histoires familiales (arbre généalogique).

noyade à la suite du naufrage d'un galion, lors d'une tempête. Ainsi votre phobie de l'eau s'explique-t-elle par cette mort qui a laissé une empreinte en vous.

À ce stade, il est primordial de ne pas rester focalisé sur l'origine de votre phobie, pour l'apaiser. Avec les guides, nous allons vous aider à libérer émotionnellement et énergétiquement cette mémoire traumatisante.

Après le visionnage de vies antérieures douloureuses, vous nous demandez souvent : « Sont-elles toutes comme celle-là ? Est-ce que j'ai eu des vies plus faciles, sans problème ? » Bien entendu, vous avez vécu des expériences de vies heureuses, simples, sans trop d'accrocs ni de défis. Mais elles sont peu communiquées lors des séances puisque « tout s'est bien passé ». Elles n'ont donc pas laissé de trace de traumatisme qui demanderait à être transmutée.

À ce sujet, nous avons demandé à Cyléria, notre guide-enseignante spirituelle, si nous avions *tous* vécu des expériences de vie « heureuses » sur cette Terre. Voici sa réponse :

> Fort heureusement, votre âme vient aussi expérimenter les émotions douces et l'amour tendre de manière incarnée. Si vous veniez sur Terre uniquement pour faire des expériences trop fortes, trop vives et traumatisantes, vous n'accepteriez plus de vous incarner sur cette "planète école" qui est riche, sur tous les plans, pour les âmes qui y sont préparées.
>
> Croyez-vous que votre âme soit lâchée dans la "nature" vers l'incarnation sur la planète Terre sans préparation, sans "études" ? Vous n'y pensez pas !

Votre âme peut être comparée à un athlète en devenir. Il y a des heures "d'entraînement" avant de s'incarner dans ce monde terrestre. Il y a eu aussi des incarnations précédentes, dans d'autres "mondes/plans", sous d'autres formes de vie. L'âme prend ainsi de la force, de l'expérience, petit à petit, pour être prête à enfiler un "costume" humain.

Vous pouvez comparer cela à votre parcours sur Terre : vous arrivez bébé, prétendument sans connaissance ni expérience. Puis vous apprenez, au fil des années, durant votre parcours scolaire et ses différents cycles (en maternelle, primaire, collège, lycée, faculté). Enfin, vous plongez dans la vie professionnelle. Il en est de même pour votre âme : après une grande préparation, elle peut expérimenter l'incarnation.

Nous convenons que, très souvent, lorsque vous revenez pour une incarnation sur Terre, il reste imprimé en vous des expériences que vous appelez "traumatisantes" (événements, maladies, relations, conditions de fin de vie, de la mort, etc.) car elles prennent le dessus sur les expériences "agréables". Vous pouvez faire le parallèle avec votre corps. Lorsqu'il vous fait souffrir, vous avez totalement oublié qu'il était en bonne santé quelques jours auparavant et vous vous concentrez sur la souffrance. Puis, lorsque vous allez mieux, vous ne pensez plus à la douleur qui a été la vôtre. Pourtant cette dernière reste inscrite dans votre corps.

Votre âme est "revenue" sur Terre, non seulement pour expérimenter de nouvelles choses, émotions, etc., mais aussi pour "régler" des situations, des relations passées qui lui semblent inachevées.

Explorons ensemble, maintenant, une vie “agréable et douce”, sans traumatisme, sans drame, sans manque ; une vie plutôt “linéaire”. Vous pourriez appeler cela “une vie de repos”. Nous vous mettons en relation avec Hâpset et c’est elle-même qui va vous raconter l’histoire de l’une de ces incarnations. ”

Une âme se présente à nous. Nous la percevons ainsi : une jeune femme au sourire très doux, portant un pagne autour de la taille. Nous la saluons et la remercions de son intervention. Elle nous livre ceci :

Le message d’Hâpset

“ Bonjour.

Il n’était pas question pour moi de venir sur cette Terre et de souffrir d’une quelconque façon. J’ai accepté la proposition, mais je ne voulais pas me trouver bousculée, malmenée, désaimée. Pourtant, rien ne m’a été caché, je savais où je “mettais les pieds” : dans un monde qui, pour moi, n’a “ni foi, ni loi” car l’humain a oublié qu’il est une âme, un être éternel et d’amour. Il possède un tel libre arbitre qu’il peut ne respecter aucune règle et donc faire de la vie un “paradis” ou un “enfer”. Il est capable du meilleur comme du pire. Je voulais bien y tremper le bout du doigt mais pas m’y baigner tout entière ! Ce n’était pas que je manquais de courage ou que j’étais frileuse. En tant qu’âmes, nous ne pouvons pas être jetées dans le grand bain de l'incarnation sans passer par les belles et douces expériences que nous pouvons y faire. Nous vivons l'amour dans le monde désincarné mais pas de la même manière, et je voulais bien en faire l'expérience. Je voulais une vie simple, sans contrainte, sans passer par les méandres d'émotions trop puissantes et déstabilisantes car, pour moi, c'était trop tôt. Mon manque d'expérience sur Terre ne me permettait pas de choisir une vie trop "difficile".

Dans l'incarnation que je vais vous raconter, je me prénommais Hâpset et j'étais l'enfant de l'amour. Mes parents, malgré un mariage arrangé, se sont aimés et formaient un couple un peu différent de ce qui était la règle sociale à l'époque des pharaons. Ils passaient un peu pour des originaux. J'étais donc attendue avec impatience ! Peu importait mon sexe, j'étais l'enfant du bonheur, de leur bonheur.

Dès mon arrivée sur Terre, j'ai senti une explosion d'amour dans le cœur de mes parents ainsi que dans le mien. Je me suis sentie enveloppée par cet amour comme si l'on me mettait dans une bulle de protection indestructible. J'étais leur premier enfant et tous les gestes, sourires, bêtises que je faisais étaient reçus avec émerveillement par ma famille. J'étais reine dans ce royaume familial. Je bénéficiais d'une liberté sans limites. Mon originalité, mes incartades étaient même encouragées et vues comme une bénédiction. Les dieux permettaient cela en moi, disaient-ils !

J'étais issue d'une famille aisée et éduquée. Mon père a commencé à m'instruire ; il voulait que je reçoive une éducation plus riche, plus large, que celle qui était donnée aux filles de mon rang. Ma mère, elle, n'oubliait pas de me transmettre la manière de tenir un foyer et d'être une "dame de mon rang". Je dirais qu'ainsi je recevais une formation complète, incluant l'art de se défendre : non pas de guerroyer comme le ferait un soldat, mais d'avoir suffisamment de répondant face à un "agresseur" potentiel.

J'ai également été élevée avec d'autres enfants. J'étais une effrontée, je défiais les garçons pour leur montrer de quoi j'étais capable. Il y en avait toujours un dans mon sillon pour m'aider à aller plus loin dans mes explorations et mes expériences. Nous avions une complicité incroyable. Nous communiquions sans nous parler.

Puis, à l'heure où je suis sortie de l'enfance, mon père m'a annoncé que je devais me marier. J'ai été prise de panique : partir de la maison, quitter mon monde ? Je ne le voulais pas ! Comment pouvait-il me proposer cela ? Je vivais au jour le jour, je profitais de chaque instant et j'observais tout ce qui était vivant autour de moi. Je pouvais rester des heures à contempler un insecte ou un autre animal, un végétal, les nuages dans le ciel. Je me pliais à certaines tâches, mais toujours la tête dans les étoiles.

Lorsqu'il m'a annoncé le nom de mon promis, mon cœur s'est emballé ! Oui, oui ! Je ne pouvais rêver mieux comme compagnon : celui de mes jeux, mon compagnon de toujours ! Je n'avais pas compris alors que mon père me faisait un cadeau extraordinaire en choisissant celui qui était déjà l'élu de mon cœur ! De plus, il faisait partie de notre maisonnée, donc je ne quitterais pas le foyer parental. J'étais sûre de rester près de mes chers parents.

Cette période a été un vrai bonheur pour moi, un temps de liesse enchanteur. J'étais aimée, je recevais tout ce que je désirais, je vivais à mon rythme et ma vie tournait autour des arts. C'était un temps de plénitude. Je n'avais pas à me soucier de tenir ma maison et n'avais aucune contrainte d'organisation. Tout se faisait tout seul, sans moi. Je profitais de cette douce vie. Je n'étais pas naïve. Je savais que des gens travaillaient autour de moi pour satisfaire mes désirs et rendre ma vie facile mais, pour moi, rien n'était plus normal puisque je voyais cela depuis ma naissance ! Il était naturel que l'on s'occupe de moi et mes parents m'avaient appris le respect des autres. Aussi, j'avais le plus grand respect et beaucoup de gratitude envers ces gens qui rendaient ma vie agréable.

Mais parlons maintenant de mon Amour. C'est le plus important dans mon histoire car j'ai appris à aimer et à me laisser aimer. Mon cœur battait à l'unisson de celui de mon amoureux. Nous étions comme les doigts de la main et d'une connivence parfaite ! Quel plaisir j'avais à le regarder venir vers moi lorsqu'il rentrait de ses activités, notamment de la chasse, sur son char flamboyant, fier et arborant son beau sourire ! Son regard chaleureux m'enveloppait de son désir et de son amour. Nous étions seuls au monde lorsque nous étions tous les deux, rien n'existait plus autour de nous. Nos corps s'accordaient à la perfection et se répondaient à merveille. J'ai ainsi expérimenté une véritable harmonie dans l'amour physique. Nous n'étions pas pressés d'ajouter à notre vie de couple la venue d'un enfant. Lorsqu'il est arrivé, après une grossesse sans histoire, nous étions heureux, mais je ne me suis pas attachée à lui et je l'ai confié, comme cela se faisait, à la garde de ma famille.

Mes parents étaient ravis de l'arrivée de cet enfant mâle. Nous désirions rester un couple soudé. Je partais avec mon époux lors de certaines chasses et activités que nous pratiquions tous les deux, accompagnés de quelques membres de notre maisonnée. C'étaient des moments de liberté incroyables où tout m'était permis, mon cher époux me considérant comme son égale. J'étais une femme libre. Nous pouvions occuper notre maison d'été en restant presque cachés, vivant comme nous le souhaitions, passant des heures à nous rafraîchir dans les bassins d'eau fraîche, à continuer à nous câliner, à nous aimer. Nous n'arrivions pas à nous rassasier l'un de l'autre.

Oh, bien sûr, j'ai vécu des contrariétés, des pertes, notamment lorsque ma chère mère a été accueillie par les dieux. J'ai connu le chagrin, mais toujours soutenue par mon cher Amour et également par mon père qui me vouait une adoration qui me semblait normale.

Mes deux enfants ont grandi sans problème. Je les ai aimés à ma façon, moins fort que je n'ai aimé leur père, même s'ils étaient le fruit de notre amour. J'étais heureuse de les avoir dans mon sillage et de les regarder évoluer, mais je les trouvais trop sages. Je les encourageais pourtant à sortir de la norme, mais sans y parvenir. Je les voulais fantasques comme j'avais pu l'être à leur âge, mais ils n'avaient pas ce goût-là.

J'ai également dû prendre le relais de ma mère pour les décisions du quotidien de la maisonnée. Elle m'y avait préparée et je ne voulais rien changer à ses habitudes, aussi cela n'a pas été contraignant. Puis ce fut le tour de mon père, malade d'une toux qui ne voulait pas cesser. La fatigue a eu raison de lui et, un matin, il ne s'est pas réveillé. Mon cœur a saigné ce jour-là. Il avait été mon protecteur. Son amour m'a donné courage et confiance en moi, ma vie a été facile grâce à lui qui n'a jamais rien exigé d'autre de moi que d'être heureuse de vivre.

Mon doux époux, attristé lui aussi, m'a soutenue. Pour apaiser mon chagrin, il m'a proposé de faire un voyage avec quelques membres de notre maisonnée. J'ai alors souhaité conduire seule le char de mon époux, plus rapide et léger que le mien. Il m'a laissée faire, comme d'habitude, car il ne pouvait rien me refuser, et a accepté d'échanger nos véhicules. Nous sommes donc partis chasser l'antilope. J'ai laissé mon cheval partir au grand galop. Je me grisais de ce moment de liberté en ayant l'impression de m'envoler comme un oiseau !

Je me suis laissée emporter par la joie, le bonheur de cette chasse à vive allure où mon cheval se libérait lui aussi. J'avais l'impression de ne faire qu'un avec lui. J'aimais la chasse, débusquer un animal, mais aussi lui laisser sa chance pour qu'il se batte pour sa vie. Je n'étais pas sanguinaire, tout était question d'adresse. J'étais grisée par l'instant et étourdie, aussi. Je n'ai pas pris les précautions d'usage lorsque l'on conduit un char à cette vitesse. Je n'ai pas senti le choc, je me suis simplement sentie éjectée et tomber lourdement au sol. Le bruit était sourd autour de moi. J'ai entendu des cris, des hurlements, et ressenti une énorme douleur sans en comprendre la provenance. Puis, flottant au-dessus de la scène, j'ai vu mon cher et doux époux penché sur mon corps sans vie, me pleurant et m'implorant de rester avec lui. J'ai compris qu'il n'avait pas pu éviter mon corps à terre, que son cheval et son char, emportés par la vitesse, m'avaient donné le coup de grâce. C'est ce qui m'a tuée et non ma chute, même si elle fut sévère. Je n'ai pas souffert dans ma chair, ce fut si rapide.

J'ai ressenti de la tristesse en voyant que mon cher mari se sentait coupable de m'avoir donné la mort par accident. Mon âme est restée auprès de lui pour essayer de le rassurer, de le réconforter, mais rien n'y fit. J'étais dans une impuissance que je n'avais jamais connue jusqu'alors.

J'ai décidé de rester auprès de mon cher mari et de l'attendre jusqu'à ce que son âme soit délivrée de son corps humain. Je venais me blottir contre lui dans son sommeil. Il m'est arrivé de lui faire l'amour pour retrouver cette osmose qu'il y avait entre nous. Il prit mes interventions pour des rêves. J'ai essayé de lui apporter mon aide. J'ai fait tout ce qui était en mon pouvoir pour que sa vie soit plus douce, mais je n'arrivais pas à lui faire oublier sa culpabilité de m'avoir tuée accidentellement.

Même si j'occupais l'espace autour de lui, mon absence terrestre lui était difficile voire insupportable. Il me "voyait partout" et quand il s'apercevait qu'il s'agissait d'une autre, quelle déception pour lui ! Son humeur déclinait un peu plus chaque jour. Il n'était pas question pour lui de prendre une autre épouse et il se désintéressait de tout ce qui se passait autour de lui. J'essayais en vain de le "réveiller" pour qu'il s'occupe des enfants, de la maisonnée et de lui-même, pour qu'il puisse continuer à vivre et à profiter de cette Terre. Il n'en a fait qu'à sa tête. Je sais que ses pensées allaient vers moi. Le voir dépérir, observer cette absence de vie qui s'installait en lui alors que nous étions l'incarnation-même de la vie fut pour moi le plus difficile et le plus douloureux. Je n'ai rien pu faire. Je n'ai pas pu dévier le cours des choses, ni modifier son choix.

Un matin, de très bonne heure, il a emprunté une petite embarcation et s'est dirigé vers le milieu du fleuve. Il l'a faite chavirer volontairement pour sauver les apparences et ne pas jeter le discrédit sur notre famille. Ne sachant pas nager, il s'est laissé emporter par le courant. Sa peine était telle que, même une fois désincarné, il ne m'a pas vue auprès de lui !

J'ai essayé de lui parler, de lui signaler ma présence, mais il était comme enfermé, prisonnier de lui-même.

J'ai alors vu mon guide apparaître, du moins c'est ainsi qu'il s'est présenté, pour me dire que je devais le laisser faire ses choix et qu'il était temps pour moi d'avancer. Mon guide m'a alors proposé de le suivre, ce que j'ai fait malgré quelques hésitations et après avoir eu l'assurance que mon Amour trouverait sa voie car il n'était pas seul.

Voilà un chapitre de mon histoire de Vie. Depuis, j'ai fait bien d'autres expériences dont une, importante, où j'ai retrouvé mon âme sœur pour l'aider à se déculpabiliser de cet accident qui m'avait été fatal. L'empreinte de sa culpabilité était telle qu'il n'y avait que moi pour l'aider à la transformer, pour que cela puisse l'alléger de ce poids qui subsistait entre nous.

Mais ceci est une autre histoire, bien plus triste et où j'ai connu des hauts et des bas émotionnels profonds. Il est important d'apprendre de tout événement et de tous. C'est cet apprentissage qui fait que la vie terrestre est riche pour l'âme et que la Terre est une magnifique école, quoi qu'on choisisse d'y vivre. Une vie "parfaite" du point de vue de l'humain est "impossible". Il y a des déconvenues, des départs, des maladies qui frappent notre entourage, qui peuvent faire mal.

J'ai été invitée à vous raconter mon histoire pour montrer aux humains que même une vie qui peut paraître idyllique ne l'est pas complètement. Car l'expérience humaine amène à connaître la séparation et bien d'autres choses encore. Ce qui est important est de vivre selon son cœur et de suivre son âme, ses aspirations profondes et, là, tout devient plus facile et moins douloureux.

L'humain d'aujourd'hui est en capacité d'entendre et de comprendre cela, notamment les personnes qui liront ces lignes en ouvrant leur cœur à mon histoire. Vous êtes prêts à écouter votre âme, votre cœur ! Ne laissez pas la peur ou votre rationalité prendre toute la place.

Grandissez et sachez que vous n'êtes victime de personne, uniquement de vous-même et de vos choix.

Alors faites le choix, dès aujourd'hui, de laisser entrer l'amour de vous-même et des autres dans votre vie, en acceptant de vivre pleinement.

Merci.

Hâpset »

Temps de méditation

Prenez une grande inspiration profonde par le nez.
Expirez par la bouche.
Accueillez votre ressenti, votre émotion sans jugement.

Quelle est votre première réflexion après ce message ?
Quelle(s) émotion(s) ressentez-vous ?
Que ressentez-vous dans votre corps ?
Que vous inspire l'expérience de vie de l'âme d'Hâpset ?
Pour vous y aider, voici quelques axes de réflexion :

Une impression de « déjà vu » ?
Avez-vous eu l'impression :

- d'avoir déjà vécu une scène de votre vie
- de reconnaître une personne, alors que vous ne l'avez jamais rencontrée

La survivance de l'âme, la vie après la vie

- À la suite du décès d'un proche, avez-vous ressenti sa présence auprès de vous, dans une maison, dans un autre lieu ?
- Avez-vous eu la sensation qu'un défunt cherchait à communiquer avec vous ? (sensation physique, objet qui tombe, odeurs, lampe qui s'allume toute seule…)

Une âme sœur :

- Listez les personnes avec lesquelles vous sentez que votre relation est singulière (famille, ami, collègue…)

Laissez monter en vous les impressions, les images, et notez-les.

Le témoignage d'Hâpset ainsi que les explications complémentaires de Cyléria éclairent le fait que nous avons tous vécu des vies agréables, sans événement ou défi majeur à relever. Ces vies de « repos » permettent à l'âme de mettre l'accent sur des émotions telles que l'amour, l'amitié, et de les vivre en toute sérénité et harmonie. Quelle que soit la nature de nos choix de vie, nos âmes sont toujours dans une logique d'apprentissage, d'expérience sous toutes ses facettes.

Les enseignements délivrés par Hâpset

L'incarnation est un choix

Dès les premiers mots, l'âme d'Hâpset explique qu'elle a consciemment accepté une proposition de vie sur la Terre dans un corps humain *(ce que nous appelons une incarnation)* à la condition que ce soit une expérience douce. À ce propos, Cyléria nous précise :

> « Avant de s'incarner, les âmes étudient longuement ce qu'est la vie sur Terre pour être préparées à cette expérience. Puis, elles sont autorisées à faire des incursions, accompagnées par des enseignants. Cela peut s'apparenter à un "voyage d'étude" pour observer la vie terrestre de plus près. Ensuite, elles peuvent orienter leurs choix d'incarnation ou non, en toute connaissance de cause. »

Nous n'avons jamais entendu une âme nous dire qu'elle avait été forcée de s'incarner, bien au contraire.

…ion est un choix mûrement réfléchi et
…utre âme, un guide ou un
…on prise, l'âme choisit, selon
…alité, ses besoins d'évolution
…e de vie avec différents défis
…llerons ces notions dans les

…ans grand défi, sans épreuve
…ureuses, sont souvent choisies
…érimentées. C'est une manière
… à vivre dans un environnement
…u-delà, séparées de ce qu'elles
… ». Elles se familiarisent en dou-
…résentent un corps physique, des
…ntal humains.

…arnations parfois très éprouvantes,
…ent ressentir le besoin de faire une
…ssant une vie de (presque) repos, qui
…er un effort particulier. Ce peut aussi
…conciliation avec la vie terrestre, avec

…'âme

Le témoignage d'Hâpset introduit la notion que, après sa mort physique, son âme survit. Dépouillée de son enveloppe corporelle, Hâpset retrouve sa véritable essence, une conscience spirituelle encore très empreinte de sa personnalité humaine. Son âme fait alors le choix de rester et d'accompagner l'homme qu'elle aime. Elle pense ainsi l'aider à traverser son deuil et apprendre à vivre sans elle.

L'âme d'Hâpset pourrait faire le choix de retourner « à la Maison », dans le monde spirituel. Au contraire, elle choisit librement de rester sur Terre. Personne ne l'encourage, ni ne la dissuade, dans une direction ou dans une autre. Elle utilise son libre arbitre, loi universelle offerte aux humains comme aux âmes.

Dans nos pratiques, nous rencontrons beaucoup d'âmes qui, comme Hâpset, font le choix de ne pas quitter l'espace terrestre et de rester, plus ou moins longtemps, auprès d'un membre de leur famille, dans leur ancienne habitation ou un autre lieu. Ces âmes sont appelées « entités », mais le langage populaire les désigne comme étant des « fantômes ». Ces entités restent près du plan terrestre car elles peuvent :

- avoir un sentiment d'inachevé et chercher une manière de terminer ce qu'elles pensent être leur mission ;
- vouloir rester pour protéger ou accompagner un ou plusieurs proches ;
- se sentir coupables ou responsables d'une relation ou situation et vouloir la « réparer » ;
- ne pas savoir où aller, surtout si elles croyaient au néant après la mort ou au jugement divin ;
- être trop tourmentées émotionnellement ou moralement pour accepter d'être accueillies par la lumière de l'au-delà.

Le film *Ghost* illustre très bien notre propos.

Certains d'entre vous peuvent avoir ressenti une présence, une sensation singulière ou un signe après le décès d'un membre de leur famille, d'un ami voire d'un collègue. Souvent, leurs âmes cherchent à communiquer avec vous par leur présence (en vous touchant), par les rêves, des signes ou des synchronicités. Elles souhaitent en général vous réconforter, vous dire qu'elles sont toujours en vie afin d'apaiser votre chagrin car elles vont bien. Il est naturel d'en avoir un peu peur, mais c'est un cadeau magnifique ! N'essayez pas de mentaliser ou de rationaliser et accueillez ce qui vient à vous avec gratitude.

Le compagnon d'Hâpset ne perçoit pas la présence de l'âme de cette dernière. Tout le monde ne ressent pas les présences autour de soi, mais certaines personnes hypersensibles le peuvent.

La réincarnation

Le témoignage d'Hâpset laisse entrevoir que son âme a partagé une seconde incarnation avec l'âme de celui qui fut son époux. Ici intervient la notion de réincarnation.

La mort accidentelle d'Hâpset a créé chez son époux un traumatisme accompagné d'une grande culpabilité qui l'a conduit au suicide. Ce vécu s'est inscrit en lui comme un nœud qui a besoin d'être transmuté pour retrouver son équilibre. C'est ainsi que les âmes décident de se réincarner ensemble dans une nouvelle expérience de vie. Leurs rôles peuvent être différents de ceux « joués » précédemment.

Cette nouvelle vie est une opportunité de relever conjointement de nouveaux défis, de transmuter des épreuves passées. Par exemple, apprendre et accepter de se déculpabiliser ou de défusionner avec l'autre.

Les guides-enseignants précisent que chaque incarnation apporte son lot d'apprentissages, d'expériences, d'émotions fortes, d'événements, de déconvenues, de joies, de tristesse, etc.

Les âmes sœurs

Une parfaite connivence, une attirance magnétique, une liberté d'être naturellement soi avec l'autre, l'impression de comprendre l'autre sans avoir besoin de se parler, la sensation de se connaître parfaitement alors que la relation débute sont les signes d'une rencontre d'âme à âme. Deux âmes se reconnaissent et se retrouvent sur Terre.

En général, cela signifie que ces deux âmes se connaissent et ont décidé avant l'incarnation de se retrouver sur Terre pour poursuivre leur chemin ensemble. Il ne s'agit en aucun cas d'une rencontre fortuite. Au moment de programmer leurs vies terrestres, elles ont choisi de se rencontrer, de se reconnaître pour s'entraider (ou pas), d'apprendre l'une avec l'autre. Cette décision est motivée par les besoins et les aspirations des âmes. Ceci porte un nom : c'est un accord d'âmes. Nous aurons largement le temps d'y revenir plus loin.

Contrairement aux idées reçues et quitte à vous décevoir, les âmes sœurs ne sont pas forcément deux personnes qui ont une attirance amoureuse l'une pour l'autre. Elles peuvent aussi être des amis très proches, un parent et un enfant, des frère et sœur ou une personne qui a été importante et qui a marqué une vie (tel qu'un professeur ou un mentor). Ce sont deux âmes qui ont un lien fort dans le monde spirituel et qui le partagent dans l'incarnation. Nous pouvons d'ailleurs rencontrer plusieurs âmes sœurs sur Terre et vivre des relations bien différentes les unes des autres. L'histoire d'Amélia (voir encadré ci-dessous) l'illustre assez bien.

Des retrouvailles tumultueuses avec une âme sœur

Lors d'une séance, nous recevons une jeune femme, que nous appellerons Amélia, mariée, avec des enfants. Elle se sent en décalage avec son conjoint qu'elle décrit comme étant trop rationnel, matérialiste, se moquant de ses croyances et la percevant comme étant en dehors de la réalité, bien qu'il l'accepte et l'aime ainsi.

Lors d'un stage en entreprise, Amélia rencontre un homme pour lequel elle ressent une attirance immédiate. Elle a la sensation de le connaître depuis toujours, d'être sur la même longueur d'onde que lui.

Une relation extraconjugale, passionnelle, s'installe entre eux. Amélia a la certitude que cet homme est sur sa route parce qu'il est son âme sœur et qu'elle doit tout quitter pour vivre avec celui qu'elle a « retrouvé ». Exaltée par sa nouvelle histoire d'amour, elle décide de tout révéler à son conjoint. Celui-ci est blessé par

•••

...
son infidélité, mais il l'accepte et demande le divorce. Elle est à présent libre mais son amant, lui, ne souhaite pas quitter sa compagne. Il fait le choix de la quitter elle ! Avec le recul, elle regrette d'avoir bouleversé sa vie de famille.

C'est à ce moment qu'elle nous consulte. Elle veut comprendre pourquoi son « âme sœur » l'a rejetée, pourquoi elle vit seule désormais et pour quelle raison son ex-mari lui a déclaré la « guerre ». Elle pense que sa vie est devenue un « enfer ».

Lors de la séance, en remontant une vie antérieure, il s'avère que, effectivement, Amélia avait déjà vécu une histoire d'amour passionnelle avec cette personne. À l'époque, Amélia était un homme et lui, une femme. Amélia lui avait promis le mariage mais l'avait quittée en l'abandonnant, enceinte, pour une femme de son rang social, choisie par son père.

Amélia a compris que leurs âmes avaient décidé de se retrouver dans cette vie pour équilibrer leur relation karmique. Autrefois, Amélia l'avait abandonnée pour une autre. Aujourd'hui, Amélia est abandonnée par lui. Nous l'avons aidée à transmuter cette situation afin qu'elle retrouve plus de sérénité. Elle a pu reconstruire sa vie.

Cela montre que cette vision romantique de l'âme sœur est largement exagérée. Ma « moitié » est souvent une idéalisation du couple amoureux, fusionnel. Nous avons souvent accompagné des personnes plongées dans une profonde souffrance, désespérées de ne pas avoir rencontré leur âme sœur ou de l'avoir perdue.

Nous entendons cette douleur, ce besoin de se lier à quelqu'un et le vide que ces personnes peuvent ressentir. Cette sensation de manque est liée à la nostalgie de « la Maison » ou au manque de connexion avec son Soi supérieur, c'est-à-dire sa propre âme.

Parfois, le lien entre deux âmes sœurs est un lien de dépendance puissant qui devra retrouver un équilibre par la recherche d'une autonomie personnelle. Dans ce but, deux âmes très proches peuvent choisir de s'incarner en sœurs jumelles, frères jumeaux, en amoureux ou en amis, puis choisir de s'éloigner l'une de l'autre et de vivre séparément à un moment de leur vie.

Cette expérience est nécessaire pour apprendre à exister, à faire des choix, à trouver d'autres motivations, d'autres joies, de manière indépendante. Cela peut vous paraître difficile, mais l'âme l'aura choisie pour son évolution.

Si vous vivez cela, sachez que vous avez toute l'aide nécessaire autour de vous pour vous soutenir. Osez regarder au-delà des filtres humains romanesques et sentir dans votre cœur la justesse de votre situation. Demandez à être éclairé et guidé dans ce que vous vivez pour accepter et retrouver votre équilibre.

Notre duo était inscrit dans notre itininéraire de vie

Lors de nos conférences, on nous demande souvent si nous sommes toutes les deux des âmes sœurs. La réponse est oui. Dès notre première rencontre, nous ...

...
nous sommes « reconnues » et nous avons senti que nous faisions partie de la même famille d'âmes (ce que les guides nous ont confirmé ensuite). Nous nous sommes raconté nos vies et notre amitié terrestre est « née » ce jour-là.

Nous nous sommes aperçues que nous avions sensiblement vécu les mêmes choses, que nous étions médiums toutes les deux. « Enfin quelqu'un comme moi qui peut me comprendre ! », nous sommes nous dit !

Nous n'avions pas idée alors, qu'une année plus tard, nous allions nous associer professionnellement et que notre parcours serait celui que nous vivons aujourd'hui.

Notre amitié n'est pas linéaire, nous ne sommes pas toujours d'accord ! Nos personnalités sont très différentes et pourtant complémentaires. Nous avons fait des retours vers des vies antérieures communes (dans lesquelles nous nous sommes opposées, par exemple) afin de transmuter les « petits cailloux qui restaient dans nos chaussures », ce qui a davantage ancré notre amitié afin qu'elle devienne plus solide encore et collaborative.

Nous savons également que notre rencontre était inscrite dans notre itinéraire de vie afin d'œuvrer ensemble pour transmettre les messages et les enseignements émanant du monde de l'au-delà aux âmes incarnées sur Terre, c'est-à-dire à vous ! Ce que nous faisons avec beaucoup d'enthousiasme et de joie.

EN RÉSUMÉ

L'âme fait le choix de l'incarnation

- Vous avez choisi de vivre sur Terre.
- Vous avez eu des vies de « repos ».

La survivance de l'âme

- Après la mort physique, votre âme choisit de rester auprès d'un être aimé (ou pas).
- Vous disposez d'un libre arbitre sur Terre, tout comme votre âme après la mort.

La réincarnation

- L'apprentissage ne peut se faire sur une seule vie. Vous avez l'opportunité de revenir vivre sur Terre et de jouer des rôles différents, à l'infini.
- Vous avez vécu des vies antérieures qui peuvent influencer votre vie actuelle.

Les âmes sœurs

- Une alliance forte se crée entre deux âmes selon leur vécu commun et peut influencer et motiver une prochaine incarnation ensemble.
- Vous avez des alliances avec des âmes sœurs que vous pouvez croiser sur Terre.
- La rencontre avec une âme sœur est souvent un moment fort.

CHAPITRE 2

LES RÉINCARNATIONS

Marie-Louise/Anna : une vie après l'autre

Nous sentons une légère pression dans notre dos. C'est l'heure de notre rendez-vous avec Cyléria et son équipe. Nous ressentons une certaine excitation à l'idée de retrouver cette équipe d'êtres invisibles pour nos yeux humains et pourtant si présents dans leur énergie et notre vision intérieure. Nous les sentons, nous les voyons, nous les entendons, et c'est pour nous un vrai bonheur de pouvoir vivre cela.

Nous nous mettons en condition pour rencontrer Cyléria et en quelques instants nous sommes face à elle. Elle nous dit que nous allons recevoir le témoignage de l'âme d'Anna. Cette dernière va évoquer deux vies successives dans lesquelles son âme s'est incarnée une première fois en tant que Marie-Louise et la suivante en tant qu'Anna, ces deux vies s'articulant l'une avec l'autre. Cyléria s'efface pour laisser place à Anna/Marie-Louise.

Le message d'Anna

« Il y a des souvenirs que vous chérissez dans votre âme jusqu'à la fin des temps.

Je suis Anna et je viens de loin vous raconter la plus belle de mes vies. Cela vous paraît étrange, mais je puis vous assurer que nous en avons bien plusieurs, de nombreuses même, qui se tricotent les unes avec les autres. Pourquoi plusieurs, me direz-vous ? Pour faire différents choix et différentes expériences. Je vous raconte donc ma plus belle vie, celle où j'étais Anna, mais pour cela il faut que je vous raconte celle d'avant, celle où j'étais Marie-Louise.

Lorsque le corps de Marie-Louise a rompu (définitivement)[1], je me suis retrouvée sans but ni chemin devant moi. Ma vie terrestre n'avait pas été facile. J'avais beaucoup pleuré la perte de mes proches dans une inondation. Un soir, et durant toute une nuit, une pluie diluvienne s'était abattue sur le flanc de montagne qui abritait notre petit hameau.

Aux dernières heures de la nuit sombre et glaciale, un morceau de montagne s'est décroché un peu plus haut. Le cours de la rivière entraîna la roche qui, se projetant sur nous, détruisit et inonda nos maisons.

Je ne dormis pas cette nuit-là, j'écoutais les mugissements de la nature, dehors. Habituée à la vie en montagne, je nous croyais à l'abri tout en sachant que la nature est plus forte que nous. Quand le bruit des

1. Nous, humains, parlons de décès.

craquements d'arbres qui se brisaient et du torrent de boue et d'eau glacée m'a alertée, je me suis précipitée vers mes enfants et mon époux pour les réveiller, mais il était trop tard…

Le torrent nous a projetés plusieurs mètres plus bas dans le fouillis de la végétation, des débris de nos maisons et des corps disloqués. Je ne sais comment j'ai survécu. Je tenais si fort mon nouveau-né contre moi que je pense l'avoir étouffé pendant cette inondation. La désolation !

Pendant plusieurs années, j'ai vécu avec des nonnes cisterciennes, le regard dans le vide, fixant sans les voir les détails qui m'entouraient. Quand je sortis de cette hébétude, mon corps n'était qu'une peau tendue sur des os, alors je compris que je souffrais. Une vague énorme m'envahit et je pleurai à chaque instant. Un mot, une main posée, une prière… tout m'inondait les yeux. La vie n'avait plus de sens, ni de saveur. Les nonnes faisaient comme elles pouvaient avec moi, mais je n'avais plus goût à rien, vivant sans vie à l'intérieur de moi.

Un hiver, je me mis à tousser puis à prier pour que cette toux me ramène à Dieu. Je me suis laissée aller. Cela n'a pas été long. J'ai quitté le corps de Marie-Louise sans regret, dans la petite cellule de l'abbaye, pour les bras réconfortants d'un être de lumière, extraordinaire et chaleureux que je pris pour Dieu… Mais bien sûr Dieu avait autre chose à faire et je découvris sans attendre que j'étais, moi aussi, cette lumière éternelle que je louais chaque matin, dès le lever du jour.

Après un temps d'adaptation pour m'orienter dans la nouvelle dimension qui était la mienne depuis la mort de mon corps physique, je me suis sentie accueillie dans cette communauté bienveillante. J'étais heureuse de profiter des douceurs qu'offre cet endroit. La vie était douce et légère, calme et reposante. De temps en temps, l'être qui était venu me chercher à la mort du corps physique de Marie-Louise venait me rendre visite et m'aidait à apaiser le chagrin qui me "collait" encore.

Un jour, je pus même revoir les âmes de "mes enfants et de mon mari morts" dans cette inondation. Ils séjournaient comme moi dans cet endroit si pur et étaient heureux. Quelle joie de les retrouver ! Malgré le temps et les épreuves, mon amour pour eux était intact et nos liens puissants. Je compris leurs décès et l'opportunité que j'avais eue de rester en vie, mais la douleur du deuil avait ruiné mes chances de vivre autre chose.

Quand nos âmes se sont retrouvées rassemblées, tout mon univers s'est enfin éclairé. Les âmes de ma famille terrestre, si enthousiastes, me pressaient de m'incarner de nouveau et de les rejoindre sur Terre, mais je m'y refusais pour deux raisons. La première était que j'avais tellement souffert de ma précédente tentative que j'hésitais et doutais de ma capacité à vivre pleinement. La seconde raison était que je voyais très bien que les liens entre moi et ce groupe d'âmes étaient si puissants que nos relations sur Terre, même avec l'oubli, risquaient fort de me replonger dans la dépendance que j'avais vis-à-vis d'eux et dans la peur de la perte. Je ne voulais pas reproduire les mêmes schémas.

À grand-peine, ils s'incarnèrent alors sans moi. Je restais dans cet endroit paisible qui me convenait bien et les aidais de là. L'on ne me pressait pas de me réincarner, mais je sentais en moi le besoin de revenir "pour ne pas rester sur un échec", dirait-on en langage humain. Alors, un jour, mon guide revint me voir et me proposa un scénario que je ne pouvais refuser :

"Ces parents viennent de perdre pour la troisième fois un enfant né avec des malformations génétiques, m'annonça mon guide en me montrant des images du couple. *Ils traversent le deuil, que tu connais bien, toi aussi. Tu pourrais être l'enfant de la vie, réparer les blessures que vous avez en commun. Ils seront de bons parents, tu seras le centre de leur monde, ils te chériront.*

— *Oui, mais je ne veux pas reproduire mon manque d'autonomie, dis-je précipitamment.*

— *Tu auras une enfance très heureuse, mais pas fusionnelle, car ils ne sont pas de notre groupe-âmes, donc tu te sentiras différente d'eux.*

— *D'accord, mais en fille alors. Et ensuite, j'aimerais bien un compagnon de vie avec une forte attirance, durable, mais pas d'enfant. Avoir des enfants, les aimer et vouloir les protéger serait trop difficile pour moi ! Trop de souvenirs... Je ne suis pas encore prête, mais je ne veux pas non plus que le manque d'enfant soit un frein entre nous.*

— *Bien ! Nous avons pensé te proposer d'avoir une vie très heureuse avec peu de défis, peu d'obstacles. Pour te "remettre en selle". Avec peu de contraintes et de soucis.*

— *D'accord. Cela me va."*

Après divers détails, notamment la rencontre de l'âme de celui qui accepta de jouer le rôle de mon "futur" mari (ce dernier avait été un écorché de la vie sur Terre comme moi, qui avait besoin de se sentir aimé), j'ai enfin repris le chemin de l'incarnation.

La vie en tant qu'Anna a été une vie des plus délicieuses, où l'amour a été au centre de tout. Elle s'est passée pratiquement comme nous l'avions envisagé avec tous les intervenants.

Mon arrivée dans le corps de ma "nouvelle" mère a été plus éprouvante que jamais car je retrouvais dans cette matière terrestre tous les souvenirs que j'y avais laissés. Mais, passé les premiers mois de vie, je m'encourageais à rester auprès de ces merveilleux parents à qui je ne pouvais pas faire faux bond. Puis, l'oubli aidant, je pris plaisir dans cette vie qui fut simple, comme toute tracée.

Ma personnalité en tant qu'Anna était enjouée, un peu craintive, ne s'attachant qu'au bout d'un certain temps mais, une fois mon cœur ouvert, j'étais la plus aimante qui soit.

Quelles formidables rencontres nous avons faites. Le couple que nous formions avec mon époux était fusionnel. Nous passions des semaines entières à chasser et collecter des papillons dans la nature pour ses recherches. Aux beaux jours, allongés dans l'herbe, le soleil caressant ma peau, j'étais parfaitement consciente de la chance que j'avais. Seuls les nuits dans les montagnes et les orages m'angoissaient, sans que j'en connaisse vraiment l'origine.

Nous n'avons jamais évoqué le fait d'avoir des enfants, comme si cela ne nous appartenait pas. Enfin, comme je ne voulais pas revivre le deuil, j'ai choisi de quitter cette magnifique vie où j'étais Anna en même temps que mon époux et avant mes parents. Nous sommes morts durant notre sommeil, asphyxiés par un mauvais chauffage.

Grâce à la vie d'Anna, je me suis sentie plus en confiance et plus courageuse pour reprendre les cycles d'incarnation. Dans chacune de mes vies, à présent, je place le symbole du papillon sur ma route afin qu'inconsciemment, lorsque je le rencontre, il me rassure et me donne de la force.

Je suis heureuse d'avoir partagé cette bribe d'expérience avec vous. Puisse cela vous aider à mieux comprendre les mystères de la vie. »

Temps de méditation

Prenez une grande inspiration profonde par le nez.
Expirez par la bouche.
Accueillez votre ressenti, votre émotion sans jugement.

Quelle est votre première réflexion après ce message ?
Quelle(s) émotion(s) ressentez-vous ?
Que ressentez-vous dans votre corps ?
Que vous inspirent les deux expériences de vie de l'âme d'Anna/Marie-Louise ?

Pour vous y aider, voici quelques axes de réflexion :

Selon vous ?

- Avez-vous l'impression que les autres ont une meilleure vie que la vôtre ?
- Y a-t-il des personnes dans votre entourage qui, d'après vous, ont réussi leur vie sur *tous* les plans ? (affectif, amical, professionnel, financier, santé, etc.) Faites-en la liste.
- Vous comparez-vous aux autres ? Les enviez-vous ? Si oui, aimeriez-vous véritablement avoir leur vie ? Réfléchissez bien. Vous devriez considérer tous les aspects de leur vie : passé, famille, épreuves, caractère…

Souvenirs, souvenirs …

- Avez-vous l'impression :
  - de connaître un lieu alors que vous n'y avez jamais mis les pieds
  - d'avoir une aptitude innée
  - de vous sentir étranger à ce monde terrestre
- Avez-vous des réminiscences (sensation, flash image…) d'autres vies ? Si oui, lesquelles et sous quelles formes ?

Les enseignements délivrés par Marie-Louise/Anna

L'âme de Marie-Louise/Anna prend le temps de la réflexion pour décider de s'incarner à nouveau après le traumatisme qu'elle a subi à la mort de sa famille. Le scénario que lui propose son guide semble la motiver et donner sens à une nouvelle incarnation. Ainsi, les âmes organisent leur prochaine vie terrestre en la programmant en fonction de leurs besoins d'évolution.

La planification pré-incarnation : le plan d'une vie sur Terre

Voici ce que Cyléria explique sur la planification pré-incarnation de l'âme :

> Nous dirons que, comme un voyageur, vous préparez votre itinéraire, vos cartes, votre sac à dos contenant vos aptitudes, talents, lacunes, savoirs, expériences pour accomplir ce que beaucoup appellent **la "mission d'âme"**.
>
> Votre âme choisit les étapes importantes sur votre chemin terrestre qui lui permettront d'atteindre ses objectifs pour parfaire votre évolution.
>
> Il s'agit d'une **planification**, en quelque sorte, des expériences que votre âme désire mettre sur sa route. Cela ne veut pas dire qu'aucun changement ne pourra intervenir au cours de l'incarnation sur Terre. Tout n'est pas "gravé dans le marbre", comme vous dites ! Cet itinéraire est mouvant et évolutif. Votre âme garde son libre arbitre. Elle peut choisir de bifurquer,

de mettre autre chose sur sa route, mais tout cela se fait toujours en accord avec les autres parties (âmes incarnées ou pas). C'est pour cette raison que vous ne pouvez pas dire : "C'est le destin, on ne peut rien changer" et rester dans une forme d'immobilisme et de fatalisme. Cela ne fonctionne pas ainsi !

Avant qu'un bouleversement ne vienne changer le cours de votre existence humaine, il y a de nouveau un consensus entre votre âme et celle de l'être qui sera à l'origine de celui-ci. Si vos deux âmes sont toujours en accord avec les circonstances et les "rôles" de chacun, tout se mettra en place pour que l'événement se déroule comme vous l'avez décidé. Cela peut paraître difficile à entendre et peut écorcher vos oreilles humaines, mais rien n'est dû au hasard et c'est ainsi que cela se passe.

Pour certains, la feuille de route a subi très peu de modifications, tandis que pour d'autres, elle a pu changer très fortement. Ici encore, tout dépend des décisions prises par votre âme, de la façon dont vous les vivez sur Terre et comment vous les incarnez. ”

Cyléria, nous dit donc que notre planification peut être revue et corrigée au cours de notre existence. Vous allez en prendre la pleine mesure en découvrant l'aventure que nous a racontée notre ami Alain.

Le choix d'Alain

Alain, le mari d'une amie, a eu un grave infarctus à l'âge de 50 ans. Il a été rapidement pris en charge par les pompiers puis par le service des soins intensifs de réanimation, mais son pronostic vital était engagé. Pourtant, au bout de quelques jours, son état s'est amélioré. « La maladie n'a pas eu le dernier mot ! », a-t-il dit.

Alain était un homme rationnel. Il ne croyait absolument pas en l'au-delà. D'ailleurs, il s'était souvent moqué de nous et de nos « anges », nous prenant pour des illuminées !

Quelques semaines plus tard, en lui rendant visite, il nous raconte, un peu contrit, que lors de sa première nuit en réanimation, il a « vu » une amie très chère, décédée depuis quelques années, venir près de son lit…

Nous étions très surprises ! Connaissant ses croyances très « terre à terre », nous n'aurions jamais imaginé qu'il nous raconterait cela un jour ! Il nous avoua qu'il était très difficile pour lui de nous relater cette histoire qui le dépassait. « C'était tellement vrai, de bout en bout. Je le sais, c'était elle. Et en plus, elle portait la même robe que celle que je lui avais mise pour son enterrement… Je le ressentais dans tout mon être. »

Cette amie décédée a engagé une conversation avec lui :

« Je suis venue te chercher. Souhaites-tu me suivre ou rester encore un peu ici ? Tu as le choix. Que décides-tu ? », lui a-t-elle demandé, patiente.

« Je ne peux pas faire cela à ma femme, ta copine ! Je vais rester avec elle. »

•••

...
Alors elle acquiesça et partit.
Alain nous dit : « Eh bien, après ça, je suis bien obligé de croire à vos trucs car, encore une fois, je n'ai pas rêvé. J'ai bien vécu cela. Je n'ai aucun doute, je n'ai pas halluciné… On m'a donné du « rab » en me laissant vivre, j'en suis sûr. »
Alain a eu véritablement l'impression d'avoir à faire un choix : celui de partir avec son amie désincarnée ou de rester sur Terre, auprès de son épouse. L'âme d'Alain avait planifié de quitter cette vie, lors de cet infarctus. Il lui a été donné l'opportunité de *modifier, en conscience, sa planification* en rallongeant son temps de vie sur Terre. *Son itinéraire a donc été réactualisé.* Il a eu l'opportunité de s'ouvrir à la spiritualité, de porter un regard différent sur sa vie et le sens de la vie.
Alain est décédé quatre ans plus tard, d'une autre pathologie.

Chaque parcours d'âme est unique

Bien avant notre naissance sur Terre, l'âme prépare avec minutie sa future vie, conseillée par une équipe de guides. Ils nous expliquent que l'âme est comme une comédienne qui s'apprête à revêtir un costume pour jouer le rôle d'actrice principale dans une vaste pièce de théâtre (le monde terrestre).
Elle choisit :
L'intrigue : les objectifs d'évolution pour se réaliser.
Le scénario : les événements, les épreuves et les défis qu'elle place sur sa route.

Le rôle principal : la composition de son personnage humain.
La distribution des rôles secondaires : la famille, les amis, les « ennemis », les collègues, professeurs, voire des animaux.

Rien n'est laissé au hasard pour permettre à l'âme de s'accomplir au mieux. Voici quelques précisions :

La mission de vie (l'intrigue)

L'âme définit les objectifs qu'elle souhaite atteindre. Ils sont multiples et jalonneront votre vie comme un fil rouge. Ce peut être :

- Faire l'expérience de la matière (notamment habiter un corps physique).
- Enrichir la palette des émotions, se réconcilier avec l'amour.
- Dépasser des schémas répétitifs.
- Développer de nouvelles aptitudes ou les renforcer (apprendre le pardon, la générosité, l'équité, le non jugement).
- Transmuter son karma, les relations entre les êtres.

L'itinéraire (le scénario)

- Le contexte d'incarnation : époque, pays, lieu, type de société, milieu social…
- Les éléments déclencheurs : circonstances de naissance (aimé, abandonné, rejeté…), la situation familiale, avoir des enfants ou non, les études, le métier, les aspirations, le développement de

qualités ou talents, les manques et carences, les rencontres, un secret de famille, etc.

- La chronologie des éléments déclencheurs.
- L'âme, conseillée par une équipe de guides, visionne (sous forme de simulations en images, sorte de mini films) différentes possibilités afin de faciliter le choix du scénario le plus adéquat par rapport à sa mission de vie.

Cet « itinéraire » peut être réactualisé une fois sur Terre et est évolutif.

Composition de l'être humain (le personnage principal)

- Son sexe, l'apparence du corps physique (physionomie, couleur de peau, taille, corpulence), infirmité, santé…
- Sa personnalité humaine : tempérament, talents naturels, qualités, défauts, psychologie, sensibilité émotionnelle, ouverture d'esprit, niveau d'intelligence et de conscience…
- Sa sexualité (hétérosexualité, homosexualité, bisexualité).
- Ses aspirations et centres d'intérêt.

Les âmes partenaires (les personnages secondaires)

- L'âme recherche des âmes partenaires incarnant les rôles de ses futurs parents, frères et sœurs, compagnon(s) de vie, enfant(s), amis, relations professionnelles, connaissances et rencontres opportunes et/ou marquantes qui jalonneront son chemin de vie.
- Puis elles définissent ensemble le type de relations (dans une palette qui peut aller de l'amour

passionnel à la haine) et construisent les *accords d'âme à âme*. La série de rencontres d'âme à âme avec les futurs acteurs est primordiale pour que chacun comprenne son rôle et ses conséquences. Les âmes partenaires peuvent accepter, négocier voire refuser le rôle. Certaines acceptent de jouer le « mauvais rôle » ; c'est une expérience nécessaire dont chacune des âmes tire un bénéfice.

En résumé, l'âme fait un choix important en créant son *itinéraire initial* pour voyager sur Terre. Elle sera la boussole, le GPS de l'humain. Si ce dernier accepte de suivre son intuition, sa voix intérieure, sans résistance, ses pas suivront le chemin préparé par son âme.

L'âme planifie ces détails de vie pour mettre toutes les chances de son côté, dans le but d'atteindre ses objectifs. Beaucoup pensent que la mission de vie est, par exemple, de devenir un chanteur célèbre ou Mère Teresa. L'objectif de vie est rarement professionnel, à proprement parler. Il consiste plutôt à dépasser des schémas répétitifs ayant pris racine dans une autre vie et à en apprendre un peu plus à chaque incarnation. C'est un chemin d'évolution.

Cyléria précise :

« Lors de la planification, vous pouvez débattre de tout ce que vous souhaitez vivre sur cette Terre avec les âmes qui s'incarnent avec vous : expériences, rencontres, événements, épreuves, maladies, challenges, etc. Cela va créer les *accords d'âme à âme*.

Ceci va certainement vous faire “hurler”, mais les êtres qui vous “savonnent la planche” comme vous aimez à le dire sur Terre, c’est votre âme qui le leur a demandé. C’est un accord passé entre vos âmes.
Si votre âme a pour mission de vie de transmuter le sentiment d’abandon, tout se mettra sur votre route pour qu’elle en fasse l’expérience. Par exemple, votre mère mourra à votre naissance, puis, vous choisirez un conjoint qui vous portera très peu d’attention. Tout se mettra en place pour exacerber votre blessure. Votre challenge sera d’en guérir. Votre besoin d’évolution détermine ce type d’apprentissage. ”

Pourquoi oublie-t-on notre mission de vie et nos contrats d’âmes ? Cela serait plus simple de savoir pourquoi nous sommes venus sur Terre.

“ Le pensez-vous vraiment ? Si vous saviez que vous avez placé sur votre itinéraire un accident de moto qui vous rendra paraplégique à 25 ans, l’objectif étant de vous aider à trouver les ressources en vous pour vivre malgré un gros handicap afin de développer des qualités intérieures ainsi qu’une vie spirituelle, comment vivriez-vous cela ? Faut-il le savoir ou l’ignorer pour vivre pleinement l’instant présent ?
Imaginez que vous vous rappeliez que vous allez vivre une belle histoire d’amour, mais qu’au bout d’un certain temps cette personne va périr au cours d’un incendie. Comment vous serait-il possible de vous investir dans cette relation si vous savez que vous allez “perdre” cette personne ?

Si vous connaissiez les grands moments de votre vie, vous seriez dans l'impatience de rencontrer telle personne. Vous feriez fi des autres rencontres si enrichissantes. Vous ne feriez qu'attendre les événements au lieu de vivre spontanément et de goûter à la vie véritablement. L'existence humaine se doit d'être vécue pleinement.

Si vous saviez ce qui va advenir, beaucoup d'entre vous s'en contenteraient, or la vie terrestre est un cheminement ; c'est un escalier où chacun doit gravir chaque marche. Vous ne pouvez pas arriver à un palier si vous n'avez pas monté cette série de marches, même si votre âme sait que vous l'atteindrez. »

Effectivement, *l'oubli* est un passage essentiel, autant pour votre passé que pour votre futur. Il vous préserve de vos actes durant vos vies antérieures et vous permet d'aborder de manière insouciante et détachée votre future vie, de vous y plonger pleinement, parce qu'elle est unique.

L'oubli et les réminiscences

Une fois le scénario mis en place, les accords « bouclés », l'âme commence sa « descente » énergétique vers le corps physique du bébé. Alors, elle perd la mémoire de qui elle est, d'où elle vient, de ce qu'elle sait, de ses vies passées et de tout ce qu'elle a choisi d'accomplir sur Terre.

D'ailleurs, la légende du Sceau de l'ange raconte que lorsqu'un bébé vient au monde, un ange pose le doigt sur sa bouche en lui murmurant « Chuuut ».

L'enfant oublie tout. On dit que la trace laissée par ce doigt angélique est la fossette entre le nez et la bouche.

Cyléria, pourquoi cet oubli ?

« Vaste question. L'oubli est indispensable parce que, sans lui, vous seriez en détresse. Si vous gardiez la mémoire de vos autres vies, il vous serait difficile d'en redémarrer une nouvelle.

La mémoire est remise à zéro pour vous permettre de vivre cette vie complètement, avec une certaine « virginité », sans être entravé, pour que vous puissiez avancer et découvrir cette vie comme si c'était une toute première fois. »

Souvent, lors des séances de karmathérapie, les personnes que nous accompagnons disent désirer se souvenir de toutes leurs vies antérieures. Mais quelle serait leur réaction si elles apprenaient que, dans une autre vie, elles étaient un être sanguinaire et sans pitié, responsable de la mort de milliers de personnes ? Ou un être remarquable, connu de tous pour son talent d'orateur haranguant les foules, apportant un changement social alors que, aujourd'hui, elles sont timides et éprouvent des difficultés à prendre la parole en public ?

Pourtant, les réminiscences des vies passées (c'est-à-dire un vague souvenir) reviennent et influencent la personnalité humaine et le cours de sa vie, comme ce fut bien longtemps le cas pour Mathilde que nous avons reçue en séance de libération karmique.

L'âme ne brille jamais deux fois dans le même domaine

Nous accueillons en séance Mathilde âgée de presque 70 ans. Elle se tient bien droite, sa silhouette est fine, son port de tête altier. Elle nous explique que, fillette, elle rêvait d'être petit rat de l'Opéra de Paris puis ensuite danseuse Étoile. Mais sa mère l'en a empêchée refusant de lui offrir des cours de danse. En racontant cela, elle ressentait toujours une rancœur tenace envers sa mère disparue.

Dès qu'elle le put, elle s'offrit une barre de danse et elle s'entraîna seule. Elle prit des cours mais, étant adulte, elle comprit qu'elle était « trop vieille » pour faire une carrière. Elle ressentit une colère immense envers sa mère décédée, considérant qu'elle lui avait gâché l'existence. Elle la rendait responsable de tous ses maux et pensait que sa vie était un échec. Elle gardait beaucoup d'amertume de n'avoir pu être une danseuse professionnelle.

Or, lors de la séance, au cours du visionnage de ses « mémoires antérieures », les guides lui ont expliqué que dans une précédente incarnation, elle avait déjà consacré sa vie à la danse et seul son art comptait. Elle avait été une danseuse émérite, reconnue par tous ; elle avait fait une formidable carrière et atteint le sommet de son art. Durant cette vie-ci, elle est devenue une remarquable professeure de danse/chorégraphe. Dans sa recherche de perfection, elle s'est montrée sèche, dure, exigeante, sans empathie pour ses étudiants, voulant que tous vouent leur vie à la danse et à

...

...
l'excellence, comme elle l'avait fait. Sa personnalité revêche, froide, sans cœur, expliquait le vide qu'elle avait fait autour d'elle depuis de nombreuses années. Elle mourut dans la plus grande solitude, percluse de souffrances physiques, sans applaudissement.
Les guides lui ont expliqué que son âme avait demandé à ne plus retourner vers la danse, parce qu'elle avait fait le « tour » de son art.
Puis ils lui ont donné l'information que sa mère avait totalement respecté l'accord d'âme passé avant l'incarnation avec celle qui serait sa fille. Même si dans son enveloppe humaine elle ne s'en souvenait pas, son âme si. Cette mère a refusé l'accès à la danse à sa fille pour respecter leur accord d'âmes.
Mathilde avait donc la *réminiscence* de cette vie de danseuse Étoile car son seul désir était de danser et de devenir célèbre. À la suite de ces révélations et du travail effectué lors de cette séance, une meilleure compréhension des choses a parlé à son être profond. Elle a pu pardonner, faire la paix avec sa mère décédée et avec elle-même.

Cyléria précise :

« Si vous avez excellé dans un domaine et êtes arrivé au summum de votre potentiel, nous allons vous aiguiller vers un autre domaine. Mais certains d'entre vous, quelquefois pour des raisons de "confort", ont tendance à repartir vers ce qu'ils aiment et ce en quoi ils excellent. Si vous avez été champion d'équitation, nous n'allons pas vous entraîner une deuxième fois à l'être de nouveau. Il est nécessaire de passer à d'autres apprentissages. »

Comme Mathilde, vous avez des *réminiscences* : vous oubliez, mais en même temps tout ne s'efface pas complètement. Vous gardez des goûts, des intérêts, des peurs voire des phobies. Anna avait peur des orages en montagne sans en comprendre la raison, mais cela résonnait avec sa vie précédente et le drame lié à cet épisode météorologique.

Les réminiscences de vies antérieures peuvent prendre différentes formes :

- L'impression d'avoir déjà visité un lieu et de le reconnaître alors que vous y venez pour la première fois. Parfois, des images ou une scène d'une autre époque se superposent au décor d'aujourd'hui. Vous pouvez alors ressentir une émotion particulière, par exemple lorsque vous visitez une capitale étrangère parce que vous y avez déjà vécu dans une autre vie.
- Vous apprenez une notion nouvelle et pourtant, au fond de vous, « c'est une évidence, vous savez, vous la connaissez déjà ». Par exemple, un collégien, lors d'un cours d'histoire sur l'Égypte ancienne, va ressentir qu'il le sait déjà car il a vécu dans ce pays à cette époque-là, et une partie de lui s'en souvient.
- Vous apprenez une nouvelle technique et vous avez une aisance toute particulière. Votre corps, vos mains font intuitivement les bons gestes. C'est une réminiscence de talents car vous avez

déjà exercé cette technique dans une autre vie. Votre corps et votre âme savent ainsi faire du dessin, de la musique (comme Mozart), de la mosaïque, des massages, de l'équitation…

– Vous ressentez une gêne ou une douleur que la médecine allopathique n'explique pas. Souvent, après un long parcours médical (recherches, analyses, examens, traitements divers…), le symptôme persistant, beaucoup se tournent vers nos pratiques. En effet, une douleur en pointe dans l'omoplate peut être reliée à la mémoire d'une blessure ancienne (un coup de baïonnette reçu dans l'épaule). Une sensation d'avoir un « collier de chien autour du cou », qui serre, peut être une réminiscence de pendaison ou de strangulation. Une partie de votre corps peut également être ressentie comme anesthésiée ou qui « ne vous appartient pas », sans raison médicale. Tel était le cas d'un jeune homme qui ne sentait quasiment pas ses mains.

Les mains « inexplicablement » froides

Un jeune homme est venu nous consulter après des explorations médicales infructueuses car il avait peu de sensibilité dans les deux mains. Elles restaient froides, bleutées et moites à longueur de temps comme si le sang ne circulait pas.
Un travail de transmutation karmique et énergétique a été nécessaire pour libérer plusieurs mémoires de
•••

...
vies antérieures où ses mains avait été tranchées ou arrachées (punition médiévale, accident) puis pour réintégrer énergétiquement ses mains à son corps. À la fin de la séance, il regarda, émerveillé, ses mains qui retrouvaient une couleur rosée et une nouvelle sensibilité.

– Les angoisses ou phobies peuvent avoir une résonance avec une réminiscence d'un épisode de vie antérieure traumatique. Nous nous sommes aperçues que les personnes atteintes de claustrophobie que nous accompagnons ont des mémoires de strangulation, d'étouffement, d'enfermement ou de noyade. Une libération énergétique et karmique de ces traumatismes anciens est possible. Elle atténue les symptômes voire les fait disparaître.

Les signes d'une ancienne vie de chamane

Maëlle, une amie, parle à haute voix un dialecte amérindien dans son sommeil et lorsqu'elle médite. Elle voit des effigies, des symboles, des images de temples s'animer autour d'elle, qu'elle associe à des pays d'Amérique du Sud. Elle rêve de façon récurrente d'un chamane qu'elle aurait été et qui prend corps dans un animal sauvage. Elle garde également la sensation permanente d'avoir un disque posé sur le front. Cette sensation lui procure une grande gêne.
...

...
Dans un travail karmique fait avec elle, nous avons pu remonter de nombreuses vies antérieures aztèques ou mayas. Ces phénomènes ne l'encombrent plus. Elle a appris à vivre avec et comprend leur origine à présent.

Les personnes que nous accompagnons nous demandent si nous avons des réminiscences de l'au-delà.

« Enfants, nous nous sentions à part »

Depuis notre enfance, nous avons conscience que notre véritable nature n'est pas l'être humain et que notre vrai « lieu » de vie n'est pas la Terre, mais que nous « venons d'ailleurs ». Nos idées, nos réflexions, nos comportements, nos peurs, nos questionnements ont très souvent déstabilisé nos familles, très « terre à terre », qui n'arrivaient pas à nous comprendre. Elles nous prenaient pour des originales.
Nos ressentis, notre hypersensibilité, les sensations que nous avions ont été difficiles à vivre car nous nous sentions « à part », incomprises, avec la certitude que nous n'appartenions pas à ce monde terrestre, sans en comprendre nous-mêmes la raison. De ce fait, nous sommes passées par des états de déséquilibre, de mal-être, de déprime, d'impression de ne pas être à notre place et d'autres questionnements existentiels. Ceux-ci nous ont conduites à réaliser un travail de développement personnel ainsi que des recherches ...

...
spirituelles approfondies. C'était une question de survie.
Virginie confie : « Il m'a fallu atteindre l'âge adulte pour reconnaître mon visage dans le miroir. Lorsque j'observais un corps physique, je trouvais son aspect étrange, il me semblait extra-terrestre. Durant mon adolescence, je captais des "morceaux de vies" dans l'au-delà. »
Violette ajoute : « Dès mes 8 ans, je disais à mes parents : "Je ne suis pas de ce monde, ni de cette planète et pas de cette époque." J'en avais la certitude sans pouvoir l'expliquer. À 11 ans, j'avais la notion de ce qu'était la réincarnation sans l'avoir apprise et j'affirmais qu'elle était réelle. Durant l'enfance, je "parlais" avec une présence féminine qui me protégeait, mais je savais intérieurement qu'il était hors de question que j'en parle autour de moi. J'avais la conviction que tout ce que me racontaient les adultes sur la vie et la mort était totalement erroné et qu'ils ne savaient rien ! »
Lorsque nous avons interrogé nos guides afin de comprendre pourquoi nous avions tant de « souvenirs », ils nous ont dit, après une hésitation, que nous avions eu un petit « bug » lors de notre passage entre les plans céleste et terrestre ! En effet, notre mémoire « céleste » aurait dû être mieux effacée.
Nous avons écarquillé les yeux puis éclaté de rire. Après tout, nous avons réussi à en faire une force qui nous permet d'aider les autres.

EN RÉSUMÉ

Planification pré-incarnation

- Avant l'incarnation, l'âme prépare méticuleusement sa future venue sur Terre pour atteindre les objectifs qui définissent sa mission de vie.
- Elle crée ainsi son itinéraire initial. Il est mouvant et évolutif. Il est réactualisé en temps réel.
- Vous avez choisi chaque élément de votre vie : vos parents, votre métier, votre corps physique, votre compagne ou compagnon de vie ainsi que les épreuves que vous avez traversées, car ils vous permettent d'évoluer.
- Suivez votre intuition, votre voix intérieure sans résistance, afin de suivre le chemin organisé par votre âme.
- Vous êtes donc à votre place dans cette incarnation terrestre.

L'oubli et les réminiscences

- Au moment de l'incarnation, vous perdez la mémoire et la conscience de qui vous êtes vraiment, de vos vies antérieures et de votre planification pré-incarnation pour vivre complètement cette présente vie.
- Vous pouvez avoir des réminiscences, sortes de souvenirs, de vos vies antérieures.

CHAPITRE 3

LES MISSIONS DE VIE

Carilla, l'obstinée

Cela devient notre rituel, c'est avec entrain que nous contactons Cyléria. Que va-t-elle nous faire découvrir ? Quelle histoire de vie va nous être révélée ? Nous rejoignons dans notre salle de travail énergétique Cyléria et son équipe. Aujourd'hui, l'ambiance est badine, légère et un peu dissipée. Cyléria nous amène tous à nous concentrer et tout devient plus calme. Puis, nous sentons et entendons une voix et la présence d'une femme… Une femme petite, très menue, apparaît, portant une robe à fleurs, un chapeau et un petit sac à main. Elle est très féminine et apprêtée. Elle se nomme Carilla.

Le message de Carilla

« La première chose qui m'est apparue au moment de mourir fut cette impression grandissante que je m'élevais au-dessus et autour de moi. C'était étrange et, à la fois, plus je me dilatais et plus je me sentais bien, enveloppée de douceur. Ma surprise était si grande que je me souviens m'être dit "Balivernes, tout ce que l'on raconte sur la mort !", et aussi que le curé avait tort ! Si j'avais su, je ne me serais pas accrochée ainsi à la barre de mon lit d'hôpital pendant toutes ces semaines ! *(Elle rit)*

Mon parcours sur la Terre n'avait pas été simple. Les douleurs avaient été nombreuses. J'étais née dans une famille faussement bourgeoise : l'apparence que nous avions pouvait laisser croire à plus de moyens, mais il n'en était rien. Derrière ce vernis, nous n'avions pas de quoi briller en société. Cependant, mes parents tenaient beaucoup à cette mascarade, pensant peut-être nous marier à de bons partis et nous faire rentrer dans le "beau monde", comme ils disaient ! Je n'en avais que faire.

La guerre a balayé tout cela et nous avons bien été obligés de faire comme beaucoup de monde : nous sauver à la campagne pendant que nos hommes se faisaient laminer par l'ennemi. Malgré la peur et le désespoir, je ne peux pas dire que ce furent de mauvaises années. Nous vivions très chichement, sans obligation de faux-semblants. Une libération pour moi. J'y découvris également ce que voulait dire travailler et gagner sa pitance ! Cette période forgea mon caractère. Nous avons perdu notre père quelques mois avant la fin de la guerre. Dans les mois qui suivirent, les soldats se mirent à faire la cour aux demoiselles que nous étions devenues. Mes premières amours… Ma mère, elle, s'enfonçait dans son deuil et je voulais fuir cette ambiance mortifère.

Bien qu'elle eût préféré pour moi le jeune Gustave, fils de bonne famille, je me refusai à lui et choisis André, garagiste, beaucoup moins propre sur lui... *(Rire)* C'était un brave homme et j'ai appris à l'apprécier encore davantage pendant nos premières années de mariage. Il travaillait d'arrache-pied pour son garage, héritage de son père mort d'une pneumonie sur le front.

Mais les années passaient et je n'avais pas d'enfant... En fait, si, mais mon corps maigre ne les gardait que quelques semaines. J'enchaînais les fausses couches et les bébés mort-nés. Mon corps devenait un tombeau. J'étais dépressive, désespérée.

Mes relations avec André puis avec tout mon entourage se dégradaient complètement, mon corps aussi. Cette accumulation me mettait à genoux. Pendant des années, je ne pouvais me focaliser sur autre chose que cette immense douleur de ne pas pouvoir donner la vie, abandonnant mon rôle au garage et à la maison. Je n'étais que l'ombre de moi-même, un spectre parmi mes bébés morts qui vivaient autour de moi. Pour ne pas les laisser dans le froid glacial des ténèbres, je les rejoignais dans de grandes apnées de vie.

Ma mère mourut, de chagrin sans doute. Le deuil de son époux et le fait d'avoir une fille qui avait raté sa vie : quelle malédiction ! Un soir, en allant la voir pour récupérer le linge qu'elle me lavait et repassait, je l'ai retrouvée étendue par terre au milieu de sa minuscule cuisine. Alors, comme il ne m'avait pas été donné de le faire avec tous mes bébés, je l'ai prise dans mes bras et je l'ai bercée une bonne partie de la nuit, pleurant toutes les larmes de mon corps, libérant des années de chagrin et de colère contre la vie, contre un Dieu soi-disant miséricordieux, contre moi surtout. Pendant cette scène qui m'a semblé durer au-delà du temps, je vis mon père et d'autres défunts. Je vis la lumière et l'espoir en elle, je vis l'amour et je sentis, comme assistée par une force intérieure, qu'il fallait que je me pardonne.

Mon mari, inquiet, s'était entendu dire par une voisine qu'elle m'avait vue passer en fin de journée pour aller chez maman. C'est lui qui rompit mon incursion dans ce monde invisible pour me ramener dans la réalité.

Aux obsèques de maman, j'enterrai symboliquement mes enfants devenus anges. Quelque part, sa mort fut un cadeau merveilleux. Une longue reconstruction dut avoir lieu. J'ai emprunté un chemin vers le deuil de tous les morts que j'avais gardés autour de moi et fait un autre deuil : celui d'être mère un jour. Je repris ma vie en main et m'investis dans notre paroisse, comme l'avait fait ma mère.

Un jour, mon mari apprit qu'il était papa d'un jeune garçon, Marcel. Oh, qu'il avait honte de lui en m'apprenant cela ! Il était honteux, mais ressentait en même temps une sorte de soulagement que je ne comprenais pas. La maman du petit était au plus mal. Fille-mère et sans autre famille, elle cherchait un foyer pour son fils. Ma foi me permit de dépasser cet affront et je fis la connaissance de cet enfant qui allait être la bénédiction de ma vie. En effet, quelques mois plus tard, sa maman mourut, nous le laissant à charge. Puis ce fut mon André qui la rejoignit six mois plus tard, un accident incompréhensible au garage !

Il a bien fallu que nous nous serrions les coudes, Marcel et moi ! Alors qu'il venait de perdre sa mère, son foyer puis son père, il ne lui restait plus que moi. Passé le choc de la mort d'André, il m'a vite fallu prendre des décisions. Marcel allait être pupille de l'État, et cet enfant, un don du ciel pour moi qui avait trop abîmé mon corps pour enfanter, me rendait mère ! Nous avons développé un amour et une confiance sans faille l'un envers l'autre.

Je décidai de mener le combat et de l'adopter. Et puis, que serais-je devenue sans André ni Marcel ? J'avais l'impression d'être revenue en temps de guerre, quand les femmes prenaient les choses en main.

Des choix devaient aussi être faits concernant le garage qui avait bonne réputation et qui marchait bien, mais qui aurait mieux fonctionné si l'alcool n'avait embrumé les yeux d'André. J'engageai donc des mécaniciens et continuai de faire fonctionner la boutique. Il me fallut apprendre sur le tas et développer des talents que je ne soupçonnais pas chez moi. Marcel à mes côtés, plus rien n'était insurmontable. Il était ma force de vie. J'ai voué cette partie de mon existence à lui donner de bonnes bases et à faire fonctionner le garage qui nous apportait des revenus confortables. Marcel a pu faire les études qu'il voulait et s'envoler du nid avec un bon bagage. Ensuite, je me suis employée à faire prospérer le garage devenu concession automobile. J'étais devenue une femme d'affaires ! *(Rire)* Cela n'a pas été simple tous les jours, mais j'avoue que j'aimais cela.

Lorsque j'ai vendu le garage pour ma retraite, la maladie est arrivée. Sans que je m'en rende compte, elle était déjà partout dans mon corps. Des douleurs dans mes os me rappelaient ces années passées dans les méandres de la dépression. Il me semblait que je payais toutes ces années où je m'étais autodétruite, cette vie où je ne me suis pas, ou peu, accordé de détente, de plaisir et de douceur. Une vie bien remplie.

C'est dans un lit d'hôpital, alors que j'agonisais, que je me rendis compte que la mort avait été au centre de ma vie pour me faire vivre le désespoir et l'abandon de soi autant que pour m'apprendre à me relever et déployer cette force incroyable de vie et de réalisation.

Devant ma propre mort, je restais hésitante et effrayée. Seule dans ma chambre, je me laissais gagner par l'aspiration intérieure. C'est en voyant André, comme dans un rêve, venir me chercher que j'ai lâché prise, que j'ai fait cette envolée vers la beauté et la lumière et que j'ai quitté cette Terre.

D'où je vous parle, je suis dans un espace sans temps ni frontières, où s'étendent jusqu'à plus soif les décors les plus somptueux. Une maison de retraite de luxe ! *(Rire)*

J'ai fait ce travail de visionnage de ma vie et observe cela avec recul et indulgence. La clé de mon existence est le pardon et le courage d'affronter cette vie que je m'étais choisie pour renforcer mon âme bien téméraire.

Je ne regrette aucun des moments que j'ai vécus dans cette expérience, même les plus sombres. Je suis fière d'avoir su me relever et me révéler progressivement. Je comprends aussi que beaucoup de mes choix avaient été dictés par des croyances et des blessures que je portais. Mais croyez-moi, si mes choix avaient été différents, ma vie aurait été moins intéressante. Nous voudrions sur Terre une existence paisible et facile, mais je sais aujourd'hui qu'elle aurait été pour moi beaucoup moins enrichissante.

Je goûte maintenant à la douceur et chaque questionnement sur ma vie a été apaisé. Prochainement, je reviendrai sur la Terre pour explorer les potentiels de mon être à travers de nouvelles aventures.

Ce que je retiens ? Prendre le temps de vivre vraiment, voir les obstacles de la vie comme une opportunité de devenir plus grand et plus robuste, prendre soin de son "véhicule humain" et rire, rire, rire de tout ! Voilà mes conseils, car rien n'est vraiment grave en fin de compte.

Je vous remercie pour votre attention. J'espère que cette retranscription vous apportera autant qu'elle m'a apporté. Je clos ce chapitre de vie pour me tourner maintenant vers d'autres… »

Temps d'échanges avec Carilla

Les guides et Cyléria, nous invitent à poser des questions à Carilla.

Carilla, pour quelles raisons commences-tu ton récit en évoquant ton décès ?

« J'ai pris conscience qu'il ne fallait s'accrocher à rien, que la vie continue sous toutes ses formes. J'étais étonnée par une telle douceur, une telle facilité. J'ai tant lutté durant ma vie terrestre ! À ce moment crucial pour l'humain qu'est la mort, tout devient simple, fluide. Du moins pour moi. On laisse derrière soi un corps physique qui a souvent fait son temps, qui est douloureux, une vie qui a connu ses hauts et ses bas. J'ai ressenti un nouveau souffle de vie en moi à ce moment-là, comme une caresse. Si j'avais eu conscience que la mort n'était qu'un passage, j'aurais cessé d'en découdre avec moi-même. C'est incroyable car j'ai eu peur de vivre et aussi peur de mourir mais, à cet instant précis, toutes ces peurs m'ont abandonnée et tout est devenu plus léger. J'ai pressenti, à ce moment-là, ce qu'avait été le sens de ma vie, comme une fenêtre qui s'ouvre sur un paysage que l'on connaît mais que l'on n'a pas vraiment regardé et que l'on redécouvre à la loupe.

Tout commence à prendre sens. Comme un aveugle qui recouvre la vue ! Peut-être cela trouvera un écho en vous qui lirez ces lignes et vous rassurera sur cette étape importante et pourtant incontournable de la vie humaine ! La naissance et la mort, il n'y a rien de plus naturel ! »

Lors de ta planification d'avant incarnation, avais-tu prévu de ne pas enfanter ?

« Oui, mais mon humain l'ignorait, c'est pourquoi j'en ai voulu à mon corps. Il y avait un terrible tiraillement entre mon corps et mon âme qui, elle, savait que je n'enfanterai pas dans cette vie. Je croyais que mon corps m'abandonnait lâchement en ne me donnant pas ce que je voulais.

J'en ai voulu à Dieu parce que j'ai cru que j'avais fait quelque chose de mal pour que mon corps n'accepte pas de garder ces enfants. Ce corps, je l'ai regardé avec dégoût et tristesse. Je ne trouvais plus de sens à ma vie. J'aimais mon mari et je voulais absolument lui donner un enfant, lui montrer que j'en étais capable. C'est mon ego qui parlait. De colère, je donnais des coups de poing dans mon ventre pour qu'il m'apporte ce que je voulais.

Pourtant, mon intuition me disait que ce n'était pas la peine que je continue à vouloir. Il y avait un tel sentiment d'échec en moi que cela me mettait en colère. Il fallait qu'il y ait un bras de fer entre mon âme et mon humain. Je voulais que ma volonté fasse plier mon corps. Je pensais que cela fonctionnait ainsi, mais mon corps, au lieu de plier, a cassé.

Je savais bien que mon bas ventre n'y tenait plus. Faire l'amour avec mon mari était devenu moins plaisant parce que j'y mettais une telle rage. Je voulais un résultat. Et ce résultat a été ces bébés morts entre mes jambes, ce sang qui coulait. Je me dégoûtais, et ce sentiment d'échec...

C'est mon obstination, la non-acceptation, cette résistance qui m'ont rendue tellement malheureuse et m'ont empêchée de vivre pendant de nombreuses années. »

Cela a-t-il également abîmé ta relation avec ton mari ?

« Bien sûr. Il fallait qu'il soit performant et qu'il réponde au doigt et à l'œil. Je lui ai pourri la vie sans m'en rendre compte. Je pensais qu'il voulait cet enfant autant que moi pour souder notre amour, pour montrer au monde que nous étions un couple amoureux, aimant… Des bêtises tout ça !

Notre relation est devenue exécrable. Je me sentais tellement minable, incapable ! Les autres femmes autour de moi fanfaronnaient avec leurs enfants, du moins c'est comme cela que je l'ai interprété. J'ai gâché mes "belles années" pour ce désir d'enfant qui, finalement, est devenu davantage un devoir (pour me montrer que j'en étais capable) qu'un véritable désir d'enfant. Il s'est amenuisé au fur et à mesure, mais ma rage, elle, augmentait. Je n'avais aucune chance, dans ces conditions, d'enfanter. J'ai culpabilisé. Je pensais qu'aucun enfant ne restait en moi car j'étais trop nerveuse, trop exigeante, que les conditions dans lesquelles je le voulais n'étaient pas saines. C'était égoïste. C'est pour cela qu'ils ne restaient pas dans mon ventre. C'est ainsi que je l'interprétais, ajoutant une couche à ma culpabilité, à mon impuissance.

Ne pas être maître de mon corps, c'était impossible pour moi et j'avais cette image sublimée de la maternité. J'ignore si j'aurais été cette mère parfaite avec des enfants en bas âge. Cela faisait partie de mon fantasme, la mère idéale, l'enfant idéal ! Ah, l'humain, quand il ne veut pas entendre, quand il ne veut pas comprendre ! Il s'enferme dans des situations qui ne sont pas pour lui. J'étais dans une voie sans issue et je n'ai même pas voulu faire demi-tour pour changer de route et aborder ma vie autrement. Je m'en suis aperçue bien plus tard, parce que je n'ai pas eu le choix, du moins, c'est ce que j'ai cru.

Puis il a bien fallu que j'en prenne mon parti : mon corps n'en pouvait plus, je ne pouvais pas avoir d'enfant. L'accoucheuse me l'avait dit : il fallait arrêter ! Mes organes ne supporteraient plus une fausse couche supplémentaire. La dernière fois, j'ai failli y laisser ma vie.

J'ai eu beaucoup de difficultés à accepter, mais je sentais mon corps épuisé et, à l'intérieur de moi, quelque chose me poussait à arrêter. Le bras de fer entre mon corps et moi (ma volonté, mon mental), je l'ai perdu ! Voilà comment je l'ai vécu humainement.

Maintenant, je sais que mon âme avait planifié cela. Il fallait que je vive ces échecs mais pas autant. J'aurais dû comprendre bien plus tôt. Je me suis entêtée, je n'ai pas voulu entendre ce qui se passait à l'intérieur de moi ni écouter mon corps. Ce dernier m'avait dit d'arrêter, il me l'a fait comprendre avec toutes ces complications. Je devais apprendre à lâcher ce que, moi, je voulais obstinément.

Mon âme n'avait pas décidé d'avoir d'enfant dans cette vie. Mais dans mon enveloppe humaine, je voulais en avoir parce je voulais ressembler à toutes ces familles. Or, il fallait que j'apprenne à m'assumer en tant que femme, différemment, à accepter cette incapacité à mettre au monde et en faire une force, mettre tout ce temps à profit pour faire autre chose, évoluer d'une autre façon.

Mon âme avait planifié que je m'occupe d'autres enfants, un collectif d'enfants, qui avaient perdu un parent. Je ne l'ai pas fait, tellement occupée à vouloir les miens propres. Je suis passée à côté de cela. Je me serais pourtant nourrie de ces enfants qui n'étaient

pas les miens en les aidant, en les aimant. C'était cela que j'avais à faire.
Quand, humain, on s'entête, on ne voit plus rien d'autre et on s'éloigne des buts de notre âme. »

Tu as reçu un cadeau magnifique lorsque Marcel est entré dans ta vie. Peux-tu nous parler de ta relation avec lui ?

« C'était un être doux et adorable, avec un regard incroyable, une perception des choses très intuitive. Il m'a ouvert les yeux sur bien des plans. Il était plus sage que moi. Il m'a acceptée comme j'étais. Avec lui, je me sentais en sécurité, il n'y avait surtout aucun jugement dans son regard. S'il avait eu mon âge, j'en aurais fait mon amoureux tellement il était merveilleux. C'était mon enfant rêvé. Il y avait une connivence extraordinaire entre nous. Il m'a mis du baume au cœur. Quelquefois même, c'est lui qui a su m'arrêter dans ma course folle.
Il a stabilisé aussi mes humeurs. Je vivais pour lui, pour qu'il soit bien, qu'il ait tout ce dont il avait besoin. J'avais quelqu'un dont m'occuper. C'était doux avec lui ! Je me sentais utile ! Pour lui, j'aurais tout donné, tout fait, peut-être même trop. »

Quel était ton accord d'âme à âme avec Marcel ?

« Nous étions très liés et nous le sommes toujours. Dans une autre vie, il a été mon doux mari, qui me pardonnait toutes mes incartades. J'avais cette folie libertaire. J'étais incontrôlable. Il me laissait faire, il me regardait vivre. Cela lui plaisait parce que, lui, ne se les autorisait pas. Combien de fois a-t-il réparé mes bêtises, mes maladresses en mentant ou en s'arrangeant avec les événements et la vérité ! Il me regardait comme un père qu'il a d'ailleurs été également. Il m'a toujours tout passé, tout pardonné. Nous avions une relation d'amour, d'un bel amour. Je ne me souviens pas avoir été en conflit avec lui. Il est revenu dans cette vie comme un sauveur pour m'aider à dépasser mon côté tête de mule. Il est venu apaiser mon cœur. Son âme est plus sage que la mienne, elle a plus d'expérience. On se connaît depuis "longtemps", pour employer un terme humain. ”

Que t'a-t-il appris dans cette vie où tu es incarnée en tant que Carilla ?

“ Il m'a montré que l'on pouvait aimer intensément un enfant qui ne vient pas de son ventre. Et cet amour a peut-être même été plus fort que si j'avais eu mon propre enfant. Je me suis beaucoup posé la question quand j'étais dans mon enveloppe humaine. Bien sûr, je n'avais pas conscience que mon âme l'avait reconnu et que de toute façon nous nous aimions déjà. Dans cette vie, j'ai cru l'apprivoiser alors que c'est lui qui l'a fait. J'ai cru le contraire parce qu'il était plus jeune que moi. Comme quoi, dans l'humain, on se trompe beaucoup ! C'est lui qui a ramené une forme d'équilibre en moi. Je le répète, c'est un sage ! ”

Y a-t-il autre chose que tu voudrais partager ?

« Vous pouvez ressentir ce qui se passe à l'intérieur de vous, c'est-à-dire votre cœur-lumière. Vous pouvez l'appeler intuition, petite voix, âme, qu'importe, mais lorsque vous sentez qu'à l'intérieur tout vous dit non, il serait important de l'entendre, de vous écouter. S'enferrer, comme moi, dans une situation jusqu'à se faire mal dans le corps, dans l'âme, dans la tête, sur tous les plans, certes c'est une expérience, mais peut-être qu'il n'est pas nécessaire de la renouveler sans cesse.

Une deuxième chose : c'est vrai que j'ai voulu avoir mes propres enfants. Mais qu'est-ce qui est le plus important pour l'humain : faire un enfant qui sort de ses entrailles ou aimer tous les enfants qui en ont besoin ? Si on veut donner de l'amour, on est capable de donner de l'amour à tous, sans avoir ses propres enfants. C'est un sujet de réflexion. Je ne suis pas là pour donner des leçons, je réagis en fonction de mon histoire. Ce sont les conclusions auxquelles je suis arrivée.

Je souhaite ajouter que le sens de la propriété, c'est d'avoir son enfant. Mais pour ceux et celles qui cherchent absolument à donner naissance à leur propre enfant, il serait important de s'interroger : qu'est-ce qui vous motive vraiment ? On peut s'occuper d'un enfant qui en a besoin, dont les parents ne sont pas forcément très présents parce qu'ils ne le peuvent pas. Vous pouvez parrainer un enfant, lui donner de l'amour, de l'éducation, de la culture et avoir un échange extraordinaire avec celui-ci, même s'il n'est pas de votre sang.

Interrogez-vous. Élargissez votre vision, votre cœur, et voyez tout ce que vous pouvez offrir autour de vous. Si votre corps ne peut pas vous donner ce que vous voulez, ouvrez d'autres espaces, d'autres fenêtres, d'autres portes...

Le bonheur est dans le "donner-recevoir". C'est aussi ce que l'âme est venue faire sur cette Terre, essentiellement aimer, apprendre à s'aimer, apprendre à aimer l'autre tel qu'il est, à donner, et cela sans condition.

Je voudrais vous dire qu'il n'existe pas de voie sans issue. J'ai d'abord cru que je ne trouverais pas de solution à mon problème, puis j'ai fait basculer ma vie parce que j'ai su accepter, regarder ailleurs, ouvrir mon cœur à cet enfant. Je ne veux pas que vous regardiez ma vie avec tristesse ou que vous disiez "Oh, la pauvre" ! Non, je n'étais pas pauvre, j'étais riche de tous ces enseignements.

Je ne regrette rien parce que, aujourd'hui, j'en connais le sens. Je devais apprendre à me libérer aussi de ce sens de la propriété, d'avoir un enfant à soi, du vouloir. Alors, écoutez bien et lisez mon histoire avec le cœur léger, comme je l'ai aujourd'hui. Ma vie a été enrichissante, j'ai beaucoup appris.

J'aimerais tant que ceux qui n'obtiennent pas ce qu'ils veulent dans leur vie sur Terre lâchent prise, soient dans l'acceptation, parce qu'ils se coupent de tous leurs potentiels. Si je ne m'étais pas entêtée aussi longtemps, j'aurais créé une association qui m'aurait rempli le cœur. J'aurais aidé et aimé un grand nombre d'enfants.

Ne vous entêtez pas ! Quand vous sentez que les portes ne s'ouvrent pas, cela n'est sans doute pas pour vous, pour le moment. Il ne sert à rien de s'accrocher

et d'attendre derrière cette porte. Elle ne s'ouvrira peut-être jamais ou elle s'ouvrira dans dix ou vingt ans. Et qu'aurez-vous fait pendant ces dix ou vingt ans ? Vous aurez attendu. Quel intérêt ?
Vivez, vivez intensément. Ne restez pas bloqué sur votre vouloir humain. "Défocalisez", donnez-vous du bonheur, de la joie, autrement. Vous reviendrez peut-être plus tard voir de nouveau si cette porte s'ouvre. Si elle est toujours bloquée, passez à autre chose. L'entêtement ne mène à rien. Ce n'est pas être fort que d'être entêté.
On se prend tellement au sérieux lorsque l'on est dans l'humain. On croit que l'on n'a que cette vie-là, alors on veut qu'elle soit une réussite ! On veut qu'elle soit pleine de ce que sa personnalité humaine souhaite, et on n'écoute pas son âme. Dommage ! Mais vous, humains, vous êtes vraiment à la croisée des chemins, aujourd'hui. Beaucoup d'entre vous commencent à avoir conscience qu'ils peuvent être à l'écoute de ce qui est à l'intérieur d'eux et ainsi cela ne créera plus de frustrations.
Lâcher les résistances, c'est aussi un apprentissage. Bifurquer et prendre un nouveau chemin est un apprentissage. Ne plus écouter sa nature humaine mais écouter ce qu'il y a réellement en vous, le joyau à l'intérieur de vous, est très important.
Soyez heureux sur cette Terre, si cela vous est possible et si c'est le choix que vous avez fait. Vivez toutes vos expériences, telles qu'elles vous arrivent, en vous demandant ce qu'elles vous apportent et vous apprennent, au lieu de les prendre comme une calamité. Personne d'autre ne les a mises sur votre route que vous-même. Moins on résiste et plus tout

s'écoule avec une belle fluidité. Si vous mettez des barrages, tout stagne, plus rien n'avance, comme cela fut le cas pour moi avec cette volonté d'enfant.

Aimez votre âme !
Aimez qui vous êtes !
Ne vous détestez pas !
Apprenez à vous aimer !
Ne vous comparez à personne !
Vivez intensément, aimez la vie !
Aimez-vous, donnez-vous de l'amour et donnez de l'amour tout autour de vous !
Semez les graines de l'amour. Ce n'est pas utopique, bien au contraire. Vous en êtes tous capables et votre vie sera beaucoup plus légère. Même vos propres douleurs, vous allez les amenuiser en vous "défocalisant" vers plus de lumière et d'amour.

Voilà ce que j'ai à vous dire et je vous embrasse. Vous êtes tous des âmes lumineuses. Soyez des êtres humains tout aussi lumineux. »

Merci, Carilla.

En canalisant et en recueillant le témoignage de Carilla, nous avons été très émues et même en larmes. Tout au long de cet échange, elle nous a fait vivre ses émotions. Avec elle, nous sommes passées du désespoir à la rage, puis enfin à l'apaisement. Nous n'avons pu nous empêcher de ressentir une tendresse particulière envers elle.

Temps de méditation

Prenez une grande inspiration profonde par le nez.
Expirez par la bouche.
Accueillez votre ressenti, votre émotion sans jugement.

Quelle est votre première réflexion après ce message ?
Quelle(s) émotion(s) ressentez-vous ?
Que ressentez-vous dans votre corps ?
Que vous inspire l'expérience de vie de l'âme de Carilla ?
Pour vous y aider, voici quelques axes de réflexion :

Entre ténacité et obstination

- Vous sentez-vous proche de l'expérience de vie de Carilla ?
- Vous êtes-vous obstiné à vouloir à tout prix quelque chose que vous n'avez pas obtenu et qui vous a causé de la frustration ?
- Avez-vous déjà observé que, malgré vos efforts, toutes les portes se fermaient devant vous ?
    - Quels ressentis avez-vous eus ?
    - Quelle a été votre réaction ? (résistance, lâcher-prise...)
- Qu'écoutez-vous pour prendre vos décisions : la raison, votre tête/mental, votre entourage, votre cœur, votre ressenti ?

Quand le corps rend l'âme

- Lorsque Carilla évoque sa désincarnation (sa mort), qu'avez-vous ressenti ?

L'enseignement délivré par Carilla

Dévier de son itinéraire initial

Pour une meilleure compréhension, voici la synthèse simplifiée de la planification pré-incarnation de l'âme de Carilla :

- Sa mission de vie : apprendre à aimer un enfant qui n'est pas de son sang
- Caractéristiques de son être humain :
  - un corps physique qui ne lui permettra pas d'enfanter
  - un tempérament persévérant
  - son aspiration : besoin d'aimer un enfant
  - les aptitudes nécessaires pour créer et gérer une structure.
- Itinéraire :
  - Le manque d'enfant amène à se mettre au service d'enfants orphelins
  - Création d'une structure pour accueillir et aimer des enfants dans le besoin.

Une fois incarnée sur Terre, selon le processus normal, elle a tout oublié. Conformément à sa planification, Carilla naît avec un corps physique féminin infertile qui ne pourra pas mener une grossesse à son terme. À l'âge adulte, sa personnalité humaine souhaite des enfants et ce désir devient obsessionnel. Cela la dévie de son itinéraire initial et engendre donc de la souffrance.

Elle s'enferre dans cette situation douloureuse et ne « voit » pas les opportunités qui se présentent à elle pour revenir sur l'itinéraire initial qu'elle a choisi pour accomplir sa mission d'âme.

Elle prend donc un itinéraire secondaire qui lui apprend autre chose. Cela n'est surtout pas à considérer comme un échec. Cette « déviation » lui a, au contraire, permis de s'épanouir en tant que femme d'affaires. Elle a atteint sa mission d'âme bien qu'elle n'ait pas créé la structure d'accueil pour enfants. Elle a pu aimer tendrement Marcel, un enfant qui n'était pas de son sang.

Les déviations : itinéraire bis

Avant l'incarnation, l'âme prend soin de créer un itinéraire qui favorisera son évolution et ses objectifs. Cependant, une fois incarnée, tout ne se passe pas exactement comme prévu. Nous avons demandé à Cyléria, qui nous accompagne, de nous donner plus d'éclaircissements. Voici sa réponse :

« Vos itinéraires bis ne sont pas définis à l'avance. L'humain est impulsif, il peut se trouver perdu, il va chercher des solutions rationnelles avec son mental, réagir à ses peurs, faire demi-tour ou alors s'arrêter net. Puis, en s'affolant, il va partir dans toutes les directions et ne va pas choisir celle qui est ancrée dans son cœur. Ensuite, c'est nous qui courons derrière vous ! C'est une façon de vous faire rire, évidemment, puisque nous sommes aguerris et nous savons que l'humain va prendre d'autres chemins que celui que son âme a prévu.

Quand nous vous voyons partir dans une autre direction, nous vous laissons faire parce que nous n'avons pas d'autre choix que de suivre votre décision. Bien sûr, nous restons à vos côtés parce que c'est alors que vous avez le plus besoin de nous. Mais, à ce moment-là, vous êtes nombreux à ne plus écouter, le nez dans la situation où vous vous mettez. Comme vous vous êtes affolé, sans regarder dans quelle direction vous partiez, vous êtes un peu perdu. Il vous faut du temps pour reconnaître, pour vous resituer.

Ensuite, nous réactualisons la situation, avec votre âme, et décidons *des signes, des synchronicités* que nous mettrons sur votre route pour vous rappeler que vous avez la possibilité de prendre à nouveau le chemin vers l'itinéraire que vous vous êtes choisi au départ.

Votre itinéraire de départ peut aussi subir des changements intentionnels. Imaginons que, sur l'autoroute, vous décidiez de vous-même qu'il serait bon de bifurquer pour apprendre quelque chose de complémentaire qui vous sera utile. Là, vous faites une sortie de route pour, plus tard, revenir sur votre autoroute et continuer votre chemin. Ces bifurcations sont des réactualisations d'évolution réfléchies. »

Parlez-nous des signes, des synchronicités, mis sur notre chemin pour « redresser la barre »

« Ils vous arrivent sous différentes formes.

Nous vous soufflons à l'oreille.

Nous vous envoyons des messages par le biais de vos rêves.

Nous proposons à l'âme d'un proche de vous passer l'information.

Nous vous organisons des rencontres avec des personnes qui peuvent vous éveiller à leur simple contact, en douceur ou en vous bousculant.

Nous pouvons aussi attirer votre attention *via* une chanson, un mot dans une publicité, un livre, une discussion…

Tout est support pour vous donner le déclic, comme vous dites.

Imaginez qu'une personne s'alcoolise pour fuir une situation qu'elle ne peut pas prendre à bras-le-corps. En accord avec son âme, nous allons lui envoyer des messages pour qu'elle puisse prendre conscience de son comportement et lui donner l'opportunité de le modifier. Va-t-elle reconnaître ces signes, accepter cette aide dans son humain, ou l'envoyer balader ? Là encore, tout est question de libre arbitre et d'ego. ”

Est-il possible de dévier de son chemin initial au point qu'il faille réajuster sa mission d'âme ?

“ Quelquefois, la personne s'en éloigne tellement que, effectivement, l'âme peut choisir de réajuster sa mission. Nous revoyons le programme ensemble, le chemin, et parfois même les objectifs. Tout est malléable, rien n'est “gravé dans le marbre”.

Le principal, ce n'est pas le résultat, c'est qu'à chaque pas vous vous arrêtiez et vous vous demandiez si vous êtes bien avec vous-même. Est-ce confortable ou inconfortable ? Si cela est inconfortable, c'est qu'il y a une décision à prendre, un changement à effectuer, soit à l'intérieur de vous, soit à l'extérieur. Ce n'est pas tout mettre en l'air. L'essentiel est de se sentir bien avec soi. C'est là où vous sentez si vous êtes dans votre justesse, si vous prenez la décision qui est en concordance avec la décision de votre âme, si vous êtes en unité avec vous. »

Qu'attend l'âme de son hôte humain ?

« Dans le meilleur des cas, elle souhaite suivre son itinéraire, celui qu'elle a choisi. Quand il y a peu de dialogue entre l'âme et la personnalité humaine, cela crée des combats intérieurs, un mal-être, car il y a une séparation très importante entre l'une et l'autre. C'est pourquoi il y a souvent distorsion entre ces deux parties qui vous constituent, c'est ce que vous appelez aussi "dualité". Pourtant l'âme essaie de soutenir l'humain. Elle essaie de réveiller sa personnalité. Quand vous dites : "Je me sens bien avec moi-même (dans ma peau)", c'est que vous êtes en accord avec ce qui se passe à l'intérieur de vous, c'est-à-dire avec votre âme. Dès qu'il y a séparation, cela crée des problèmes. Vous vous sentez à côté de "vos pompes" (comme vous dites). C'est cela qui fait que vous vous éloignez de vous-même, de plus en plus, et c'est la raison pour laquelle il est nécessaire de réactualiser et de créer un itinéraire bis. »

Au cours de l'incarnation, l'âme et ses guides peuvent créer de nombreuses déviations. Selon les besoins, de nouveaux accords d'âmes seront négociés et les anciens réactualisés.

Il est possible que l'humain s'éloigne de plus en plus de sa mission de vie à force de prendre des déviations. Lorsque l'âme et l'humain ne sont pas alignés, alors un certain mal-être s'installe, une sensation de perdition ou de ne pas être à sa place est ressentie. Tout semble laborieux. Malgré tout, les guides et l'âme offrent, tout au long de l'existence terrestre, de nombreuses opportunités pour se réaligner.

EN RÉSUMÉ

Mon âme et moi

- Votre âme a programmé et planifié ses objectifs, mais vous les avez oubliés.
- Entre ce que l'âme a planifié et ce que vous vivez, il peut exister une distorsion.
- Le manque d'alignement vous sépare de votre âme et crée une dualité.
- La résistance, l'obstination peuvent vous faire dévier de votre itinéraire initial.
- Votre itinéraire peut être réajusté ainsi que vos objectifs.
- Les guides sont toujours auprès de vous et vous accompagnent.
- Des signes et des synchronicités sont placés sur votre chemin pour vous guider. Soyez attentif !
- Le principal n'est pas le résultat mais de vous sentir en harmonie avec vous-même et bien dans votre vie.
- Lâchez votre mental et faites confiance à votre intuition !

CHAPITRE 4

LES LIENS KARMIQUES

Magdalena, quand un drame devient opportunité

Nous nous sentons tirées par la manche. Nous reconnaissons là le signe que nous devons nous préparer à une nouvelle communication avec l'au-delà… Nous nous connectons à nos guides qui nous emmènent dans un voyage « astral ». Nous arrivons dans une « pièce » que nous commençons à bien connaître. Elle ressemble à un boudoir baigné d'une douce lumière.

Cyléria apparaît devant nous, souriante. Nous la sentons impatiente ; elle frappe dans ses mains : « Commençons ! » Nous percevons une énergie féminine qui vient vers nous. Délicatement, sa silhouette apparaît : une grande femme élégante et sophistiquée, brune, portant un grand chapeau, nous dit :

Le message de Magdalena

"Bonjour, je me nommais Magdalena. Je vivais en Louisiane, dans une magnifique maison coloniale.

Nos terres, aussi humides qu'écœurantes, avaient été celles de l'esclavage, de la traite des Noirs.

J'aurais pu ou dû partir, vendre cette maison pour qu'on en fasse un hôtel, par exemple, mais je me sentais liée et responsable. J'adorais ses jardins qui, au moment des floraisons, après la saison humide, ressemblaient à ce que j'imaginais être le paradis. Ma condition me permettait d'avoir du temps libre pour ces flâneries.

Adolescente, je vivais à travers les héroïnes de ces époques coloniales qui bravaient les regards et les normes pour l'amour d'un homme, par passion. Ah, que j'étais naïve !

Mon père cultivait nos terres fertiles et notre exploitation moderne nous permettait de vivre sans compter. Pourtant, je me sentais si seule ! J'étais fille unique et donc unique héritière. Très tôt, j'ai compris que le choix de mon futur époux, qui remplacerait mon père, déterminerait l'avenir des miens et de ces centaines d'ouvriers, employés et de leurs familles. Je portais le poids de cette responsabilité. Un dos bien chargé !

Dès mes 14-15 ans, on me présenta une nuée de moucherons juvéniles ou plus matures, plus attirés par mon patrimoine que par mes beaux yeux. Cela me semblait tellement prévisible ! J'avais des fiches détaillées sur chacun. Cela ressemblait davantage à des entretiens d'embauche qu'à des rencontres entre jeunes gens… Tous y allaient de leurs commentaires si sérieux.

Moi, je rêvais de fantaisie, de passion flamboyante dans cette vie surfaite ! Pourtant, par amour pour ma

mère, je le reconnais, et surtout pour briller auprès de mon père, je me contraignais à ressembler à une jeune fille bien comme il faut, un modèle. Que d'efforts pour être celle qu'ils voulaient que je sois !
Je cachais mes exaltations d'adolescente sous une fausse sagesse, une fausse froideur. Je me sentais vieille avant l'heure. Alors, bien droite dans mes tailleurs et sous mes grands chapeaux, je choisis celui qui partagerait ma vie et surtout dirigerait l'entreprise familiale. Oh, je l'aimais bien ! Gentleman et attentif à son apparence, c'était celui qui me paraissait le plus sophistiqué, le plus moderne y compris dans ses idées, je l'espérais en tout cas. Il convenait au poste grâce à ses brillantes études. Ce n'était pas le choix du cœur, mais le mien restait muet devant tous ces prétendants présélectionnés. J'ai plutôt fait un choix par défaut. L'arrangement de notre mariage fut rapide : il ne pouvait pas rêver meilleur parti.
La nuit de noces fut le premier coup de glaive. Il se montra brusque et maladroit, ivre et obstiné. J'étais loin des romances de mes livres ! Cette nuit-là, une colère sourde s'est installée en moi : sous ses assauts, je pleurais, en cherchant à me libérer de son poids qui m'écrasait, mais mes suppliques déchaînaient son ardeur.
Pendant plusieurs années, nos rapports intimes furent ainsi : bestiaux. Je me sentais moins que rien, devenue l'esclave de ses pulsions. Chaque jour, je devenais plus froide avec lui. Chaque jour, je sentais le feu vaillant de mon enfance protégée s'éteindre un peu plus dangereusement. Mais il fallait faire bonne figure dans les réunions de famille, les déjeuners d'affaires,

les cocktails mondains. Nous étions un couple d'apparence.

Ma mère me regardait avec sa rigueur habituelle. Elle avait remarqué que je me contractais et pressais mes mains contre mon ventre, un geste inconscient presque imperceptible que je répétais lorsque l'on évoquait mon mari ou que l'on me questionnait sur un éventuel bébé à venir. Elle avait compris. Pourtant elle ne vint pas me parler de ce que les femmes vivent, de ce qu'elles subissent, de ce qui est tolérable ou non, ni de comment, elle, vivait cela.

Je compris bien longtemps après qu'elle vivait les mêmes relations intimes avec mon père et que cette continuelle exploitation de son corps l'avait rendue froide et rigide. Elle se durcissait autant en apparence qu'au niveau de son caractère pour le supporter. Et je suivais le même chemin.

Dans mon isolement recherché, je ressentais de la honte et de la colère. Un piège s'était dressé autour de moi, je ne pouvais plus y échapper et, en plus, c'était moi qui l'avais mis en place ! Cet homme trônait en héros, présenté à tous comme un fils prodige ! Mon père ne tarissait pas d'éloges à son sujet. Une véritable complicité se forgeait sous mes yeux : mon mari était le fils que mon père avait toujours réclamé à ma mère, le fils que je n'étais pas malgré mes efforts car je n'étais pas du bon sexe. Mais en étais-je coupable ?

Ma plus grande peur était de tomber enceinte. Mon mari, par ses obligations, ne dormait pas très souvent à la maison et nous faisions chambre à part comme cela était heureusement la coutume. Cette angoisse était telle qu'un soir, je me fis vomir sur lui lorsqu'il commença à me chevaucher car je me savais en cycle fécond et je préférais une gifle et une lèvre fendue plutôt qu'un enfant de lui en moi. De toute manière, il me faisait vomir.

Un après-midi, nous sommes partis ensemble faire une balade à cheval sur nos terres car il était de bon ton que nous soyons vus ensemble. J'aimais tant monter à cheval ! C'était vraiment le plaisir qui me remontait toujours le moral. Lors de cette balade, il m'annonça qu'il souhaitait un fils, que je me devais de donner un petit-fils à mon père et que si je n'en étais pas capable rapidement, il saurait m'en faire adopter un, un fils qui serait de son sang…

Assommée par sa véhémence et son manque de considération à mon égard, je restai muette, interdite. Heureux de son effet, il talonna fortement son cheval pour qu'il parte au galop et ainsi la conversation fut close. Mais mon cheval, une brave jument, fut surprise et fit un écart. Elle glissa dans le fossé et se renversa sur moi. Écrasée sous son poids durant quelques secondes, je sentis mon bassin et ma jambe craquer dans un éclair blanc de douleur puis, lorsqu'elle se releva précipitamment, un sabot brisa ma cheville gauche. J'avais l'impression d'être moulée dans la terre meuble comme une pâte à tarte dans son moule !

Mon mari observa la scène avec stupeur, descendit de cheval et resta des secondes qui me parurent interminables à me regarder sans bouger. Jaugeait-il mon état ? Sa responsabilité ? Priait-il pour que je ne sois pas morte, ou vivante ? Il remonta à cheval et me laissa seule avec mes larmes, des larmes de rage et de douleur.

Il revint tout de même avec des secours. Le véritable cauchemar était à venir. La douleur fut si intense lorsqu'ils m'ont soulevée du sol que je m'évanouis. Opérée puis immobilisée pendant des semaines, je supportai la rééducation durant un an environ. Une éternité abyssale…

Après ma longue absence, lorsque je revins à la maison, une petite fête avait été organisée. Pensez-vous que j'avais envie de faire la fête ? Mon bassin était broyé, tout comme ma cheville, j'étais en fauteuil roulant et harcelée de douleurs de la colonne vertébrale jusqu'aux orteils. J'avais 26 ans et ma vie allait se réduire à ce fauteuil et à ce mari qui n'osait plus croiser mon regard.

Ma mère avait les yeux brillants et je sentis, pour une fois, de l'émotion en elle. De la pitié ? J'espèrais plutôt de la compassion. Après quelques minutes de sollicitude, tous se remirent à parler affaires, temps et chiffons. J'en profitai pour m'échapper.

Avant mon accident, j'avais bloqué, anesthésié mon corps et, maintenant, pas une minute ne passait sans qu'il ne me rappelle à l'ordre. Mon époux était un courant d'air et j'étais devenue une plante verte que l'on pousse dans une autre pièce quand elle gêne.

Un long périple intérieur démarra pour trouver la force, les raisons, l'envie de continuer de vivre. Pourtant, jour après jour, la colère qui mûrissait en moi se transforma en force de vie. Je ne pouvais rester immobile pendant qu'il me volait ma vie. Oui, je l'avoue, c'est avant tout par vengeance et dans la haine que je puisais mon obstination à recouvrer la marche. Trois ans après mon accident, je marchais, avec des cannes, certes, mais j'étais debout. Trois ans de douleurs avant que l'on ne me réopère pour assouplir mon bassin mal consolidé. Je retrouvai de nouveau le fauteuil roulant mais, là, je choisis exprès de faire ma rééducation au bord de la mer, dans une clinique réputée et luxueuse.

C'est la première décision que je pris pour moi-même. Je m'offrais cela. Oui, moi qui étais riche, mis à part dans les vêtements (l'apparence encore), je n'avais jamais rien dépensé, surtout depuis notre mariage. Je réalisai à quel point j'avais laissé ma vie m'échapper par conformisme.

Cette clinique fut un véritable tournant dans ma vie. Je découvris des personnes nouvelles, cultivées et ouvertes d'esprit, des personnes libres dans leur tête plus que dans leur corps et ce vent de fraîcheur m'inspira. Je me sentais si bien.

Un jeune prêtre officiait et m'apporta beaucoup d'apaisement. Il nous disait : "Vous avez la vie devant vous ! Qu'allez-vous faire de toute cette vie, sur cette merveilleuse Terre, dans un si magnifique corps ?" Bien que nos corps soient abîmés et parfois partiellement morts pour certains, il redonnait naissance à l'image que nous nous faisions de notre corps. Je me réconciliais doucement avec chacune de ses parties.

Mes progrès étaient palpables et, enfin, je sortis de ce brouillard qui m'enveloppait depuis si longtemps. Ma bataille était là, sous chaque poids aux chevilles à soulever, à chaque pas. Moi qui avais tout eu, je n'étais plus rien, réduite à réapprendre à marcher. Mes jambes, c'est mon mari qui me les avait brisées pendant ces malheureuses années de traitement médical et d'humiliations. Maintenant, je trouvais la force de me reconstruire avec mes propres ressources intérieures et cette bataille je l'ai gagnée grâce à moi, uniquement. La mort de mon père me fit revenir à la maison. Je ressentis une profonde tristesse de n'avoir jamais été ce garçon qu'il attendait ni cette fille dont il aurait été fier. Alors c'est pieds nus, avec ma canne, que je l'accompagnai jusqu'à sa tombe dans le cimetière familial, pour qu'il sente que mes pieds marchaient sur nos terres et que je comptais bien me les réapproprier et lui faire honneur.

Ma mère décréta ensuite qu'elle ne pouvait pas vivre avec la tombe de son époux sous ses fenêtres, qu'il y avait trop de souvenirs ici. Elle partit en croisière de très longs mois. Elle ne revenait que quelques semaines par an.

Mon époux, seul aux commandes, fit des choix malheureux en affaires et, la conjoncture aidant, perdit une partie de notre fortune. Lorsque les bruits de revente de certaines exploitations et entreprises d'export s'étalèrent dans la presse, il perdit pied. J'en profitai pour m'immiscer dans les affaires et m'entourer de personnes compétentes et de confiance. Il perçut mes manœuvres comme un affront, un coup d'État comme il disait. Le rhum coulait à flots et le nœud coulant à son cou ne fit qu'un tour. Nous ne partagions plus rien ensemble, à part le déni et le dégoût. Son suicide fut déguisé par un domestique et la raison invoquée, pour ceux qui diffuseraient la nouvelle, fut la crise cardiaque sous la pression des dernières semaines.

On me vit pleurer à son enterrement, mais sous mon grand chapeau noir, c'était des larmes de soulagement et de libération qui coulaient. Je confiais l'héritage familial en bonnes mains car je n'avais ni la fibre de mon père ni l'envie de m'en occuper. D'autres le faisaient très bien à ma place et je n'ambitionnais pas de m'enrichir davantage car nous avions suffisamment d'argent, ma mère et moi, pour dormir tranquilles.

Une nouvelle vie s'offrait à moi et j'écoutais enfin mon cœur. J'étais encore jeune et belle, bien que claudicante. Je choisis donc de reprendre ma vie là où je l'avais laissée avant mon premier mariage. Je repris des études pour améliorer la vie des personnes atteintes de handicap physique (prothèses, ergonomie des outils usuels...). Je faisais preuve d'une créativité et d'une ingéniosité inattendues. Je rencontrais aussi des hommes, amants, amis (je ne voulais pas revivre l'emprise douloureuse du mariage), redécouvrant mon corps, ouvrant mon cœur, vivant enfin.

Et ma vie s'écoula doucement ainsi. Je voyageais, je rencontrais des personnes merveilleuses. Puis un jour, je rencontrai le héros de mes livres d'adolescente, un homme doux et respectueux, un homme que je respectais, comme je respectais mon père.

Depuis le jour de notre rencontre, nous ne nous quittâmes plus. Nous vivions la sensation intense de nos retrouvailles comme une évidence d'être l'un avec l'autre. Après quelques mois de relation, nous fûmes surpris autant l'un que l'autre d'apprendre que j'attendais un enfant (nous avions déjà la quarantaine).

Cette petite fille fut un bonheur sans pareil qui scella notre union. C'était un ange venu sur Terre et chaque instant passé près d'elle nous semblait un instant béni de Dieu. Malheureusement, elle nous quitta, emportée par une maladie en quelques semaines. Malgré l'aide des plus grands spécialistes rencontrés grâce à nos relations, nous n'avons rien pu faire pour la sauver. Elle n'avait que 6 ans ! Six années de bonheur intense, fruit de l'amour avec mon nouvel époux. Son décès fut un choc terrible et j'ai bien cru le perdre, lui aussi, tant son chagrin était sans fond.

De nouveau mon cœur était brisé, j'étais à genoux. Pourtant, en sa mémoire, en l'honneur de la vie et du bonheur qu'elle avait déposés dans nos vies, nous avons relevé la tête et nous nous sommes *révélés*.

Ma vocation humaniste prit naissance dans ce drame. Nous créâmes, avec mon époux, une fondation pour enfants orphelins ou rejetés par leurs parents à cause d'une maladie ou d'un handicap. Cette fondation était la plus belle de mes réussites et notre fierté, après ma fille. Nous parcourions le pays et au-delà pour lever des fonds et nous permettre d'accueillir ces enfants que la vie n'avait pas épargnés. Je me retrouvais un peu en eux et je retrouvais également un peu de ma chère fille disparue. J'y consacrais toute mon énergie, toute ma vie. C'était ma façon à moi de l'aimer encore.

Nous avions, avec mon époux, l'habitude de regarder le coucher de soleil dans nos rocking-chairs, depuis notre vieille maison coloniale. Un soir chaud et humide, lorsqu'il revint avec sa tasse de thé fumante, il comprit immédiatement que la vie s'était échappée de mon corps abîmé par ma chute de cheval et les nombreuses épreuves. Depuis quelques semaines, j'étais particulièrement fatiguée, mon cœur s'essoufflait. En paix, je l'ai enveloppé d'un amour profond ; il s'est assis à mes pieds, a posé sa tête sur mes genoux pendant de longues minutes, en pleurant mon départ et en me remerciant pour l'amour partagé. C'est non sans tristesse qu'il continua à œuvrer pour la fondation et pour les entreprises de ma famille.

Je rejoignis le ciel incommensurable. Je compris alors qu'il me fallait déposer les blessures que la vie avait laissées sur moi pour pouvoir être libre. Survolant cette vie comme on survole un paysage, je me repositionnai sur les choix d'antan. Je revis les moments où mes choix avaient été dictés par la volonté des autres. Ma vulnérabilité était de laisser les autres décider ou influencer mes choix. Je n'avais pas écouté mes propres désirs, mes besoins et mes aspirations.

Développer mon caractère, écouter mes envies, m'ouvrir au monde pour oser et me prouver que je ne devais rien à personne et que ma place était légitime, décloisonner les croyances sclérosées d'un milieu surfait, voilà quels étaient les "challenges" pour moi. Et, voyez-vous, chaque épreuve me rapprochait davantage de moi, chaque peine, déception ou souffrance venait creuser en moi des gouffres qu'il m'a fallu ensuite remplir de force, force que je portais déjà en moi. Je n'ai pas toujours été solide et confiante et pourtant, au bon moment, une alchimie se créait et je trouvais la réponse à mes doutes, à mes peurs. Nous sommes faits de cela. Croyez-moi, tout est déjà là, en nous.

Je compris que mon premier mari était un être doué de beaucoup de profondeur et d'amour en dehors de la Terre. En revenant ici-bas, nous avions fait le vœu de libérer nos personnalités, tantôt soumises et prisonnières, tantôt dominantes et annihilantes notamment lors de l'esclavagisme, d'où ce lieu chargé d'histoire et nos rapports difficiles. Il nous a fallu libérer beaucoup de haine pour retrouver l'amour initial de nos âmes.

Cette incarnation équilibrait nos karmas et respectait nos accords. Il fut pour moi un détonateur, je lui en suis très reconnaissante aujourd'hui. Il est pour moi un être très cher.

La croyance que mon père souhaitait un fils était exagérée par ma personnalité. Il essayait de me faire développer un caractère capable de supporter la pression des responsabilités qu'imposait notre statut social. Il avait en lui une propension à l'humiliation lorsqu'il était en présence intime avec les femmes, surtout la sienne, ma mère, sentiment qu'il faisait vivre à ceux qui auraient pu être une menace.

Chaque pièce de mon puzzle de vie se mettait en place, c'était lumineux. Ma douce fillette m'apparut enfin en un magnifique être de lumière. Je vois à présent combien sa venue sur Terre a éclairé notre vie, à plusieurs niveaux. Un merveilleux cadeau ! Le temps ne compte plus maintenant, j'ai toujours su qu'elle n'était pas loin. À présent, nous sommes réunies comme nous l'avons toujours été en fin de compte, pour l'éternité.

Si vous pouviez voir comme ils sont proches de nous, tous ces êtres que nous pleurons. Si vous pouviez sentir comme ils nous aiment et nous encouragent à trouver ces forces qui sont cachées en nous, vous seriez en paix, mes amis. Vous seriez en paix, comme je le suis.

Merci de m'avoir écoutée.

Magdalena »

Temps d'échanges avec Magdalena

L'histoire de Magdalena nous a touchées. Nous ressentons en elle une volonté sincère de se raconter, sans filtre. Cyléria nous invite à lui poser quelques questions pour affiner son témoignage et elle nous paraît enthousiaste à l'idée de continuer à nous délivrer son histoire de vie.

« Je suis impatiente de discuter de cette vie qui fut très importante pour moi parce que très riche. Vue de l'extérieur, beaucoup pourraient dire que ma vie a été un ensemble d'événements catastrophiques et que j'ai eu bien des difficultés à m'en sortir. Mais, au contraire, toutes ces difficultés m'ont rendue plus forte. Elles m'ont amenée à me dépasser, à aller au-delà de ce que je croyais être mes limites.

Lorsque mon corps a été handicapé, humainement j'ai cru que c'était la fin de tout. J'avais frôlé la mort et peut-être même que la mort aurait été plus favorable que mon handicap. Mais j'ai senti une vigueur en moi plus forte que tout, une puissance que je ne soupçonnais pas.

Une partie de moi savait que cet accident était bénéfique pour moi, car il serait un moyen de transformation. En ayant un corps abîmé, je sentais que mon époux me repousserait, que je serais hors norme. Ma beauté envolée, je perdais toute valeur à ses yeux. »

Magdalena, ta chute de cheval était-elle prévue par ton âme ?

« Oui, je l'avais planifiée. Lorsque nous choisissons nos expériences de vie, nous sommes dans un environnement très "protégé", nous ne sommes pas confrontés à l'énergie terrestre. Nous faisons ces choix avec un grand recul. Nous possédons une force inimaginable, tout est faisable, rien ne nous paraît inatteignable. Bien sûr, nous ramenons cela aux capacités que nous aurons sur Terre. C'est pourquoi, nous sommes entourés par des "conseillers". Nous évaluons ensemble si ce que nous souhaitons vivre sur Terre sera en adéquation avec notre capacité humaine et celle de notre âme à ce moment-là.

Dans la société où j'évoluais, être handicapé posait un véritable problème, surtout pour les femmes de mon rang social qui organisaient des dîners, des bals, des œuvres de charité, etc. Je me devais d'être une femme active, en représentation constante, mettant en avant mon époux et la haute société dont nous faisions partie.

Or, je ne pouvais plus être une "vitrine", jouer mon rôle social, puisque mon corps était irregardable et ne pouvait se mouvoir aisément. Par conséquent, je n'avais plus aucune valeur pour le monde qui était le mien.

L'âme de mon mari s'était donné le défi de "m'accepter et de m'aimer de façon inconditionnelle" et de s'occuper de moi comme on peut s'occuper d'un enfant. Mais cela n'a pas été le cas : il m'a rejetée. Il n'y avait déjà pas beaucoup d'amour entre nous, alors comment aurait-il pu, humainement, m'aimer dès lors que je devenais un poids ?

Nous avions deux options. La première : il fallait qu'il puisse m'accepter avec mon handicap pour arriver à équilibrer notre relation. Mais nous savions que cela serait difficile voire improbable. Il n'a pas pu le faire. Alors nous avons envisagé la seconde option, celle que nous avons vécue. ”

Peux-tu évoquer la force qu'il t'a fallu pour reprendre goût à la vie ?

“ Mon mari m'a libérée à son décès. C'est lui qui a été le détonateur en me rejetant (même si je ne l'aimais pas). Cela m'a offert un défi à relever. Je sentais en moi une grande puissance et une force de survie. Je n'étais pas morte ! J'ai pris le temps de m'écouter, de me parler intérieurement. S'il me restait des années à vivre ainsi, il fallait que je les vive bien, le mieux possible. Je n'étais pas sans le sou, ce qui m'a aussi beaucoup aidée. ”

Peux-tu nous parler de ta rencontre avec ton second mari ? A-t-elle aussi été décidée dans ta planification pré-incarnation ?

Oui, il faisait partie de ma seconde option. Quand je l'ai rencontré, j'ai eu la sensation de le connaître depuis toujours. J'ai eu cette impression de déjà vu. Son regard m'a tout de suite attirée même si, intérieurement, je m'imaginais qu'il ne pouvait pas s'intéresser à une femme handicapée.

Mais mon cœur se soulevait, j'avais des palpitations et aussi une attirance, une envie de le connaître, d'aller plus loin... Il m'était difficile de faire le premier pas, cela ne se faisait pas. C'est lui qui est venu vers moi. Il m'a parlé comme si de rien n'était, et surtout sans évoquer mon handicap. Il n'a pas montré ce qu'il voyait, alors que c'était une évidence. Il ne m'a pas demandé comment c'était arrivé, alors qu'il le savait certainement déjà.

Ce fut une évidence, pour l'un comme pour l'autre. Nos conversations ont tout de suite été fluides. Nous nous intéressions aux mêmes choses. Nos échanges étaient différents de ceux que j'avais pu avoir avec les hommes de mon rang social qui ne parlaient qu'affaires. Avec lui, nous discutions de culture, de littérature, de musique. Nous pouvions débattre aussi de ce qui se passait politiquement dans notre pays et ailleurs. Tous les sujets pouvaient être abordés. Il n'y avait aucun tabou. Il m'a fait beaucoup rire et nos rencontres étaient toujours agréables. Il venait me chercher, me portait et j'étais un poids plume pour lui. Dès qu'il m'a prise dans ses bras, quelque chose de magnétique s'est passé entre nous. Nous devions nous rencontrer. Nous nous sommes reconnus, tout simplement ! »

Veux-tu dire que vous vous connaissiez déjà « d'âme à âme » ?

« Bien entendu ! Nous avions accepté l'un comme l'autre de nous retrouver dans cette vie. Il devait être mon partenaire pour me soutenir et me montrer que la vie pouvait être plus facile qu'avant en étant handicapée. Il m'a montré que je pouvais être acceptée (et non pas rejetée comme avec mon premier mari), et aimée par un homme de mon milieu social, dans ce corps abîmé. »

Peut-on dire qu'il t'a réconciliée avec les hommes ?

« Il m'a réconciliée avec mon handicap et mon corps, parce qu'il a aimé mon corps. Même sexuellement, l'amour était "amoureux" avec lui.

Avec mon premier époux, je n'ai pas connu l'amour physique comme il se devait. J'avais plutôt l'impression d'être un animal. Il faisait son affaire, me laissait sur le bord du lit et repartait. J'étais considérée comme une moins que rien, rejetée, abandonnée. Ce n'était pas le même type d'homme du tout et je n'échangeais pas grand-chose avec lui.

Au début de ce mariage, j'ai cru qu'il y avait de l'amour de mon côté parce que j'étais un peu romantique, mais je ne partageais pas sa façon de parler, de penser. Tout m'éloignait de cet homme de toute façon.

Mon second mari m'a fait devenir une femme, une vraie. J'étais estimée, regardée, respectée, avec douceur. Il m'a considérée d'égal à égal. Mon handicap n'avait absolument aucune importance pour lui. Il a vu qui j'étais vraiment à l'intérieur, ma personnalité, et mon physique n'avait plus aucune importance. Être aimée pour soi, c'est ce que j'ai pu découvrir ! »

Y avait-il déjà un passif lié à une vie antérieure entre ton premier mari et toi ?

« Oui, c'est moi qui l'ai sauvé. »

Dans cette autre vie, étais-tu une femme ou un homme ?

« Nous étions tous deux incarnés dans des corps d'hommes. Notre histoire commune s'est déroulée à une autre époque. J'ai trouvé un jeune homme ensanglanté au bord d'une route. Quand je l'ai vu avec sa blessure béante, quelque chose en moi m'a poussé à le transporter sur ma charrette. Il avait peu de chances de survivre. Je ne le connaissais pas. J'aurais pu passer à côté de lui et le laisser mourir. Mais non, j'ai senti en moi une force immense et quelque chose m'a poussé à le secourir. Là aussi, cela se devait d'être ainsi. Je me suis occupé de lui et l'ai soigné.

Nous devions nous croiser et, même si j'avais refusé humainement de le sauver, une force en moi et dans ma tête ne me laissait ni le droit ni le choix de le laisser ainsi. Je ressentais quelque chose d'impérieux. C'est là que l'on sent que ça ne pouvait pas être autrement. Je l'ai ramené chez moi et caché parce que, les étrangers, cela fait toujours peur. Je l'ai installé dans ma grange, sur de la paille, puis j'ai pansé sa vilaine blessure. Il était passé très près de la mort car il avait perdu beaucoup de sang. J'ai fait ce que j'ai pu : j'ai nettoyé et cautérisé sa plaie avec une lame rougie. Je l'avais estourbi pour qu'il ne sente pas la douleur, mais il fallait le faire pour que cela ne s'infecte pas et ne se gangrène pas. Il a mis beaucoup de temps pour guérir. Je l'ai présenté comme étant un neveu lointain qui venait travailler avec nous. Il n'était pas très courageux, il préférait courir les filles plutôt que de besogner.

Moi, je gagnais quelques sous avec ce que je vendais. Et puis, un matin, il a disparu avec le peu d'argent que j'avais ! J'ai été blessé dans mon cœur : un jeune homme à qui j'avais sauvé la vie qui me vole et déguerpit sans mot dire… J'étais fort déçu. Je n'ai jamais parlé du vol, car être volé par son prétendu neveu aurait ruiné ma réputation. Ma femme m'en aurait voulu pendant très longtemps. Je le lui ai caché. Je lui ai simplement dit qu'il était parti rejoindre sa famille. Je l'ai couvert, mais mon cœur saignait de cette trahison, moi qui pensais avoir trouvé presque un fils en ce jeune homme. Je n'aurais jamais imaginé une telle ingratitude.

C'est pour cette raison que nos âmes ont choisi de se retrouver dans cette vie, en tant que Magdalena dans le rôle de sa femme et lui devenant mon mari.

Il devait prendre soin de moi et m'accepter avec mon handicap. Cela aurait été une façon de me "rendre" ce qu'il m'avait volé, non pas en monnaie sonnante et trébuchante mais en transformant cette trahison en un acte d'amour et de gratitude. »

T'es-tu sentie abandonnée et trahie par ce jeune homme puis mari ?

« Bien entendu. Lorsque j'étais allongée dans cette chambre d'hôpital et que l'on m'a annoncé que j'étais handicapée à vie, à cet instant, cet homme, mon mari, a posé sur moi un regard terrible de dégoût et a quitté ma chambre avec fracas, sans dire un mot. J'ai compris, tout de suite, ce qui allait m'arriver. Il a attendu un peu que je me remette, histoire que cela ne jase pas dans notre milieu ; il voulait préserver son image. J'étais devenue un "déchet" pour lui et il ne s'occupait pas de moi. C'était à d'autres que revenait la tâche de le faire, à des inconnus, mais surtout pas à lui. Dès lors, j'ai été transparente, inexistante. Il ne m'a plus touchée, même la main. Il ne m'a plus approchée, comme si mon handicap était une maladie transmissible. »

Qu'as-tu appris de ces situations ?

« À ne pas "m'accrocher" à cet homme, à son regard, à me dire qu'il fallait que j'y arrive pour moi-même et surtout pour lui prouver que j'étais capable d'être quelqu'un. Je voulais lui montrer que j'étais courageuse et qu'il ne m'avait pas abattue. Ce n'est pas parce qu'il me voyait comme un "déchet" et non plus comme une femme, un être humain, que je n'avais plus le droit de vivre. Il a espéré ma mort. Je voulais lui montrer que ma vie avait un sens. Il a été un détonateur de vie et a déclenché quelque chose de revanchard en moi. Bien sûr, cela peut passer pour de l'ego, mais du "bon ego", qui m'a poussée à me battre à chaque fois, à me relever.

Lorsque nous sommes dans l'adversité, lorsque nous nous croyons abandonnés, cela donne une nouvelle force et ouvre d'autres portes. C'est pourquoi il ne faut pas juger. C'est sûr qu'il y a un moment où je l'ai regardé avec autant de haine qu'il en avait pour moi, mais je ne suis pas restée longtemps dans cet état d'esprit. Ce n'était pas bénéfique pour moi. Cela me prenait beaucoup d'énergie alors que la seule personne dont je devais m'occuper, c'était moi. Je devais me concentrer sur moi et non plus sur l'extérieur, comme toute ma vie j'avais pu le faire.

Cet homme, cette âme, aujourd'hui, je ne la hais plus. Je la remercie d'avoir agi ainsi, même si nous n'avons pas équilibré nos vies comme nous le souhaitions. Il a quand même été l'acteur, l'élément déclencheur de ma survie, de ma volonté de me battre et d'aller au-delà de mes limites pour pouvoir démontrer que ce handicap n'était rien comparé à la femme que j'étais vraiment.

Quant à mon second mari, mon âme sœur, oui, nous avons vécu l'amour inconditionnel. Il m'a aidée à réparer mes blessures. Il m'a rendu la vie plus douce et, surtout, il m'a accompagnée dans les moments difficiles. Lui, ne m'a pas abandonnée. Il a toujours été présent à mes côtés, m'a soutenue, m'a donné des idées. C'est ensemble que nous sommes arrivés à créer des projets et à agir pour les autres. Toute seule, je n'y serais pas arrivée. Il a été aussi ma force ! Il a été mes jambes, il a été mes bras et ma tête ! À nous deux, nous sommes arrivés à faire et à réussir ce que nous souhaitions entreprendre. »

Magdalena, acceptes-tu d'évoquer ta fille et ton deuil ?

« Cette enfant a été le rayon de soleil que je n'aurais jamais imaginé avoir dans ma vie. Je ne pensais pas que mon corps pourrait enfanter, même si ma sexualité avait retrouvé le chemin de la "normalité" avec cet homme que j'aimais plus que tout.

Nous désirions avoir cet enfant pour sceller l'amour que nous avions l'un pour l'autre. Nous savions qu'une grossesse ne serait pas facile pour moi et pourtant nous avons bravé l'opinion de certains médecins qui nous le déconseillaient fortement voire nous l'interdisaient. Tout s'est fait naturellement. Nous voulions cet enfant intensément. Quand notre fille est arrivée, ce fut un bonheur total, une joie intense. J'avais la sensation d'avoir créé quelque chose de magique, un bijou, une pierre précieuse. Elle a été le diamant de mon cœur. Je lui ai donné tellement d'amour que je l'ai étouffée. Avoir eu sur le tard cet enfant miracle, c'était incroyable. J'avais tout le temps peur pour elle.

Je ne voulais pas la laisser une minute sans surveillance. Je pressentais quelque chose sans vouloir me l'avouer… Et puis lorsqu'elle est décédée, c'est comme si ma peur avait disparu. Quelque chose en moi s'est brisé, mais savait : trop de bonheur, ça ne pouvait pas continuer comme cela !
Au départ, j'étais très en colère, j'en voulais à la terre entière de m'avoir pris cette enfant que j'aimais tant. Je n'ai pas compris, je suis rentrée dans la torpeur. Je suis restée dans le noir pendant plusieurs semaines, ne voulant parler à personne. Mon cher mari essayait de me consoler, mais je savais qu'il avait autant de peine que moi. Les échanges étaient devenus difficiles entre nous.
Et puis, je ne sais pas ce qui s'est passé en moi, sans doute la même chose que lorsque j'ai eu mon handicap. J'étais toujours vivante, je respirais ! Personne n'avait voulu de moi, ce n'est pas moi qui étais partie : c'est donc qu'il fallait que je survive, encore une fois ! Je ne souhaitais pas que la vie de mon enfant tombe dans l'oubli. Je voulais la faire revivre. Il fallait que ce soit positif. Là aussi, j'ai ressenti la ressource nécessaire en moi. Enfin, nous avons pu parler mon mari et moi. Lui était attristé, mais différemment. Il m'a dit que c'était notre destin, qu'il fallait l'accepter, mais que cela voulait dire quelque chose…
Je ne le formulais pas tout à fait de la même manière, mais je voulais absolument que mon enfant vive, je voulais la faire revivre. Bien sûr, il y avait des œuvres caritatives dont j'avais l'habitude mais je voulais faire plus grand, quelque chose de nouveau et rien que pour elle. Nous avons mis un certain temps avant

de trouver et, un matin, c'est comme si l'on m'avait soufflé l'idée dans un rêve. J'ai pensé à un endroit pour accueillir des enfants, tout enfant, quel que soit son rang social, sans discrimination. Et c'est ainsi que nous avons pu le créer et accueillir ces enfants.

J'avais l'impression que chacun d'eux était accueilli par ma fille ! Je ne faisais cela que pour elle, pour qu'elle ait des amis, qu'elle continue à grandir. Je savais que je me leurrais, mais intérieurement cela était tellement fort. Je me sentais utile : offrir une bonne éducation à tous ces enfants, leur donner une chance de rebondir après un malheur.

Je sais maintenant que tout cela a été rappelé à mon âme et que je me devais de créer un endroit comme celui-ci. C'est pour cette raison que tout a été facile. J'ai eu les fonds nécessaires à la réalisation de notre projet rapidement. J'ai demandé aux personnes de mon milieu social de faire œuvre de charité. J'étais une pauvre femme ayant perdu son enfant et handicapée. Ils ne pouvaient donc pas refuser sinon pour qui seraient-ils passés ?

Leur argent m'a beaucoup aidée. J'ai pu créer avec mon mari cet endroit dont j'ai été très fière. Nous y avons mis beaucoup d'amour. Nous avons recruté avec soin des gens que nous savions aimants envers les enfants, pour qu'ils soient éduqués correctement. Nous ne voulions pas de punition. Pour nous, ce n'était pas pensable ! Même si la grande majorité des enfants n'étaient pas de notre rang social, pour moi, peu importait, un enfant est un enfant, d'où qu'il vienne. »

Que souhaites-tu ajouter ?

« Il faudrait de l'amour dans chaque cœur humain ! Mais chacun a sa route à faire et je ne jugerai personne. Accueillez sur votre chemin ce que vous avez décidé de vivre, même si vous l'avez oublié.

Accompagnez, ayez de la compassion pour ces êtres qui sont différents, mais ne le sont pas tant que cela. Sachez que nous avons tous autant de force intérieure car notre âme est puissante. Je dirais que l'amour est le pansement de tout, mais que le non-amour peut nous pousser à aller plus loin dans l'expérience.

Ma vie, vue de l'extérieur, a pu vous paraître d'une tristesse infinie et, pourtant, j'ai vécu des moments d'amour intenses, du véritable amour. J'ai vécu des instants de bonheur immense avec mon enfant, même si ce fut bref. J'ai vécu des moments incroyablement tendres en créant cet orphelinat et en étant acceptée par tous ces enfants qui étaient presque comme les miens. J'ai perdu un enfant, j'en ai retrouvé "cent" ! Je vivais parmi eux et ils me rendaient cet amour incroyable.

Quant à mon handicap, il m'a donné la force. Sans lui, j'aurais été une femme très différente, certainement une insouciante, frivole, qui aurait continué de vivre auprès d'un mari sans amour, qui aurait batifolé dans les bals, portant des toilettes sublimes, et ma vie aurait été stérile. Être jolie, superficielle, parler de tout et de rien, voilà ce qu'aurait été ma vie. Or, elle a été tellement riche ! Je ne regrette absolument rien.

Lorsque j'ai quitté cette vie, certes je me suis sentie légère ! Fini les douleurs dans le corps, le handicap, place à une légèreté incroyable ! Puis j'ai revu ma chère enfant qui m'attendait. C'est là que j'ai su que la vie continuait. Bien sûr, aujourd'hui, nous ne sommes plus dans le rôle de mère et fille, mais nous sommes deux âmes apaisées.

Tout cela n'est pas triste. Au contraire ! J'aimerais tant que vous regardiez ma vie avec beaucoup d'amour, de sympathie et non de pitié, car ma vie a été belle. J'y ai appris tant de sentiments, tant d'émotions.

Ma vie a été une mer déchaînée puis une mer lisse, calme, et de nouveau déchaînée et ensuite une mer magnifique. J'ai connu la haine, j'ai connu le plus beau des amours, j'ai connu la perte, mais aujourd'hui tout est calme en moi.

L'histoire n'est pas terminée parce que je continue à aimer la vie, à vivre sous d'autres cieux, sous d'autres formes. Sachez que la vie continue ! Au bout du chemin, il n'y a pas le vide comme beaucoup le pensent sur Terre. Tout ne s'achève pas lorsque le corps meurt. Au contraire, la vie commence vraiment.

La vie sur Terre n'est qu'un épisode de votre "vraie" vie, alors, sachez vivre cet épisode le plus profondément, le plus intensément possible.

Soyez indulgent avec vous-même, mais écoutez-vous ! Écoutez votre voix intérieure, votre intuition, ce que vous ressentez, ce que vous êtes. Et, là, vous trouverez, comme moi, cette force intérieure que nous avons tous parce que nos âmes sont fortes ! Nos âmes sont illimitées et ont une énergie incroyable de vie.

Ne vous arrêtez pas à ce que vous voyez, allez au-delà.
La vie est là, en toute circonstance.
Je suis la vie.
Voici ce que j'avais à vous dire.
Magdalena »

Temps de méditation

Prenez une grande inspiration profonde par le nez.
Expirez par la bouche.
Accueillez votre ressenti, votre émotion sans jugement.

Quelle est votre première réflexion après ce message ?
Quelle(s) émotion(s) ressentez-vous ?
Que ressentez-vous dans votre corps ?
Que vous inspirent les deux expériences de vies de l'âme de Magdalena ?
Pour vous y aider, voici quelques axes de réflexion :

Une rencontre karmique :

- Avez-vous déjà ressenti un coup de cœur ou une aversion « inexplicable » pour une personne alors que vous la rencontrez pour la première fois ?
- Listez ces personnes, en y ajoutant celles avec lesquelles vous sentez que votre relation est ou a été compliquée, difficile (famille, ami, collègue…)

Les drames : une opportunité ?

- Quelles épreuves avez-vous rencontrées ou desquelles avez-vous été témoin dans votre entourage ? (un accident, une maladie, un deuil, un événement…) Notez-les.
- Comment les avez-vous vécues, dans votre corps, émotionnellement… ?
- Listez les forces, les moyens, les aides que vous avez utilisés pour vous en sortir.
- Ces épreuves ont-elles changé votre vie et de quelle(s) façon(s) ?

Les enseignements délivrés par Magdalena

Les rencontres karmiques

Magdalena, en rencontrant son premier mari, a fait ce que nous nommons une rencontre karmique. Comme elle nous l'a expliqué, ils s'étaient déjà rencontrés et avaient vécu une tranche de vie commune lors d'une vie antérieure.

Au fil des incarnations, vous créez des relations plus ou moins étroites avec d'autres personnes. Vous pouvez retrouver ces dernières de vie en vie, ou presque. Lorsque vous retrouvez sur Terre une personne avec laquelle vous avez déjà un passif commun (vies antérieures), une impression particulière se dégage de cette rencontre. Celle-ci peut provoquer des réminiscences. Vous pouvez d'emblée avoir un véritable coup de cœur ou une aversion totale, le sentiment de la connaître déjà, des peurs inexpliquées, un déjà vu, une appréhension indescriptible qui ne trouvent pas d'explication rationnelle. En effet, vos âmes ont échangé des informations et se sont « reconnues », comme ce fut le cas pour Béatrice.

Une peur héritée d'une vie antérieure

Nous avons reçu Béatrice alors qu'elle venait d'avoir son premier enfant. Avec douleur, elle nous raconte que, malgré une grossesse désirée, bien investie et heureuse, depuis la naissance de son fils, elle est

...

…
incapable de le prendre dans ses bras, de s'en occuper. Elle a peur et se sent en danger auprès de son nourrisson, qu'elle fuit. Elle vit dans une totale incompréhension de ce qui se joue entre son fils et elle. Très vite, la culpabilité et la déprime la submergent. Elle nous annonce : « Je suis une mauvaise mère. Je ne sais plus comment faire. J'ai honte, mais je ne peux rien y faire, c'est plus fort que moi… ».

Nous nous connectons à ses mémoires antérieures pour comprendre l'origine de ce rejet. Nous découvrons que son âme avait partagé une vie antérieure avec l'âme de son fils. Nous les avons retrouvés dans les mêmes rôles mère/fils. Malgré l'amour immodéré que portait cette mère à son enfant unique, adulte, il n'avait aucun respect pour elle. Il la terrifiait et la rackettait pour mener sa vie dissolue. Au cours d'une énième altercation où il venait lui réclamer de l'argent, ne pouvant rien lui donner car dépouillée, il la blessa mortellement.

En transmutant énergétiquement et spirituellement cette mémoire, Béatrice a ressenti du soulagement et beaucoup d'émotions. Tout ce qui a été révélé de cette relation karmique faisait un fort écho en elle.

Quelques semaines plus tard, elle nous a donné de ses nouvelles. Elle avait retrouvé le sourire, de l'énergie, et ses appréhensions avaient disparu. Mère et enfant pouvaient enfin s'apprivoiser. Elle n'éprouvait plus aucune angoisse. C'est avec joie qu'elle pouvait prendre soin de son fils et s'investir dans son rôle de maman.

Vous avez traversé de nombreuses péripéties sur Terre en les partageant avec d'autres âmes. Parfois, les relations peuvent être harmonieuses pour expérimenter l'amour, la tendresse, le soutien, le partage, l'entraide, la patience, la douceur, l'acceptation… Elles peuvent également être « déséquilibrées » pour éprouver l'abandon, la trahison, la jalousie, le rejet, l'humiliation, la haine, l'injustice, la violence, le meurtre… Ces expériences de vies antérieures créent un historique entre vous et les autres.

Souvenez-vous que vos rencontres sont *des accords d'âme à âme* ; elles ne sont pas le fruit du hasard. Chaque rencontre karmique est une nouvelle opportunité de rééquilibrer et d'harmoniser, si besoin, une relation entre les êtres. La relation karmique va être éprouvée concrètement dans la matière à travers des épreuves ayant pour but de faire grandir chacun.

Il est important d'écouter votre ressenti afin de transmuter des schémas récurrents. Vous pouvez procéder à une libération karmique en vous adressant à un karmathérapeute. Ce dernier aura accès à vos vies antérieures partagées. Avec son aide, ensemble, vous libérerez la part en vous qui vous empêche d'avancer.

Les drames : éléments déclencheurs et opportunités

En lisant l'histoire de vie de Magdalena, certains d'entre vous peuvent penser qu'elle est victime de malchance, que la vie est ingrate, injuste et s'acharne sur elle, que Dieu lui en veut, ou autre chose de cet acabit. Il est difficile, humainement, de concevoir que l'âme choisisse des épreuves de vie si rudes.

Le témoignage de Magdalena confirme une nouvelle fois que c'est bien la volonté de l'âme de faire l'expérience d'un corps physique diminué, du rejet, du regard et du jugement de l'autre, de perdre un enfant. Ne trouvez-vous pas que certaines âmes sont bien téméraires ?

Dans notre pratique, les guides nous enseignent que tout accident ou épreuve de vie sont des éléments déclencheurs, des grains de sable venant enrayer le cours de votre vie pour vous sortir de votre zone de confort, afin de vous permettre des prises de conscience. C'est un moyen de vous découvrir vous-même, de développer vos talents jusqu'alors cachés, votre force, de rebondir, de réorienter votre vie. Ces incidents sur votre route deviennent alors des opportunités pour vous-même et votre entourage, pour vous aider à atteindre vos objectifs d'incarnation.

Au cours des diverses conférences et formations que nous animons, cet enseignement reçu des guides, que nous transmettons, dérange beaucoup… En effet, comment la perte d'un être cher, de votre intégrité physique, une maladie peuvent-elles vous faire évoluer ? Comment croire que c'est votre âme qui les a choisies ? Cela paraît incroyable, inconcevable, scandaleux !

Sachant que ce sujet est quelque peu épineux pour les humains que nous sommes tous, nous faisons appel à Cyléria pour qu'elle vous donne son éclairage.

Cyléria :

Les épreuves de vie sont nécessaires car elles sont le sel et le poivre de l'existence humaine. Pensez-vous

qu'il serait intéressant pour une âme de vivre toujours la même chose, dans un certain confort où rien ne se passerait ? Une vie linéaire, sans événement ni accroc ? Il n'y aurait aucune saveur à cette vie.
N'oubliez pas que cette planète Terre est une planète école. Imaginez-vous aller en classe et rester assis à votre table en répétant toujours la même leçon, apprise depuis des années ? Cela serait soporifique et vous n'auriez aucune motivation à vous lever le matin pour réapprendre ce que vous avez déjà acquis. Ces épreuves sont toutes un moyen d'évolution, d'apprentissage.
Votre âme est lumière. Elle n'est pas venue apprendre la lumière : elle la connaît déjà. Elle vient apprendre à s'éloigner de la lumière car il faut s'éloigner, s'éloigner, s'éloigner encore de la lumière pour pouvoir la retrouver de nouveau sur Terre. »

Ce qui est difficile à comprendre, c'est qu'une partie de nous est d'accord pour souffrir…

« L'humain souffre parce qu'il résiste à ce qu'il vit. Votre corps et votre mental ont tellement de résistance qu'il leur faut passer par ces zones d'inconfort, d'incompréhension, de douleur pour transmuter un événement particulier.
Quand tout va bien, est-ce que vous vous questionnez sur votre vie ? Cherchez-vous à évoluer ou restez-vous assis dans votre canapé à attendre que la vie se passe ? Vous, qu'est-ce qui vous a fait bouger ? Qu'est-ce qui vous a fait vous questionner ? N'est-ce pas un mal-être,

un événement particulier, une douleur, une souffrance ? Votre corps n'était peut-être pas souffrant, mais votre psychisme, vos émotions, n'étaient-ils pas mis à mal ? C'est cela qui vous motive à aller rechercher de l'aide, à comprendre ce qui se passe en vous et donne du sens à votre vie.

Pour beaucoup d'entre vous, la réussite ultime serait que tout le monde soit heureux sur cette Terre. C'est louable, mais l'âme, par définition, l'est déjà, même si le mot "heureux" ne convient pas complètement. L'âme est dans une forme d'épanouissement et s'enrichit à chaque fois qu'elle emmagasine une nouvelle expérience. Elle ne qualifie pas ces expériences de *négatives* ou *positives*, *de réussites* ou *d'échecs* parce que, pour elle, cela n'existe pas. Elle a essayé et essaye encore et encore. Cela explique ses multiples choix de vivre dans des corps, des époques et des rôles différents.

Pour vous, les épreuves sont toujours quelque chose de difficile, de négatif, mais regardez autour de vous tous ces êtres qui arrivent à dépasser les épreuves, à se surpasser et à laisser apparaître toute la force de vie qu'il y a en eux ! Grâce à cette puissance, ils restent sur cette Terre et font de leur vie une richesse. Ils deviennent des exemples. Ils peuvent ainsi vous aider si vous vivez des expériences similaires. Ils vous disent que, vous aussi, vous pouvez atteindre l'apaisement ou accomplir ce qu'ils ont réussi à faire. Ils vous montrent les possibles et que vous êtes capable d'y arriver. ”

Philippe Croizon : une énergie transcendante

La vie de Philippe Croizon est une belle illustration de résilience. À la suite d'une électrocution, il a été amputé de ses quatre membres à l'âge de 26 ans. Il raconte qu'après deux mois de coma, il s'est réveillé le jour de la naissance de son fils : « Je reviens à la vie avec lui, mais se réveiller sans bras, ni jambes, c'est inimaginable. D'abord vous refusez, ensuite vous vous demandez si vous voulez vivre, puis vous tombez en dépression. Après, il m'a fallu sept longues années pour relever la tête. »
Il dit que l'amour de sa nouvelle compagne et de ses deux fils a été un élément déclencheur pour accepter son handicap et transformer sa vie en challenge sportif. Philippe Croizon a, depuis, traversé la Manche et relié cinq continents à la nage, battu un record de plongée et participé au Rallye Dakar 2017.
« Depuis que j'ai pris trois fois 20 000 volts, je distribue de l'énergie ! Je dis aux gens : ce soir, en rentrant, arrêtez-vous deux minutes sur le paillasson et pensez à ce que vous avez : une famille ? une maison ? un boulot ? Relevez la tête et foncez[1]. »

Cet homme, par la médiatisation de ses exploits, touche des centaines de personnes, valides ou non. Il est devenu un exemple, un moteur.

1. Source : interview accordée à S. De Abreu dans le magazine *Télé Star* du 1er janvier 2020.

Cyléria poursuit :

"Après avoir évoqué ceux qui découvrent cette force de vie, parlons maintenant de ceux qui restent au bord du chemin. Vous avez certainement entendu parler des gens qui chutent, perdent tout et n'arrivent pas à rebondir. Certains essaient, d'autres pas du tout et tombent dans une forme d'abandon. En tant qu'humain, vous pouvez vous dire : "Comment ? Ils n'ont pas la force, ils n'arrivent pas à se relever. Ils n'ont qu'à se bouger !" Mais que savez-vous de ce que leurs âmes ont choisi ?

Peut-être ont-ils voulu se laisser complètement aller et lâcher tout ce qu'il y avait autour d'eux. C'est le cas de certains SDF. Vous pensez que leur vie a été un échec : "Comment ont-ils fait pour en arriver là ?" Ces êtres, vous devez les respecter, car leur âme a choisi de vivre dans une forme de dépouillement total, sans attache. Ils se sont coupés de leur famille, de leurs amis, de leur métier. Bien sûr, il y a des événements qui se sont mis sur leur route mais, justement, pour qu'ils lâchent prise.

Mes paroles peuvent vous perturber, n'est-ce pas ? Cependant, même si une âme a planifié l'expérience du dénuement, de la misère et du rejet social, son humain peut en souffrir. Ne confondez pas la personnalité humaine et son âme. Les choix de l'âme ont leurs raisons d'être et la personnalité humaine peut en souffrir si elle n'est pas alignée à son âme (ce qui est souvent le cas car la vraie difficulté réside en notre capacité ou non à s'aligner).

Aujourd'hui, lorsque vous croisez un être qui s'est mis en dehors de la société, quel est votre regard ? Interrogez-vous. Que vous renvoie-t-il réellement ? De la pitié, de la compassion, un sentiment d'échec ? Ou “Oh, pourvu que cela ne m'arrive pas !”, c'est-à-dire de la peur.

Alors que si vous les regardiez avec amour, vous pourriez leur tendre la main pour les aider. Certains la prendraient, d'autres pas. Ils la saisiront lorsqu'ils auront choisi de sortir de cette condition parce qu'ils auront fait le tour de cette vie de SDF (cela ne se fait pas consciemment). Dans tous les cas, ils auront appris.

Alors, ne regardez aucune vie comme étant une réussite ou un échec. Faites battre votre cœur à l'unisson de la compassion en regardant ces êtres qui vivent dans des conditions difficiles. J'espère qu'ils susciteront de l'admiration en vous, car ces âmes ont choisi des événements, des situations qui sont effectivement difficiles du point de vue de l'humain, mais elles ont aussi reçu tout ce dont elles avaient besoin pour traverser ces épreuves. ”

Ne dit-on pas que le choix des épreuves est à la mesure de ce que l'on peut supporter ?

“ Si vous étiez un poney, est-ce que vous seriez capable de sauter des obstacles comme un cheval de course ? Je plaisante, mais il en est de même pour votre âme ! ”

Magdalena a cumulé les épreuves : son handicap, la perte de sa fille... Son âme les avait-elle choisies ? Était-elle « prête » et préparée à vivre tout cela ?

Il est important que votre regard ne s'arrête pas à votre vision humaine. Appréhendez ce qui est autour de vous en prenant du recul. La vie n'est pas une tragédie ! Elle n'est pas ce qu'elle paraît être !

Pour répondre à la question, oui. La naissance de sa fille lui a donné une énergie d'amour phénoménale. Non seulement cela lui a permis de se réconcilier encore un peu plus avec elle-même, de reléguer son handicap au second plan, de croire en ses capacités, mais aussi de retrouver de l'estime et de l'amour pour elle-même.

Cette fillette a été inondée d'un amour incroyable émanant de ses parents. Son âme était venue recevoir cet amour humain et a ainsi pansé ses blessures venant d'un autre temps. Cette enfant n'avait pas vocation à rester longtemps sur Terre.

D'un commun accord avec l'âme de ses parents, son rôle était d'être un détonateur, un moteur, leur permettant de se "réparer", pour guérir eux aussi. En quittant cette Terre en pleine jeunesse, elle leur a donné l'énergie de se mettre au service d'autres humains, de ne pas se centrer sur eux-mêmes, en transformant leur chagrin, leur tristesse, en une puissante énergie créatrice capable de soulever des montagnes. C'est ainsi qu'a pu naître cette œuvre qu'a été la création de ce centre d'accueil pour enfants abandonnés et orphelins. Tout a pu s'accomplir parfaitement selon les souhaits de chacun !

Confirmez-vous que toutes les aides sont apportées pour chaque personne qui traverse une épreuve difficile ?

« Vous arrivez sur Terre avec un bagage inimaginable. Croyez-vous que vous ne préparez pas votre voyage ? Nous vous l'avons dit, vous avez tout ce qui est nécessaire pour accomplir votre route. Bien entendu, votre âme a de grandes ambitions parce qu'elle a été guidée, qu'elle s'est "entraînée" et qu'elle baigne dans une forme d'assurance.

Aucun d'entre vous n'est abandonné. Vous êtes tous escorté 24 heures sur 24 et 7 jours sur 7, dirons-nous, et cela bien avant votre naissance terrestre. Nous vous accompagnons tout au long de votre existence et bien après. Nous sommes vos "gardes du corps". N'est-il pas temps de nous faire entrer dans vos vies de manière consciente ?

Si vous vous sentez seul et abandonné, c'est que vous vous êtes coupé de vous-même, de votre essence sacrée. Tout est là, en vous et autour de vous. Nous sommes sur le seuil de votre porte, faites-nous entrer !

Vous ne croyez pas en vous-même. Il y a un changement de paradigme qui s'effectuera en vous lorsque vous prendrez conscience de toutes vos capacités, car vous êtes un être illimité, non pas par le corps mais par la puissance de l'esprit. Retrouvez votre Moi supérieur (votre lumière, votre essence) et vous gagnerez à le laisser davantage vous orienter.

Ceci demande un certain lâcher-prise que beaucoup ne sont pas en capacité d'accueillir parce qu'ils ne l'acceptent pas. Votre humain pourrait se contenter d'en faire l'expérience sans vouloir tout contrôler. Le premier pas consiste à vous accueillir tel que vous êtes, sans vous juger, puis de concevoir que vous n'êtes pas un simple humain bloqué dans un corps, mais un être bien plus grand. Que l'amour vous guide sur ce chemin. »

EN RÉSUMÉ

Les rencontres karmiques

- Au cours de votre vie vous faites de très nombreuses rencontres karmiques.
- Vous les reconnaissez de manière inconsciente, mais elles suscitent en vous des coups de cœur, des aversions, des peurs inexpliquées, l'impression de déjà connaître l'autre, etc.
- Ces rencontres sont une nouvelle occasion d'équilibrer vos relations vécues dans un autre espace/temps.
- La karmathérapie peut être une aide précieuse pour comprendre et rééquilibrer une relation difficile.

Les drames : une opportunité pour grandir ?

- Votre âme a choisi et planifié la nature des drames de votre vie, à sa mesure.
- Votre âme a été « entraînée » et a reçu les « outils » nécessaires pour traverser ces épreuves.
- Ces drames sont des opportunités de :
  - trouver votre force de vie
  - mettre en lumière vos atouts jusqu'alors insoupçonnés
  - vous dépasser
  - accepter vos faiblesses
  - lâcher prise
  - vous ouvrir à d'autres horizons
  - vous découvrir et évoluer
  - vous transformer : de chrysalide vous deviendrez papillon…
- Votre âme ne connaît ni l'échec ni la réussite, car le drame est une expérience, un moyen d'apprentissage pour elle et son entourage.

- Vous et votre âme recevez toute l'aide dont vous avez besoin, tant sur le plan terrestre que spirituel, pour vous accomplir.
- Un drame peut être transmuté en devenant un moyen de vous mettre au service des autres, une cause publique, un engagement humanitaire, etc. (La création de l'association Grégory Lemarchal pour les personnes atteintes de mucoviscidose par la famille du jeune chanteur décédé de cette maladie en est un exemple.)
- Vous possédez une force de résilience (faculté de rebondir après une épreuve dans votre existence et de lui donner du sens). Sur le plan spirituel, c'est revenir dans sa mission d'âme.

CHAPITRE 5

LES BILANS DE VIE

Arnaud, celui qui voulait être aimé (et qui l'était sans le savoir !)

Les guides nous amènent à nouveau sur un plan que nous commençons à connaître. Nous percevons une nouvelle fois le livre grand ouvert, trônant au milieu d'un espace baigné d'une lumière très douce. Nous sommes invitées à y « entrer » à nouveau. Nous nous sentons attirées et enveloppées par une spirale de lumière dorée. Après quelques secondes, nous sortons de ce vortex énergétique et sommes accueillies par Cyléria. Elle nous annonce :

Cyléria :

« Je vais vous faire rencontrer l'âme d'Arnaud. Vous allez pouvoir percevoir l'impact du jugement humain sur un chemin de vie. Je vais le laisser s'exprimer librement puis vous pourrez poser vos questions qui seront nombreuses, j'en suis certaine ! Le guide d'Arnaud sera également présent pour compléter ses réponses. Ne soyez pas étonnées, Arnaud va débuter son récit alors qu'il est entre la vie et la mort, c'est-à-dire dans le coma. »

Le message d'Arnaud

"Je suis dans le noir et pourtant ce n'est pas l'obscurité qui m'entoure… Je me sens bien physiquement. En fait, je ne sens pas vraiment si j'ai un corps. C'est une idée que je refuse : je ne veux pas y penser. Je me demande ce que je vais devenir, mais il m'est impossible de me projeter dans l'avenir. Mon esprit, d'habitude si prolixe, se heurte à une cloison invisible et infranchissable : je suis dans le présent. Si je ne peux aller vers le "futur projeté", je peux facilement aller vers le passé. À cette pensée, je revois avec une clarté impressionnante chaque scène de ma vie. Il me suffit de me tourner vers elle et j'y suis. C'est un peu comme si je plongeais dans un puits où chaque strate est une journée ! Les strates s'accumulent et je m'y enfonce comme dans un cauchemar. Une sueur froide recouvre tout mon être.

Les scènes défilent et je revois mon corps qui me répugne. Il me renvoie l'image d'un sous-homme. Je me vois, ivre, dormant sur la table de la salle à manger, les bras baignant dans le liquide sucré qui s'est renversé, à demi inconscient.

Les images défilent toujours. Maintenant je suis en train de ramper sur le sol pour me hisser comme une larve sur mon lit crasseux. L'atmosphère est nauséabonde et sombre.

D'autres images s'enchaînent : le départ de ma femme, Liliane, humiliée, brisée et qui n'en pouvait plus. Une pensée me vient : "C'est moi qui l'ai brisée ainsi !" Je vois maintenant en elle cette brisure profonde que je connais bien. C'est la même que la mienne, enfin non, c'est celle que j'ai voulu qu'elle vive pour qu'elle comprenne ce que je vivais à l'intérieur. Cette pensée est comme un éclair dans ma tête, un grondement terrifiant. Le constat est accablant de vérité : je lui ai infligé ma souffrance ! Non seulement je lui ai fait partager ma chute personnelle, mais je lui ai aussi fait ressentir cette souffrance dans son corps, dans son être…

Encore des images qui me reviennent… J'ai tellement voulu les effacer à coup de bouteilles… Les passages à tabac… Je suis le bourreau et la victime. Je ressens chaque coup que je donne comme si je me les donnais à moi-même. Ma femme n'est plus l'être que j'ai aimé mais mon *punching-ball*. Je suis l'un et l'autre, non seulement je me bats avec moi-même, mais je déverse aussi ma haine sur l'autre. Je m'écroule de honte, de peur, je suis un monstre ! Je suis épuisé, alors je me laisse sombrer comme j'ai l'habitude de le faire, comme un sous-homme, une sous-merde, un moins que rien, un ver de terre… Je suis bien au-delà de l'échec…

Puis de nouveau le noir, le calme tout autour… Ces dernières injures me renvoient à mon adolescence. Je les entends m'être adressées par ma mère et mon père. Je reprends à peine mes esprits que le cauchemar continue : des scènes de mon enfance me bombardent l'esprit, encore et encore, comme un sortilège ! Je vis l'émotion, les pensées et les ressentis de toutes les personnes simultanément. Cette fois, je ne résiste pas longtemps, je m'effondre rapidement, laissant ces images s'effacer. Quelle vie de merde, putain !

La pénombre m'accueille, douce et enveloppante, mais mon esprit dit "Pourquoi ?" Je crie, je hurle comme un damné devant l'échafaud : "Pourquoi ???" Le temps se disloque… Cela semble durer une éternité et en même temps une seconde.

JE SAIS ! Je ne sais pas comment ni pourquoi, mais je sais que je ne suis jugé que par moi-même. Le jugement ! Ma vie n'a été que jugement ! Des jugements dès l'enfance, des systèmes de croyances, des comparaisons, des "cela est bien", "cela est mal" ; "gentil gars", "mauvais gars"… Je me dis cela et, en même temps, il me semble que l'on me souffle cette réflexion. Une voix chaleureuse, douce mais ferme, puissante, me dit : "Si tu retires le jugement de cette vie, que reste-il ?"

Je suis abasourdi, mon esprit rame. Il me semble qu'il se contracte pour qu'émerge cette nouvelle conception, ce nouveau paradigme. Je reprends donc douloureusement et avec appréhension les images de ma vie et retire le voile, la punaise du jugement. Alors, tremblant, je vois arriver à moi des scènes lumineuses…

Je vois la rencontre avec ma femme, ses boucles châtain clair qui s'agitent sur ses épaules quand elle danse à 17 ans, fraîche et enthousiaste, la vie devant elle. Un instant après, elle est dans un lit d'hôpital et tient notre fils minuscule. Le glouton dévore son sein charnu. Les émotions montent… Je vois mon chien qui court par les chemins des plaines et des bois. Ah, la nature, les animaux sauvages, la lumière du petit matin quand je pars au travail ! L'émotion m'envahit sans que je puisse la réfréner. Je ressens la tendresse de la main de ma mère sur mon front et celle de mon

père sur mon épaule. C'est le coup de massue : je pensais que je n'avais jamais été aimé !
Je pensais que je n'avais vécu que peur et déshumanisation. Je me suis perdu dans cette vision de souffrance au point d'en oublier jusqu'aux plus beaux moments de ma vie ! Hors d'haleine et le cœur implosant de cet amour que je reçois par ces scènes et par ces êtres, des murs et des portes blindées s'écroulent à l'intérieur de moi. Il me semble pleurer, pleurer comme je n'ai jamais su le faire. Mes larmes lavent mon être de toutes les souffrances, des souffrances d'avoir cru être exclu de l'amour alors qu'il était à ma portée ! Il était là, bon Dieu ! Il était là. Non, il est là. IL EST LÀ !
Je me laisse alors fondre dans cette énergie d'amour au point de me perdre, moi, dans ce que j'appellerais mon identité. Je me fonds avec délice dans cet amour et ce moment semble durer. J'ai un peu peur qu'il se termine, qu'on me le retire encore, mais non, il dure et la voix me dit de m'apaiser et de me pardonner afin que cet amour puisse être mien pour toujours…
Il ne m'a donc fallu qu'une légère impulsion pour parvenir à lâcher mes pardons, à moi-même, à tous, à tout, pour m'élever vers plus de lumière et d'amour inconditionnel, quitter mes lambeaux de souffrance et entrer dans une véritable lumière ascensionnelle.
D'ici, je comprends tout sur tout, et même au-delà !
Je le savais depuis toujours, mais c'est comme si quelque chose m'en interdisait l'accès. Maintenant, tout est là et je n'ai plus qu'à m'y diriger pour savoir.
Comme le rappel d'un souvenir, tout revient.
Merci. »

Nous sentons une présence douce mais ferme. Elle se présente à nous comme étant le guide de l'âme d'Arnaud. Nous la laissons intervenir.

Le guide de l'âme d'Arnaud :

« L'âme d'Arnaud a choisi une vie exigeante, où le contrat de base était de se forger une personnalité d'adulte responsable alors que son adolescence le poussait à réagir de façon violente et irrespectueuse. Malgré cette période de vie tumultueuse (l'adolescence), la rencontre avec sa femme et son projet professionnel devaient lui permettre de ramener l'équilibre dans sa vie et de profiter ensuite d'un potentiel d'évolution riche de rencontres et de voyages.

L'âme a choisi un investissement relativement faible pour laisser à Arnaud la possibilité de vivre son libre arbitre pleinement. C'est donc dans cette configuration qu'Arnaud fut élevé et mis sur sa voie, avec une enfance heureuse mais une adolescence qui lui permettait de choisir et d'exprimer son indépendance et sa liberté de faire des choix différents de ceux de ses parents (système de pensée, aspirations...).

La notion de jugement avait été pesée et librement accueillie car c'était un défi de son âme de se défaire du jugement. Il a vécu précédemment des vies marquées par les dogmes et autres préjugés limitatifs pour son être. C'était donc un objectif élevé d'éviter de retomber dans ces travers.

La dérive alcoolique était également pesée. Le jugement et le regard qu'il portait sur lui-même, sur l'amour ou non-amour de ses proches et sur ses comportements n'ont fait que l'attirer vers plus de souffrances. Ces souffrances occultaient l'amour et la douceur qui composaient son existence. L'alcool était devenu un pansement, puis une entrave qui répondait parfaitement à l'attachement aux souffrances et au non-amour de soi.

De nombreux points de bascule ont été proposés à Arnaud pour s'élever et se guérir (rencontre avec Liliane sa femme, naissance de leur fils, accident de travail, mort de l'un de ses chiens auquel il était particulièrement attaché et, enfin, le départ de sa femme). Bien que ces points de bascule puissent vous paraître des échecs, ce ne fut pas le cas, car ils ont permis dans une moindre mesure de soulager Arnaud et de le maintenir dans un seuil de tolérance à la souffrance suffisant pour éviter le suicide, jusqu'au départ de Liliane. À partir de ce dernier événement, la décision fut prise par tous les êtres en contrat d'âme à âme avec Arnaud de le libérer de ses souffrances sur la Terre.

Son alcoolisme s'est alors aggravé et un coma hépatique fatal lui a permis de se libérer des stigmates énergétiques de son corps usé. La libération des toxines du foie d'Arnaud (ammoniaque) a rapidement atteint son cerveau. Ceci a provoqué ce que vous appelez "des délires", qui sont une exploration des angoisses les plus profondes pour les transmuter durant la période de coma. C'est cette libération qui fut racontée dans la première partie de son récit. Une fois élevée, l'âme d'Arnaud put libérer son corps physique de l'agonie. Sachez que l'âme d'Arnaud est consciente de la difficulté de ce qu'il a vécu. Elle honore les êtres faisant l'expérience d'une telle incarnation.

Grâce à la vie d'Arnaud, son âme s'est enrichie et continue l'exploration de sa multidimensionnalité en se rapprochant un peu plus de la magnificence de l'énergie créatrice qu'elle souhaite rejoindre afin de se fondre en elle… et servir ensuite les êtres qui, eux, seront encore en chemin. »

Le guide d'Arnaud et Cyléria ramènent notre attention vers Arnaud. Ils nous invitent à le questionner. Nous le sentons calme, accueillant. Sans hésitation, nous entamons cette interview d'Arnaud.

Temps d'échanges avec Arnaud

Arnaud, que souhaites-tu ajouter en complément de ton témoignage ainsi que de celui de ton guide ?

« Je suis resté longtemps dans le silence depuis la fin de cette vie. Je sais, maintenant, que je me suis trompé sur toute la ligne. J'étais tellement persuadé que tout ce que je ressentais était la vérité. Je me suis moi-même mis dans une cage. Je me suis mis en retrait par rapport aux autres. Ce ne sont pas les autres qui m'ont rejeté, c'est moi qui me suis retranché, par peur.
Je n'en avais aucune conscience au moment où j'étais dans ma peau d'humain, mais les autres me faisaient peur. J'avais l'impression d'être toujours jugé, comme si on exigeait toujours plus de moi et que je n'étais pas capable de donner plus. Tout

prenait des proportions inimaginables en moi. On me disait un petit truc et je le recevais puissance 100. J'interprétais tout mal. On me le reprochait ! On me disait que je "montais tout en épingle", que j'exagérais tout… C'est pourquoi, ado, lorsque mes parents me bousculaient un peu comme on le fait avec tout adolescent, j'avais l'impression qu'ils m'en voulaient, me rabaissaient, mais c'était une déformation totale de la réalité.

Pour oublier cette persécution que je ressentais, par facilité, je la noyais dans ma bouteille qui est devenue ma confidente, mon amie. Je ne me suis pas aperçu que je tombais là-dedans. C'est venu petit à petit. On ne s'en rend pas compte ! Bien sûr, j'aimais boire, puis cela est devenu une habitude, après, un besoin, une façon de se créer une famille avec des amis (qui n'en sont pas d'ailleurs !), des "piliers de bar". C'est une façon de retarder le moment de rentrer chez soi et de retrouver le regard d'une femme qui attend quelque chose qu'on ne peut pas lui donner. C'est aussi une façon de dégoûter l'autre de soi, mais cela non plus, on n'en a pas conscience. Tout ceci n'est pas très reluisant…

Pourtant, mon épouse a été extraordinaire avec moi, elle a eu beaucoup de patience, beaucoup d'indulgence. Je l'aimais et pourtant je ne pouvais pas m'empêcher de lui faire du mal. Elle était toujours là, auprès de moi, comme un chien fidèle. Je lui en voulais d'être comme ça. Voilà, c'est ça ce que j'ai fait de ma vie : un gâchis immense du point de vue de l'humain. »

Lorsque tu as quitté ton corps physique, comment cela s'est passé pour toi ?

« Quand je suis passé de l'autre côté, j'ai été surpris… Surpris de voir que j'étais encore vivant. Surpris aussi de sentir que je n'avais absolument rien réglé. Je me sentais sale et puis ce sentiment de gâchis m'a mis encore en colère. J'ai toujours été un homme en colère contre les autres mais, là, j'étais en colère contre moi-même. Je me demandais comment j'avais fait pour gâcher toutes mes chances, toutes les opportunités qui m'avaient été offertes.

Ça arrive devant vous, comme servi sur un plateau, et vous vous en détournez. Est-ce que c'est l'ego, parce que l'on ne veut pas d'aide ? Ou que l'on se sent plus fort et qu'il faut continuer ce que l'on a décidé de faire, même si on prend une route qui n'est pas bonne pour soi ?

C'est une forme d'autodestruction. La tête dans le mur, on continue, on continue, on continue ! Quand on est dans l'humain, on s'enferre dans des situations dont on pourrait se sortir, mais on est tellement englué dans une forme de souffrance ! On implore qu'une main secourable vienne nous sauver, mais dès qu'une main se tend vers nous, on la refuse.

L'alcool m'accompagne depuis plusieurs vies. J'ai été victime d'accidents mortels parce que j'étais saoul et, là, j'ai recommencé, cette fois-ci pour finir à l'hôpital. Pas brillant de répéter ainsi les mêmes "erreurs", les mêmes expériences ! J'ai l'impression que je suis enfermé dans un cycle sans fin qui ne s'arrêtera jamais. »

Sais-tu d'où vient cette dévalorisation, cette colère qui est en toi ? Ton âme avait-elle choisi de l'expérimenter dans cette vie ou vient-elle de tes vies antérieures ?

« Je suis né en colère. Vous savez, comme si on arrivait poing levé en disant "colère, colère !" Non, justement, j'aurais dû apprendre l'apaisement et ne pas toucher une goutte d'alcool. Mes parents m'ont pourtant entouré, mais c'est moi qui ai refusé. J'ai complètement déconné, je les ai repoussés. Ma mère voulait me faire des câlins, je la repoussais. Mon père voulait me montrer un truc, je partais comme s'il fallait que je me débrouille tout seul alors qu'eux ne m'ont jamais abandonné, ils m'ont toujours aidé dans toutes les circonstances. Quand j'étais jeune, je leur en ai même voulu de ne pas avoir vu, de ne pas m'avoir sorti de là, mais je le leur cachais tellement bien. Ils se doutaient qu'il y avait quelque chose, mais ils ne pouvaient pas imaginer que, déjà, je buvais beaucoup, beaucoup trop. Même à l'école, j'étais saoul quelquefois. »

Sentais-tu que tu n'étais pas sur le chemin que ton âme avait programmé ?

« Je voyais les *warnings*, ça s'allumait dans ma tête et tout autour de moi. Je n'ai pas suivi ce que j'avais décidé. Le libre arbitre, comme on l'appelle, je l'ai utilisé, mais pour prendre le chemin opposé à celui que je m'étais fixé. Pourtant, beaucoup sont venus sur ma route pour me montrer que je pouvais reprendre l'autoroute plutôt que les chemins de traverse.

On se croit rebelle. La partie humaine importante, c'est l'ego. Je savais intérieurement qu'il fallait que je fasse autrement mais, là aussi, j'ai voulu éteindre cette voix que j'entendais en moi. J'ai su, une fois de l'autre côté, par mon guide, qu'il avait essayé de m'envoyer des signes, des gens pour me retenir, pour me détourner de l'alcool. Là encore, je suis passé outre ses avertissements. Comme quoi, quand on ne veut pas entendre, ni voir, ni comprendre… »

Arnaud ressassait la même plainte comme une litanie (dont nous vous faisons grâce). Nous étions donc sur le point de conclure notre conversation lorsqu'il reprit le cours de la conversation.

Arnaud :

« J'ai une forme d'émotion... Dans un autre espace-temps (une vie antérieure, comme vous dites), on m'a enfermé quand j'étais petit. J'étais tout seul, j'avais peur, j'étais dans le noir, c'était humide, il y avait des rats, j'en avais peur. C'est mon père qui faisait cela. Dès que j'étais dans ses jambes, il m'attrapait, il me mettait dans cet endroit que je détestais, ce réduit qui était en terre battue. Ça puait la mort là-dedans. Je hurlais, je hurlais à en perdre la voix. J'appelais ma mère qui ne bougeait pas parce que si elle avait levé le petit doigt, il l'aurait battue à mort. Il la battait, tout comme il me battait. Lui aussi, il aimait boire. Quand il me cassait les os, j'avais tellement mal que je lui volais sa cruche d'alcool pour faire passer la douleur. Il m'a cassé le bras, le poignet, même des doigts. Pas question de soigner ! Cela devait se remette tout seul. Ma mère, elle, me mettait de la terre. J'en avais tout le temps plein sur moi. On croyait que j'étais un souillon, que je me roulais dans la boue, mais c'était pour soigner mes blessures. Et moi, pour me soigner, je buvais, ça m'endormait, je ne pensais plus à rien. C'est là que j'ai appris à me méfier de mes parents. Je ne pouvais pas avoir confiance en eux et personne ne m'est venu en aide. Ça me fait drôle de vous parler de tout ceci, c'est comme si ça revenait à ma mémoire maintenant. J'avais oublié. Attention, cela ne me donne pas d'excuse pour autant. »

Peut-être que ce vécu explique la colère avec laquelle tu es né dans cette vie ?

« Oui… Mes parents, ceux qui m'ont frappé, ce sont eux que j'ai retrouvés là. »

Tu veux dire que tu avais les mêmes parents dans cette vie antérieure et celle-ci ?

« Oui, sauf que mon père qui me frappait est devenu ma mère, et ma mère qui ne venait pas à mon secours est devenue mon père. Tu comprends ? Le même couple ! Il nous fallait apprendre à nous entraider, arriver à se pardonner, à faire la paix et à s'aimer. »

C'était une façon de rééquilibrer votre karma ?

« Oui, c'était une chance qu'on s'était donnée pour apprendre les uns des autres, de nouveau, mais autrement. C'est pour ça que je me suis senti en colère quand je les ai "vus" ! J'avais oublié qu'on avait décidé de s'incarner de nouveau ensemble.
Quand je suis arrivé sur Terre, je me suis senti de nouveau en insécurité, pourtant ils m'ont aimé. Eux, ils ont réussi. Je n'ai jamais vu mes parents boire de l'alcool à en devenir saouls. Donc, ça marche pour certains. Si ça n'a pas marché pour moi, c'est que j'ai encore des progrès à faire. Ça me fait du bien d'en parler, ça m'apaise…
Je n'en veux à personne, qu'à moi-même, et encore, je suis un peu plus en paix maintenant. Je comprends mieux. En évoquant mon histoire avec vous, cela m'aide à trouver le chemin vers plus d'éclaircissement, de lumière. C'est mon guide qui m'a conseillé de vous parler. Je n'y croyais pas et je m'aperçois qu'en parlant, les choses me reviennent. Je suis encore dans une phase intermédiaire. »

Où es-tu à présent ?

« C'est difficile de te décrire cet endroit. Il ne ressemble pas à grand-chose. Je me sens assez seul. Ce n'est ni foncé, ni très clair : j'ai créé mon décor, que je change de temps en temps. Au début, pour me rassurer, j'ai créé un bar, le bar où j'avais mes habitudes, mais boire seul, ce n'est pas très intéressant. Et quand j'ai compris que je pouvais créer, par ma pensée, en quelque sorte, j'ai retrouvé ma maison ! Je me suis assis dans mon fauteuil, mais il n'y avait plus cette activité qu'il y avait lorsque j'étais un humain. J'ai reçu les visites de ce fameux guide qui est venu me parler, me montrer ma vie comme sur un écran de télévision. Alors là, on ne fait pas le fier ! J'ai vu défiler ma pauvre vie, de ma mort à ma naissance. Il m'a fallu du temps pour comprendre. Au début, je n'y croyais pas. Je me passais le film plusieurs fois comme lorsque quelque chose t'échappe, que tu ne comprends pas, tu ne vois pas… »

C'était le film de ta vie avec toi en acteur principal ?

« Bien sûr. Oui, c'est tout à fait cela. »

Qu'est ce qui t'a marqué, que tu ne comprenais pas lors du visionnage du film de ta vie ?

« Je ne me suis pas rendu compte que mes parents m'aimaient, qu'ils avaient pris soin de moi, que ma femme m'a aimé ainsi que mon fils, mes potes, mon frère. Ils avaient tous le cœur grand ouvert, énorme. Si j'avais su voir, putain, la vie que j'aurais eue ! J'aurais été heureux, heureux. Mais non, j'avais ce filtre sur les yeux qui a mis de la distance entre eux et moi. C'est ça que je voulais revoir plusieurs fois. Je me disais : "Non, ce n'est pas vrai, ce n'est pas possible !" Je voyais tous les gestes qu'ils ont eus envers moi, toutes les occasions qui m'ont été données. Quand je parlais des mains tendues, c'est ce que j'ai vu dans ce film, alors que je ne m'en suis jamais aperçu de mon vivant sur Terre. J'ai vu toute la "carte dessinée" et à chaque fois le chemin que je devais prendre et, pouf, j'ai vu que je déviais, par peur. Même mon guide, mon âme aussi, me parlaient à l'intérieur ! Ce qu'on appelle l'intuition, je l'avais et je n'ai jamais voulu l'écouter ! J'ai toujours fait le contraire de ce qu'elle me disait, je bravais. J'ai toujours défié et voilà où cela m'a conduit : à ne pas me respecter, à ne pas m'aimer, à ne pas aller vers ce vers quoi j'avais décidé d'aller. Une vraie tête brûlée ! »

Lorsque tu as eu fini de visionner le film de ta vie, que s'est-il passé ?

« J'étais en pétard. J'ai engueulé mon guide. Je lui ai dit qu'il me racontait n'importe quoi, que c'étaient des foutaises, ce truc ! Il est parti. Il m'a laissé là, dans ma colère. Il avait raison, je piquais une crise comme un gamin. Quand je me suis calmé, il est revenu. Je suis resté là, pour digérer. »

Es-tu encore en train de digérer ce que tu as vu ?

« Je n'ai pas beaucoup avancé, mais la colère commence à passer. Si je peux me raconter, c'est parce que mon guide est présent à côté de moi, c'est lui qui m'a proposé de vous parler. Il m'a dit que ce serait bénéfique pour moi.

J'ai donc décidé d'écouter, pour une fois. Je me suis dit que mon expérience pourrait peut-être servir à quelqu'un, lui éviter de passer à côté de sa vie, comme moi. Pour ceux qui recommencent encore et encore ce cycle et qui veulent y mettre fin, s'ils lisent ces lignes, j'aimerais que cela puisse juste provoquer un petit choc en eux pour qu'ils se remettent sur leur route, celle que leur âme a décidé de suivre et qu'ils ne perdent plus leur temps avec l'alcool.

Chacun ses choix. Je ne veux pas jouer au "père la morale". Il n'y a pas de vie où l'on perd son temps, on apprend toujours, quoi que l'on fasse. Mais laissez un peu moins de place à votre humain et plus à votre âme, écoutez votre petite voix quand elle vous dit d'arrêter. Votre petite voix c'est vous, ce n'est pas quelqu'un d'autre qui vous dit "Ce n'est pas bien de faire ça !" Ce qui est important, c'est ce que vous ressentez à l'intérieur. Et puis, si vous avez besoin d'aide en tant qu'humain, demandez-en et acceptez-la. C'est une belle leçon, un bel apprentissage. Que ce soit l'alcool, la drogue, le jeu, le sexe ou d'autres choses encore, ce n'est pas la peine de recommencer, de vie en vie. À un moment donné, il faut sortir de ce cercle vicieux pour pouvoir avancer.

C'est ce que j'aurais dû faire dans cette vie-là. C'est comme ça, il faut l'accepter, tout simplement se regarder avec amour et se dire que l'on a essayé et que l'on essaiera encore. »

Sais-tu quelle va être la suite pour toi ?

« Je vais enfin sortir de ce lieu où je me suis enfermé parce que j'en ai fait le tour. Maintenant, je suis prêt. Mon guide souhaitait que je vous parle et, en vous racontant ma vie, je l'ai mieux comprise. Je saisis mieux les choses désormais. Vous me les auriez dites, je ne vous aurais pas crues. Vous voyez que ce chemin, il se fait de soi vers soi. Merci mon guide !
Il est là… Il vient me chercher. Bon, cette fois, je crois que je vais le suivre. Je ne suis pas mécontent de quitter ce lieu. Merci à vous ! »

Merci à toi. C'était un vrai plaisir de parler avec toi. Nous espérons que ton témoignage pourra aider. Une dernière chose à transmettre ?

« J'espère qu'il aidera ! Je veux surtout dire que personne n'est à blâmer. Il n'y a pas à faire culpabiliser quelqu'un en lui disant "Ce n'est pas bien". Dites-lui : "Chacun fait comme il peut, mais on peut toujours faire mieux !" C'est cela qu'il faut qu'il recherche : le "faire mieux", mieux pour lui. Déjà, en faisant mieux pour soi, on évolue, on avance. Je leur souhaite à tous le meilleur. »

Merci à toi. Reçois tout notre amour...

« Bouh !... Je n'en suis pas encore capable ! *(Éclat de rire)*
Vous voyez, j'ai un peu d'humour, quand même...
Bon, allez, je vais suivre mon guide. »

C'est sur cet éclat de rire que nous quittons Arnaud, qui part avec son guide à ses côtés vers plus de lumière.

Temps de méditation

Prenez une grande inspiration profonde par le nez.
Expirez par la bouche.
Accueillez votre ressenti, votre émotion sans jugement.

Quelle est votre première réflexion après ce message ?
Quelle(s) émotion(s) ressentez-vous ?
Que ressentez-vous dans votre corps ?
Que vous inspire l'expérience de vie de l'âme d'Arnaud ?

Pour vous y aider, voici quelques axes de réflexion :

L'addiction

- Pensez-vous avoir une dépendance ? (sucre, travail, tabac, sexe, shopping, jeux, ordinateur, télévision…)
- Cette dépendance est-elle acceptable ou gênante pour vous ?
- Cherchez-vous à sortir de cette dépendance ou à la conserver ?
- Acceptez-vous les mains tendues, l'aide des autres ? (famille, amis, thérapeutes, médecine...)
- Quel regard portez-vous sur les personnes dépendantes qui évoluent autour de vous ?
- Que vous renvoient ces personnes ?

L'interprétation

- Avez-vous la sensation de ne pas avoir reçu d'amour dans votre enfance ?
- Qu'auriez-vous aimé recevoir des autres mais qui, d'après vous, ne vous a pas été donné ?

• • •

- Est-ce devenue une blessure ?
- Pensez-vous qu'aujourd'hui vous pourriez comprendre, agir, guérir, réparer ?

Le coma

D'après vous, que peuvent vivre les personnes lorsqu'elles sont dans le coma ?

Après avoir remercié Arnaud pour son intervention, son guide nous invite à lui poser des questions complémentaires. Il sent très certainement que nous sommes en train de trépigner d'impatience. En effet, nous sommes pragmatiques : le spirituel, d'accord, mais concrètement comment faire face à l'addiction ? Elle nous touche tous, de plus ou moins près.

Temps d'échanges avec le guide de lumière d'Arnaud

Que pouvez-vous nous dire sur l'addiction ?

« Il n'y a pas de jugement à porter sur cette façon d'agir. Beaucoup d'êtres fuient et noient ce qu'ils croient être leurs difficultés, pensant ainsi les mettre à distance. Bien sûr, c'est un leurre parce que le véritable problème est la relation qu'ils entretiennent avec eux-mêmes. Elle est loin d'être bonne. Elle crée une mésestime, un désamour, un irrespect de soi.

Il y a différents objets d'addiction : l'alcool, les produits illicites, le travail, le sport, la nourriture, l'adrénaline, les jeux, le sexe, le désir, Internet, les écrans, même la méditation. Tout peut être source de dépendance, c'est une question de dosage.

Pour l'humain, c'est une forme d'échappatoire pour fuir ce qu'il ne souhaite pas vivre ou ce qu'il sent injuste dans sa vie. Par exemple, passer beaucoup de temps au travail, c'est en passer moins en famille car celle-ci peut être anxiogène, contraignante, étouffante, ou vous juger trop souvent.

Passer du temps à faire du sport, cela peut donner une belle image de soi dans votre société actuelle ("il prend soin de lui") mais, là aussi, il s'agit d'une fuite lorsque la manière de pratiquer est excessive voire extrême.

Il est nécessaire que celui qui a "choisi" cette addiction prenne conscience de son état, qu'il ait la volonté de sortir la tête de l'eau, d'être aidé, d'accepter d'être accompagné et, surtout, d'accepter d'y mettre fin pour trouver un nouvel équilibre. C'est pourquoi ce n'est pas magique ! Il faut arriver à toucher le point sensible de la personne pour la réveiller à elle-même, qu'elle puisse se dire qu'elle met sa vie entre parenthèses en étant dépendante.

L'addiction traduit un mal-être intérieur chez les humains parce qu'ils se sont éloignés de qui ils sont véritablement. Nous ne disons pas là qu'il y a une attitude bonne ou mauvaise. Cela reste une expérience, même si elle peut conduire à l'autodestruction et tout abîmer autour d'eux. L'attitude des proches est importante. Entourer celui qui souffre peut être une solution, mais parfois il ne peut pas accepter cette aide et repousse sans cesse les autres.

Pour revenir à Arnaud, toute sa famille, ses parents, sa fratrie, sa femme, son enfant (même s'il n'était pas en âge de pouvoir l'aider de la même manière qu'un adulte), a essayé de le motiver pour arrêter puis passer à autre chose. Mais c'était plus fort que lui parce que son addiction était engrammée dans son histoire de vie comme il a pu vous le raconter.

Vous venez sur Terre pour élever votre conscience en passant par l'apprentissage. Apprendre ne veut pas dire réussir tout ce que vous entreprenez. L'apprentissage peut être long, fastidieux, difficile. Croyez-vous que vous ayez appris en une journée à lire, à écrire, à nager ? Il vous a fallu un temps d'enseignement. Considérez que pour l'âme, qui n'a pas d'âge, une vie est comme un brouillon, qu'elle peut recommencer de multiples fois.

Il faut du temps pour se rappeler que, sur cette Terre, d'autres comportements existent. De plus, toutes les attitudes, les postures, les émotions, les sentiments ne sont-ils pas à expérimenter ? Cela ne veut pas dire que nous validons l'autodestruction, bien évidemment, mais nous, nous le voyons du point de vue de l'âme. Même si pour l'humain et sa famille c'est extrêmement difficile à vivre.

Toutes les âmes de la famille d'Arnaud et de son entourage connaissaient son histoire et savaient que le risque qu'il rechute dans cette addiction était important. En effet, il avait trouvé du réconfort dans l'alcool, il l'avait associé à une sorte d'anesthésie voire de guérison lorsqu'il était un enfant enfermé et

maltraité. Cela peut vous paraître ahurissant, et nous entendons certains d'entre vous qui lisent ces lignes ne pas comprendre, ressentir de la colère : "*Comment ? Nos histoires antérieures entachent notre vie d'aujourd'hui ! Comment s'en sort-on ? C'est toujours un cycle infernal ?*"
Nous vous répondons que ce n'est pas un cycle infernal. Cela demande justement un vrai travail sur vous-même, une véritable volonté.
Arnaud, s'il avait accepté toutes les mains tendues, comme il en a conscience aujourd'hui, n'aurait pas eu ce chemin. Certes, il aurait commencé à un peu boire dans son adolescence, mais il aurait arrêté à l'âge adulte. Il n'a pas pu entendre, il n'a pas pu se reprendre en main. Personne ne peut lui en vouloir, il a fait ce qu'il a pu. »

Est-ce ce regard que nous devrions porter sur les personnes que l'on voit sombrer dans une addiction ou un autre mécanisme d'autodestruction ?

Le guide d'Arnaud :

« Ce sont des êtres en grande souffrance qui sont perdus à l'intérieur d'eux-mêmes. Alors, au lieu de les abreuver de reproches, envoyez-leur de la lumière, de la bienveillance, de la compassion, de l'amour. Soutenez-les même si cela vous semble difficile, même s'ils vous rejettent, continuez, essayez ! Sachez que ce n'est pas vous qu'ils rejettent mais eux-mêmes. Beaucoup de parents se sentent impuissants, repoussés et pensent que leurs enfants ne les aiment pas.

Ce sont eux-mêmes qu'ils n'aiment pas et non leurs parents. Vous savez, tous ces êtres, comme tous les êtres sur Terre, ressentent une dualité la plupart du temps, même si elle n'est pas consciente.

Votre âme "tire" d'un côté et votre personnalité humaine de l'autre, ce qui crée un conflit à l'intérieur de vous. Enfin, la personnalité humaine aime la facilité. Par exemple, il est souvent plus simple de se servir un verre que de se relever et dire que l'on va faire autrement. Nous ne portons aucun jugement, ce sont les écueils de la personnalité humaine.

Imaginez que vous êtes un aventurier dans une forêt équatoriale. Il vous faut prendre votre machette pour ouvrir un passage, cela demande des efforts. La vie sur Terre demande des efforts pour se frayer un chemin, même si vous croyez actuellement que dans votre société tout est "facile" parce que vous pensez que l'extérieur peut vous rendre heureux.

Voyez certains adolescents ou même des adultes qui ne manquent pourtant de rien matériellement et qui vont chercher à se remplir de jeux vidéos, de nourriture, etc. parce qu'ils ressentent un vide en eux. Entendez leurs appels sourds. Ouvrez cette brèche dans leur cœur, même si vous pensez qu'ils ne vous écoutent pas. Parlez-leur de cœur à cœur, d'âme à âme et n'utilisez pas le reproche ni vos peurs car ils se recroquevilleraient dans leur coquille et cela ne les aiderait pas. Ceci n'est qu'une suggestion, bien évidemment, car là encore chacun possède son libre arbitre, comme vous le savez déjà. ”

Les proches reçoivent-ils toute l'aide nécessaire pour traverser cette épreuve ?

« Oui, toute l'aide est là, autour de vous, mais il est important de commencer à demander pour soi. Vous connaissez cette phrase : "Demandez et vous recevrez" ? Cela ne veut pas dire : demander la guérison et vous recevrez la guérison systématiquement et tout de suite, sans rien faire de votre côté, en attendant que tout se résolve tout seul. La résolution doit être sincère, profonde et répétée pour s'inscrire dans la durée. Mais tout est là et nos présences vous accompagnent, vous soutiennent.

En tant qu'accompagnant, compagnon ou compagne, parents, vous pouvez demander ce qui est juste pour vous. Mais vous ne pouvez pas demander pour l'autre. Cela ne fonctionne pas ainsi. Demandez plutôt à votre cœur, à votre âme, à vos guides de vous mettre sur la route pour aider au mieux l'autre, mais vous ne pouvez pas manipuler l'autre, il faut son assentiment. C'est pourquoi, il y a tant de demandes qui n'aboutissent pas, parce que vous désirez pour l'autre. Lui ne veut pas forcément ce que vous pensez être le mieux pour lui.

Imaginons : vous voulez que votre compagnon cesse de fumer parce que cela gêne vos enfants et vous-même. Il le sait fort bien, car vos campagnes d'information humaines et vos connaissances médicales sont assez évoluées pour faire comprendre la nuisance et le risque potentiel pour la santé. Et pourtant, bien que votre compagnon vous aime et qu'il ferait beaucoup pour vous, il ne s'arrêtera pas pour autant, parce qu'il n'en a pas envie, parce qu'il n'en éprouve pas le besoin. Vous ne pouvez pas le manipuler en demandant à votre guide que votre compagnon arrête de fumer. Vous imposeriez ce que vous voulez à l'autre. Pour qu'il arrête de fumer, il est nécessaire qu'il le décide, qu'il prenne conscience qu'il a envie de respirer de l'air pur à la place d'une fumée nocive… C'est à lui de décider et à lui seul ! Vous pouvez simplement lui porter attention, sans mettre la pression. Comprenez-vous ? La cigarette peut vous paraître un exemple léger, mais il en est de même pour toutes les dépendances. »

Parfois, les familles sentent le besoin de se protéger de ces comportements qui les font souffrir. Mais elles ont alors le sentiment d'abandonner l'autre, il y a un grand tiraillement intérieur. Comment peuvent-elles sortir de cette dualité ?

« En mettant fin à la culpabilité qu'elles ressentent parce qu'elles ont fait le maximum pour l'autre. On ne peut aider celui qui ne le souhaite pas. Vous l'avez compris, chaque être sur cette Terre fait comme il l'entend. L'âme et la personnalité humaine détiennent chacune leur libre arbitre. L'une et l'autre forment un être doté d'un libre arbitre complexe, surtout si ces deux parties veulent aller dans des directions différentes. Arnaud vous a très bien expliqué cette dualité. C'est un peu complexe, n'est-ce pas ? Ne rajoutez pas votre propre vision de ce que devrait faire l'autre, comment il devrait se comporter, respecter ou non telle ou telle valeur, tel ou tel précepte, être fidèle à telle ou telle personne, tel ou tel serment, etc. Grâce à sa propre richesse d'expérience, mêlée à ses personnalités d'âme et humaine, chacun sur cette Terre a *sa* vision. Vous avez la vôtre, il a la sienne. À aucun moment, vous ne pouvez les comparer, les superposer. Pourtant, c'est ce que vous faites à longueur de temps : donner votre avis sur comment quelqu'un devrait agir, ce qu'il devrait dire, penser.

Vous jugez trop souvent l'autre selon vos propres critères. Même en donnant un conseil : "Tu devrais faire cela", "Si j'étais toi, je ferais ainsi". Mais justement, non ! Vous n'êtes pas l'autre, vous ne pouvez pas savoir mieux que lui. Abstenez-vous. Vous n'avez aucune idée de ce qu'il est venu apprendre, expérimenter dans cette incarnation. Chacun devrait rechercher ce qui est bon pour lui en écoutant les messages de son cœur qui, nous vous l'assurons, sont présents et n'attendent que d'être entendus.

Alors, non, *vous ne pouvez pas conseiller, décider, avoir un avis pour quelqu'un d'autre que vous-même*. Ainsi, si vous sentez que vous avez donné suffisamment à la personne qui souffre et que celle-ci vous fait souffrir, oui, vous pouvez décider d'arrêter de prendre des coups et vous retirer de la relation, sans culpabilité.

Nous vous le disons car souvent vous avez beaucoup donné parce que vous avez entrevu la capacité de guérison de l'autre. Vous sentiez qu'il pouvait voir le bout du tunnel, vous espériez toujours. C'est normal, car vous entrevoyiez les capacités de son âme, *le contrat d'âme à âme* fait ensemble et votre rôle d'aidant. Cependant, l'aide que vous apportez a ses limites et si celui qui souffre vous fait souffrir, votre rôle n'est pas d'être un *punching-ball* ! Sentez en vous qu'il est juste de vous éloigner de lui. L'arrêt de ce soutien peut être un détonateur qui aidera l'autre.

La femme d'Arnaud a fini par le quitter alors que son *contrat d'âme à âme* avait pris fin depuis longtemps. Elle croyait que son devoir d'épouse était de rester auprès d'Arnaud pour le soutenir, ce qui était le cas, jusqu'à ce qu'il devienne violent physiquement avec elle. À ce moment-là, son âme a rompu le contrat d'aide. Pendant près de quatre ans, son âme lui a donné l'information afin qu'elle s'autorise à quitter cet homme qui la démolissait. Sa culpabilité a été grande, mais son instinct de survie a été plus grand encore. Ses guides, son âme, l'âme d'Arnaud et leur famille d'âmes ont approuvé cette décision, même si Arnaud a sombré ensuite.

Les contrats d'âme à âme sont en perpétuelle évolution, ils se font et se défont au rythme de ce qui se déroule sur Terre, en fonction du libre arbitre de chacun et parce que "l'histoire" n'est pas figée.

Écoutez-vous intérieurement pour sentir où est votre place, demandez de l'aide autour de vous et à vos guides pour surmonter ces épreuves. C'est ce que l'on appelle "prendre une décision en son âme et conscience", n'est-ce pas ?

Vous pouvez continuer à adresser de l'amour à cet être qui souffre, à penser à lui avec bienveillance, même s'il ne le voit pas, même s'il a pris ses distances avec vous. Retenez qu'il n'y a rien à juger, mais simplement à s'écouter. ”

Lorsque la personne dépendante veut sincèrement sortir de son addiction, toute l'aide nécessaire lui sera-t-elle accordée (sur tous les plans) ?

« Bien entendu, si elle le demande avec le cœur. Elle sera aidée par des personnes qu'elle croisera, des gens qui "s'en sont sortis", comme vous dites sur Terre, et tout sera fait pour la soutenir, mais elle seule prendra la décision. Le rôle de son guide est de l'aider et non pas de faire à sa place. »

Les enseignements délivrés par Arnaud

La libération post-incarnation

Lorsque Arnaud tombe dans le coma, son corps est à bout de souffle malgré son âge (moins de 50 ans). Son âme et les guides qui l'accompagnent considèrent alors qu'il est temps de mettre fin à son expérience humaine. Avant de prendre cette décision, plusieurs éléments sont évalués : l'état physique de son corps, son état d'esprit humain à ce moment-là (son addiction est à un point de non retour, sa femme, dernier rempart contre lui-même, est partie définitivement, il n'a plus la force d'avancer…) et son âme qui pense avoir été au bout de cette expérience.

Alcoolique depuis l'adolescence, son état de santé se dégrade jusqu'au coma hépatique. Durant ce coma, l'âme d'Arnaud est toujours dans son corps physique, mais il est inconscient. Sa conscience (son âme) continue d'exister et pour expulser la profonde colère et le sentiment de dégoût qui le ronge, elle passe par une phase de délires. Ils lui permettent d'évacuer une trop grande charge émotionnelle et préparent Arnaud à la première étape de la libération post-incarnation.

Nous demandons davantage d'explications à Cyléria concernant le coma d'Arnaud.

Cyléria :

« La charge émotionnelle que portait Arnaud au moment de son coma était telle que les guides qui l'accompagnaient ont saisi cette opportunité pour entamer son *processus de libération* puisque son corps physique était trop abîmé pour continuer.

Les charges émotionnelles sont comme des boulets que porte le corps, elles provoquent un effondrement vibratoire de l'être. C'est ainsi qu'il se retrouve dans le "bas astral". Comprenez que la décrépitude intérieure d'Arnaud, la vision qu'il avait de lui-même et de sa vie, étaient telles que son énergie, son taux vibratoire étaient extrêmement bas.

Le bas astral n'est pas un endroit, c'est un état. Il est parfois très difficile alors de trouver son chemin vers la lumière, vers sa nature céleste, vers ses guides qui sont en énergie, en vibration haute. Lorsque Arnaud libère sa colère, ses jugements, ses douleurs et qu'il se pardonne, alors ses vibrations remontent et l'ascension peut débuter. »

La décision de quitter la Terre est une décision mûrement réfléchie par l'âme et ses guides. Les circonstances de départ (maladie, accident, vieillesse...) sont une dernière leçon terrestre.

Le passage de la vie à la mort est différent d'un être à l'autre et le processus de libération post-incarnation l'est également. Lorsque le corps a rendu l'âme, cette dernière souhaite généralement revenir vers « sa Maison » auprès de sa famille d'âmes. Cependant, elle ne se défait pas si facilement de sa personnalité humaine, de son vécu et de ses ressentis, qui restent alors très imprégnés en elle.

« C'est bien mon père qui parle ! »

Les personnes qui viennent nous consulter pour entrer en contact avec un défunt sont souvent frappées de retrouver à travers nous l'une de ses expressions, attitudes ou trait de caractère... Un jour, en séance, une entité nous pousse à dire « Bonjour, p'tit con ! » L'intéressé éclate de rire et nous dit : « C'est bien mon père ! Vous ne pouvez pas vous tromper, c'était son expression. Il m'appelait toujours ainsi. »
Un autre défunt nous faisait du charme en nous lançant des clins d'œil. Nous en faisons part à sa belle-fille, et celle-ci nous confirme que, en effet, son beau-père était un véritable séducteur et qu'il avait pour habitude de clore une rencontre par un clin d'œil complice.

Une « jeune âme » aura besoin de soutien et de passer par toutes les étapes du *processus de libération post-incarnation* pour retrouver sa conscience d'âme. Le terme de « jeune âme » n'est pas associé à une notion d'âge, mais au nombre d'incarnations terrestres. Lorsque l'âme est plus aguerrie, ces étapes peuvent être rapides et elle peut alors « monter rapidement dans la lumière ».

Plus l'âme est riche d'incarnations terrestres, plus on peut la qualifier de « vieille âme ». Cependant, cette transition varie également en fonction de la charge physique, émotionnelle ou psychologique rencontrée durant son existence.

Bien que l'âme fraîchement libérée soit toujours accompagnée par ses guides, parfois elle ne les perçoit pas et se « perd », particulièrement lorsque sa personnalité humaine avait de fausses croyances sur le Jugement dernier ou le néant, par exemple.

Arnaud nous explique comment son processus de libération post-incarnation s'est passé :

Il entre dans une phase de coma et de délire où il revit ses heures les plus sombres afin d'évacuer la charge émotionnelle. Il perçoit la présence de son guide qui l'oriente vers une compréhension plus juste de son vécu.

L'âme quitte son corps et la mort du corps physique survient. À présent, il n'est que conscience et énergie mais sa personnalité humaine reste vivace. Il crée, avec sa conscience, des lieux pour se rassurer (un bar, sa maison).

En visionnant le film de son existence, il débute *son bilan de vie*. Il prend conscience de tout ce qui a constitué sa vie comme s'il la regardait au microscope. Au fur et à mesure de sa compréhension, de son acceptation, il s'apaise puis s'élève vers des sphères plus lumineuses pour retrouver « sa Maison » et sa famille d'âmes.

Comme pour Arnaud, l'âme trouve le chemin qui va la ramener, à son rythme, dans sa véritable vibration d'âme, « sa Maison ». Au fur et à mesure de son ascension, elle s'effeuille de sa personnalité humaine. Imaginez un grand escalier avec des paliers. Notre échange avec Arnaud lui a permis d'ouvrir la porte et de monter une autre série de marches, vers un nouveau palier.

Le but du processus de libération post-incarnation et du bilan de vie est de prendre conscience de chaque acte, comportement (envers soi et envers l'autre), pensée, parole, réaction, émotion, relation, pour en tirer une leçon et évoluer, puis se dépouiller, petit à petit, des résidus de la nature humaine qui l'encombrent : jugements, croyances, interprétations, émotions cristallisées…

Progressivement, l'âme retrouve sa vibration et tout lui revient en mémoire : sa planification de pré-incarnation, sa mission de vie, ses accords d'âme à âme, sa véritable identité céleste.

Nous donnons le mot de la fin à Cyléria :

Ne plaignez pas Arnaud ! Au contraire, soyez heureux pour lui, parce qu'il avance sur son chemin de retour, vers ce qu'il est vraiment. Et là encore, il n'y a que lui qui puisse ralentir sa progression, comme vous lorsque vous êtes sur Terre. C'est vous qui freinez, c'est vous qui décidez, c'est vous qui avez votre vie en main, contrairement à ce que vous croyez. »

EN RÉSUMÉ

- Vous n'êtes pas seul face à l'addiction : en vous et autour de vous les soutiens et les aides nécessaires sont disponibles pour traverser cette épreuve.
- Humainement, tout passe par le prisme de vos souffrances. Prêtez attention à vos interprétations.
- Personne ne peut savoir pour vous, ne cherchez pas les réponses à l'extérieur de vous, mais en vous.
- Vous ne pouvez pas savoir ce qui est juste pour l'autre car seule son âme connaît la route à emprunter.
- Vous pouvez aider uniquement la personne qui le souhaite vraiment.
- Demandez de l'aide aux guides pour vous-même, pas pour l'autre, même par amour, vous le priveriez de son libre arbitre.

L'addiction :

- La personne dépendante n'est pas à juger.
- L'origine d'une addiction peut être :
  - La souffrance dans cette vie-ci (mécanisme d'autodestruction développé en réponse à la souffrance).
  - Une réminiscence d'une mémoire de vie antérieure (addiction déjà rencontrée dans une vie passée).
  - La réminiscence d'une souffrance d'une mémoire antérieure (mécanisme d'autodestruction en réponse à la souffrance).
  - La volonté de l'âme de vivre l'expérience de l'addiction pour la transmuter et développer des aptitudes (ex : un ex-alcoolique deviendra aidant au sein des Alcooliques anonymes).

Processus de libération post-incarnation et bilan de vie

- L'âme franchit différentes étapes qui l'amènent à se dépouiller, à son rythme, de sa personnalité humaine pour retrouver sa véritable nature.
- Un bilan de vie est réalisé par votre âme, avec l'aide de vos guides, sans jugement, afin d'en tirer une compréhension et des leçons de vie.
- L'âme retrouve les sphères spirituelles, son identité et sa famille d'âmes.

CHAPITRE 6

LES SORTIES DE CORPS

Luca : l'ambition foudroyée par l'ego

Nous nous rendons avec impatience à notre rendez-vous « énergétique » avec Cyléria. Quelle rencontre et nouvelle histoire de vie passionnante nous a-t-elle réservées ? Elle nous accueille et nous désigne deux fauteuils libres autour d'une table ovale où siègent d'autres êtres de lumière. Nous avons l'impression que nous allons assister à une réunion. Nous recevons des informations comme on télécharge des données. Humainement, nous ne les comprenons pas, peut-être plus tard… Nous avons l'habitude, c'est signe que nous devons lâcher l'intellect, notre mental et faire confiance.

Puis Cyléria nous dit qu'un être a hâte de nous faire part de son histoire de vie. Nous voyons venir un homme dont le corps semble abîmé, soutenu par des sortes de béquilles. Sa démarche est de guingois, mais au fur et à mesure qu'il arrive vers nous son physique change ! C'est un homme jeune qui nous rejoint. Il nous donne l'impression de se tenir comme un danseur, droit, fier. Nous le laissons s'exprimer.

Le message de Luca

« Bonjour, je me présente à vous, je me nommais Luca. Je vivais en Espagne. Mon rêve était de combattre les taureaux. Je voulais revêtir un "habit de lumière", comme on dit aujourd'hui, être admiré et, surtout, regardé par les femmes. Je voulais avoir une renommée, être quelqu'un.

Je suis né dans une famille pauvre dans le sud de l'Espagne et je n'avais pas beaucoup d'autres choix que d'être un ouvrier agricole. Mes parents ont tant souffert de la faim, du peu d'argent… Difficile de joindre les deux bouts… Gratter la terre, cela, je n'en voulais pas.

J'ai quitté le foyer très jeune. De toute façon, il était difficile pour mes parents de nous nourrir. Mes frères et sœurs (beaucoup sont morts en bas âge) et les autres étaient, comme moi, mal nourris. Je suis remonté vers le centre de l'Espagne et j'ai rejoint une manade[1]. Je voulais absolument me faire embaucher comme ouvrier pour approcher les taureaux et essayer de me faire remarquer.

Je ne me suis épargné aucune peine. J'ai travaillé d'arrache-pied. Je ne savais pas monter à cheval mais lorsque l'on m'a posé la question, j'ai répondu que oui. La peine que j'ai ressentie dans mon corps car je n'avais pas d'équilibre ! J'ai eu un mal fou à tenir sur ces canassons, mais plutôt mourir que d'avouer mon

1. Une manade est un élevage de chevaux ou de taureaux en liberté conduits par un gardian.

incompétence. Ils l'ont bien remarqué mais n'ont rien dit. J'ai même été encouragé par certains, qui revoyaient sans doute en moi leur chemin de jeunesse. Je me suis retrouvé au milieu des prés, avec ces taureaux qui m'ont fait peur par leur stature (que du muscle !). J'étais nerveux, pas du tout sûr de moi. Je me demandais même : "Mais qu'est-ce que je fais là ? Suis-je stupide à ce point ?" Ma belle assurance a disparu dès que j'ai été en contact avec ces animaux imposants, noirs et au regard fixe.

Je ne voulais pas dévier de ma route. J'avais décidé que j'y arriverais, alors j'ai commencé en bas de l'échelle, j'ai appris le métier de manadier et à reconnaître les taureaux difficiles, ombrageux, les combattants ou encore ceux qui ne souhaitaient pas se battre. J'ai appris et appris encore, car mon but était d'arriver à porter "l'habit de lumière".

Bien entendu, je racontais autour de moi que je voulais entrer dans l'arène, m'entraîner et, un jour, à force de leur casser les oreilles, ils m'ont mis au défi. Ils m'ont fait entrer dans l'arène d'entraînement, avec un taureau pas très sympathique. Ils voulaient en faire un jeu et surtout m'enlever l'envie de devenir toréador. Ce défi devait me faire comprendre que cette vie dont je rêvais n'était pas faite pour moi.

Je suis entré dans l'arène la peur au ventre. Ils étaient tous là à me regarder. Je n'avais pas d'expérience dans ce milieu très fermé. Je me suis retrouvé face à l'animal. Il n'était pas énorme mais il me paraissait tellement imposant… Une tonne de muscles !

J'étais comme paralysé. Et puis les autres ont commencé à l'exciter pour le faire bouger. Je ne savais pas comment me tenir face à l'animal. J'avais observé les hommes dans l'arène, mais pas suffisamment pour savoir comment faire. Quand la bête m'a chargé, j'ai fui à toutes jambes !

J'étais si terrorisé que j'ai couru au ralenti. Je me suis emmêlé les pieds et me suis fait tout seul un croche-pied ! En m'étalant de tout mon long, j'ai entendu l'animal derrière moi. Peur panique... Allait-il m'encorner ? Alors, tout a été très vite : il m'a marché dessus, j'ai senti mes os craquer et il s'est acharné sur moi ! Je ne suis pas parvenu à me remettre debout.

J'ai entendu du bruit autour de moi, des cris (ils ont essayé de détourner l'attention du taureau) et j'ai perdu connaissance. Je me suis réveillé sur un lit, j'ignorais où j'étais. J'avais mal partout, il n'y avait personne autour de moi. Mon corps me faisait mal et en même temps j'avais la sensation d'être sur un nuage. Je flottais tout en revenant dans mon corps.

J'ai fait ainsi des va-et-vient entre mon corps douloureux, cette pièce et ce nuage au-dessus de moi. Je ne comprenais rien, mais je sentais que j'allais mieux lorsque j'étais dans ce nuage où aucune douleur ne venait me chercher. J'ignore combien de temps cela a duré mais, à un moment donné, je suis retombé dans mon corps. Que de douleurs ! Il pesait lourd, une tonne ! Un homme est venu me voir pour me dire que je ne pourrais plus utiliser mes jambes... Il me l'a annoncé avec un tel détachement que j'ai mis du temps à comprendre.

Une fois seul, j'ai regardé mes jambes, essayé de bouger mes orteils, mes pieds, sans y parvenir. Qu'allais-je devenir ? Plus bon pour la manade, encore moins pour les travaux dans les prés et les champs. Le propriétaire de la manade m'a rendu visite, il voulait s'excuser de la stupidité de ses hommes. Les ouvriers n'avaient pas envisagé que ça tournerait à l'accident. Le taureau n'était pas très gros, mais la situation avait échappé à tout contrôle et la leçon s'est transformée en drame. Il a finalement accepté de me reprendre dans son domaine, mais je devais apprendre à me débrouiller tout seul pour me déplacer. Je n'avais que 14 ans.

Pour soulager leur culpabilité, ils m'ont appris à travailler le bois. Je réparais, construisais des pièces avec beaucoup de facilité. J'étais doué pour être un bon menuisier ébéniste : le bois me parlait, je le sentais bien entre mes mains ; nous dialoguions ensemble.

Pourtant, je ressentais beaucoup de colère contre mes collègues qui m'avaient joué ce mauvais tour. Je ne pouvais plus être dans la lumière et les filles ne me regardaient qu'avec pitié pour ce corps déformé.

Mon orgueil m'avait fait croire que je pouvais affronter un taureau alors que je n'avais aucune expérience.

Au fil des années, mes mains sont devenues expertes. J'avais un travail, on m'acceptait avec mon handicap, mais je restais le pauvre idiot qui s'était fait avoir. Ma vie, mon rêve étaient fichus. Même si je pouvais me mouvoir assez "facilement" malgré mon handicap, ma vie n'était pas si facile.

Pour oublier, je suis devenu, sans m'en rendre compte, un ivrogne, un pilier de bar asocial. J'ai commencé à me recroqueviller sur moi-même, à boire tous les jours pour oublier ma condition. Du coup, mes réparations, mon travail avec le bois perdaient de leur qualité, de leur précision : je ratais, je m'énervais, je me blessais les mains. Je devenais irascible.

J'étais encore jeune, je venais juste d'atteindre la vingtaine, mais je me sentais vieux, très vieux, en bout de course. Qu'est-ce que la vie pouvait m'apporter ? Je ne porterai jamais “l'habit de lumière”, je ne serai jamais admiré, aimé, applaudi. Je ne recevrai pas les honneurs. Je ne pourrai jamais sortir de ma condition et avoir plus d'argent que mes parents, ni les plus belles filles, ni briller dans leurs regards... J'étais un moins que rien au corps déformé, marchant avec des bouts de bois !

Et puis, un petit jeune – comme moi à l'époque – est arrivé en soutien dans la manade. J'ignore pourquoi, mais il était attiré par moi et venait me rendre visite dans mon local à bois. Il a commencé à me raconter ses rêves qui étaient les mêmes que les miens à son âge. Il venait justement pour apprendre à toréer ; il avait été repéré.

Une colère monstrueuse est montée en moi. Pourquoi lui et pas moi ? Une jalousie énorme m'a submergé. Je désirais de tout mon être qu'il échoue. J'étais mal et ne supportais plus la vue de ce gamin. Je me suis mis à boire, encore et encore.

Les jours passaient et ce garçon était entraîné avec des petits taurillons. Il avait de la souplesse et de la grâce, il était fait pour cela. Je n'entendais que des compliments à son sujet, ce qui ne faisait que renforcer ma colère. Et la haine pour ce garçon est venue poindre en moi.

J'ignore comment, mais j'ai échafaudé un plan pour qu'il connaisse la même mésaventure que moi. J'ai commencé à lui raconter que pour devenir un véritable homme, il fallait affronter le taureau le plus imposant, le plus lourd. Que celui-ci allait bientôt arriver (je savais qu'un taureau fort et vigoureux allait être choisi pour un combat devant la cour du roi).

J'ai monté sciemment la tête à cet enfant pour qu'il rêve de rencontrer l'animal, de le toucher et de rentrer dans sa stalle. Cela m'a pris plusieurs jours ! J'étais sobre dans ces moments-là.

Puis l'animal est arrivé. Très peu de personnes devaient être en contact avec lui afin de garder sa “sauvagerie”, pour qu'il soit “frais” pour le grand jour. J'ai tout fait pour que l'enfant soit attiré par l'animal et pénètre dans son enclos, ce qu'il a fait, un soir. Je lui avais donné des conseils qui étaient à l'inverse de ce qu'il fallait faire. Je suis allé me soûler le soir où il m'a dit qu'il était prêt.

Il a été retrouvé le lendemain, au petit matin, piétiné, mort, mis en bouillie sous les sabots de l'animal. J'ai cru que cela m'apaiserait, mais pas du tout. Cela s'était encore plus mal fini pour lui que pour moi. Quoique, peut-être qu'il m'aurait fallu mourir plutôt que de vivre avec ce handicap.

C'était la panique, tout le monde se demandait comment l'enfant avait eu cette idée saugrenue. Certains ont eu des doutes sur moi ! Je leur ai menti de façon éhontée, droit comme un I, du moins comme je le pouvais, jurant et crachant au nom du Seigneur que je n'y étais pour rien. Comment moi, l'handicapé, j'aurais pu souhaiter la même vie à un petit ?

La honte, la culpabilité ne me lâchaient plus. Qu'avais-je fait pour nourrir autant de ressentiment, de jalousie, de haine ? Et c'est un jeune innocent qui avait trinqué ! J'étais un monstre.

Je ne dessaoulais plus. Je ne me sentais plus moi-même et encore moins le droit de rester en vie. Je ne pouvais plus travailler. Je ne savais même plus quel jour nous étions. Il me fallait en finir, mais avec panache, faire passer mon suicide pour un accident, afin que je puisse tout de même partir avec les honneurs, et pas comme un lâche.

Une nuit, j'ai pris un chariot léger et suis allé au centre des terres de la manade, où je savais qu'était réuni un groupe de taureaux sélectionnés pour leur force. Personne n'y rentrait sans y faire très attention, et toujours à plusieurs afin de prévoir un accident et repousser le taureau agressif, si nécessaire.

Je suis entré dans cet espace comme dans une arène. J'étais l'homme à l'habit de lumière qui allait se confronter au plus redoutable des taureaux. J'ai pris quelques rasades d'alcool pour me donner du courage et attendu le lever du jour. J'ai appelé les animaux pour qu'ils viennent me voir. J'ai excité le troupeau en gesticulant, en faisant tournoyer un morceau de tissu au-dessus de ma tête puis contre le chariot. J'avais pris soin de détacher le cheval afin qu'il échappe à cette bataille qui arrivait.

J'ai entendu la cavalcade des animaux. Ils sont venus, tous ensemble, prêts à frapper, à détruire le chariot. Je me suis laissé tomber au milieu d'eux. Je savais que j'allais me faire piétiner comme le garçonnet. Ce n'était que le juste retour des choses, une justice que je m'infligeais.

La mort est venue. J'ai ressenti la même chose que lors de mon accident. Je flottais au-dessus de ce corps que je détestais. Je ne ressentais rien d'autre que du froid. Je voyais les animaux s'acharner sur ce pauvre corps, un fétu de paille.

Je m'étais cru en enfer sur Terre, mais c'est de l'autre côté que je l'ai connu. La douleur a été insupportable, je me suis senti pris dans un étau, comme un corps sans corps mais qui avait mal. Je me sentais torturé par quelque chose que je ne voyais pas, mon corps était comme dans une prison. J'avais la sensation d'être hanté, assailli de toutes parts, sans en comprendre les raisons. J'étais mort. Je ne devais "donc" rien ressentir et, pourtant, j'avais l'impression d'être plus vivant qu'avant. Je pouvais me mouvoir, mais compressé dans une sorte de mélasse que je ne voyais pas. Tout ceci était très inconfortable, bien plus que lorsque j'ai perdu mes jambes.

Je sentais une odeur nauséabonde autour de moi. Étais-je en train de pourrir ? Cette odeur venait-elle de moi ? Je n'avais pas de repos, je me sentais si fatigué ! C'était très étrange car je savais que j'étais mort. Je ne comprenais pas ce qui m'arrivait. Le plus difficile était à venir. Je le sentais dans toutes les fibres de mon être. Je me sentais assailli par des formes qui ressemblaient toutes à ce gamin, Carlito, que j'avais poussé à l'accident mortel.

Que me veut-il ? Me hanter, comme je l'ai fait avec lui ? Cela devient incessant, des attaques de chaque instant ! Il me hante de plus en plus fort. J'essaie de m'échapper, je ne peux pas… J'essaie de me "boucher les oreilles avec mes mains", rien n'y fait ! Que de douleurs ! J'ignore combien de temps cela a duré mais, pour moi, ce fut une éternité sans une seconde de repos. Des attaques "physiques", émotionnelles… Je percevais des ombres, des poids, des formes, j'entendais des grondements sourds… Mon "corps" se rétrécissait, les douleurs étaient insupportables, je suppliais que l'on me laisse tranquille. J'ai même prié le Seigneur (auquel je ne croyais pas) pour que tout cela cesse enfin !

J'ai demandé à cet enfant d'arrêter de me terroriser, de me garder prisonnier. Je lui ai dit qu'il tenait sa vengeance, sa revanche, qu'il avait gagné, que je me rendais, qu'il pouvait prendre mon âme, que je la lui donnais. Mais ça continuait encore et encore. J'ai cherché des excuses dans la vie que j'avais eue, je me suis senti victime de celle-ci. J'en ai voulu à ce Dieu auquel je ne croyais pas, à ces hommes qui m'avaient joué ce mauvais tour. J'en voulais à la terre entière et, plus j'en voulais aux autres, plus la douleur se faisait intense. Je me sentais brûlé au fer rouge, comme on marque le bétail. Pour moi, rien n'était compréhensible. J'étais fatigué de hurler, d'avoir mal, de tourner en rond, sans en avoir conscience.

À un moment, j'ai capitulé. J'ai hurlé aux ombres de cet enfant, qui se démultipliaient, que je regrettais ce que je lui avais fait subir, que j'avais reproduit bêtement ce que les autres m'avaient fait et que je n'avais tiré aucune leçon de mon malheur. Au lieu de l'aider, je l'avais enfoncé. Au lieu de le soutenir dans son aventure, je l'en avais privé comme l'avaient fait les autres avec moi. Je ne valais pas mieux qu'eux. J'étais même pire, puisque j'avais souhaité la même vie que la mienne à un enfant qui m'avait fait confiance justement parce que j'étais handicapé ; il m'avait pris pour un sage…

J'ignore comment cela est arrivé mais tout s'est calmé autour de moi. J'ai eu l'impression que la cage dans laquelle j'étais s'ouvrait et j'ai pu voir que tout s'éclaircissait autour de moi. C'est indescriptible, cette manière de sortir de "l'enfer".

J'ai vu un être lumineux venir vers moi et me féliciter pour m'être sorti de ma propre prison. Je ne comprenais pas ce qu'il me disait : "Ma propre prison ? Mais on m'y a mis ! Mince ! Ce n'est pas de ma faute !"

Il m'a regardé de manière très indulgente et m'a demandé de le suivre puis de m'asseoir. Je me suis assis sur quelque chose que je ne voyais pas mais que j'ai senti me porter. Puis, devant moi, j'ai vu s'animer le "mur" sur lequel défilaient les images de tout ce que j'avais vécu depuis ma mort.

J'ai alors compris que la prison que je venais de quitter m'appartenait : c'est moi qui l'avais construite par mes pensées, mes croyances, ma culpabilité, mes agissements, la mort de Carlito, la vengeance, les vapeurs d'alcool, l'inconséquence de mes actes… J'ai créé la douleur, ces horreurs que je me suis infligées ! Comment ai-je pu faire cela ?

Cet être lumineux restait à mes côtés, imperturbable, sans mot, sans commentaire, ni oui, ni non, devant mon effarement. Puis, ma vie terrestre, cette fois-ci, a commencé à défiler, toujours à l'envers. D'abord, ma mort : les animaux n'ont pas été responsables de ma mort. C'est moi qui leur ai demandé de venir à moi. Je leur ai demandé cette faveur. Ils n'étaient pas d'accord. Il m'a fallu négocier âprement avec eux, les convaincre. J'allais en effet entacher leur "réputation" car ils ne sont pas des tueurs d'hommes, bien au contraire. Et par trois fois ! La première quand le taureau m'a piétiné, la deuxième qui a tué Carlito et une troisième fois pour me donner la mort.

Jamais ils n'ont été responsables. Nous étions des étrangers, je pénétrais sur leur territoire et ils n'ont fait que se défendre. Quel don d'amour ils m'ont fait ! Aujourd'hui, j'ai un respect immense pour ces "animaux" qui ont été sur ma route pour me faire grandir. Cela peut surprendre, mais mon histoire ne s'arrête pas là.

Voici tout ce que j'ai découvert en regardant ces images défiler sous mes yeux. Au fur et à mesure, je réalise que je n'ai rien compris à ma vie terrestre. J'ai vu jusqu'à ma naissance, puis tout bébé, mais aussi bien avant ma naissance, et je suis allé de surprise en surprise.

Je vais vous raconter ce qui n'est peut-être pas racontable, et surtout, ce que tous les humains ignorent. C'est vrai que si l'on savait, tout serait autrement !

Apparemment, j'ai vraiment fait le choix de revenir sur cette Terre et de reprendre un habit humain, car je souhaitais de tout mon être, "réussir" cette aventure, mais elle ne s'est pas déroulée aussi bien que prévu !

Je me suis laissé rattraper par mes vieux démons, de vieilles "habitudes". Tout s'est déroulé comme prévu au début, de ma naissance jusqu'à mon accident. J'avais choisi qu'il m'arrive un gros choc pour me permettre d'affiner des connaissances sur moi-même et surtout pour aller au bout d'une activité, recevoir de la reconnaissance, de l'admiration pour mes talents. Je me suis trompé de "talent".

Cet accident devait effectivement me laisser handicapé et me permettre ainsi de travailler avec mes mains, d'avoir des "mains en or". Pas uniquement pour remettre en état un outillage ; je me devais de devenir le "meilleur", un inventeur, avec ce matériau que représente le bois. J'aurais dû susciter l'admiration et ainsi "sortir" de la manade pour pouvoir continuer mon art, de manière plus en vue, servir les grands de ce monde, les notables… Au lieu de cela, je me suis enferré dans ma situation, me donnant le rôle de la pauvre victime alors que je n'ai été victime que de moi-même ! C'est un comble n'est-ce pas ?

J'ai eu une vie minable, non pas à cause des autres, mais à cause de moi-même. Je n'ai pas su rebondir après mon handicap pour faire une chose plus grande que moi, du moins différente de mes habitudes, de ma manière de penser. Je n'ai pas vu la grande porte qui s'ouvrait à moi pour prendre une autre direction, bénéfique pour moi.

À la place, j'ai pris une voie sans issue. J'ai repris d'anciennes habitudes (vies antérieures) où, pour échapper à la réalité, je m'alcoolisais plus que de raison. J'en ai causé des dégâts avec cette addiction ! Et j'ai recommencé, sans en avoir conscience. Ma motivation était loin d'aider mon prochain. Elle était de faire glisser l'autre au même endroit que moi. Mais l'amour dans tout cela ? Je ne me suis pas aimé, ni respecté. Je ne me suis accordé aucune ouverture. Je me suis laissé couler avec une facilité extraordinaire parce qu'il est tellement plus facile de se venger, de se sentir victime, que de prendre son "destin" en main et de faire des choix en fonction de ce qu'il y a de bon au plus profond de nous, caché sous des couches et des couches de ce que l'on croit être de la douleur. J'ai caché mon soleil, ma lumière intérieure, tellement profondément en moi que je n'ai pas su bénéficier de l'un de ses rayons.

Ma vie a donc été terne, faite de ressentiments et d'aigreur. Quelle n'a pas été ma colère d'apprendre tout ceci lorsque j'ai vu et entendu les choix que j'avais faits avant de venir sur cette Terre, les accords passés avec mes "ennemis", ma famille, Carlito.

Ah ! Carlito ! Nous avions prévu que je le prenne sous mon aile et lui transmette mon savoir mais aussi que je le soutienne dans la carrière qui aurait dû être la sienne. C'est pour cette raison qu'il m'a fait une confiance aveugle. Pour lui, j'étais comme un maître. Cette confiance, il l'a payée cher et, évidemment, je me suis senti laid d'avoir considéré cet enfant comme mon ennemi et non comme un fils, un jeune frère ou un fidèle compagnon de route. Lui aussi a bifurqué de sa route. Même jeune, son ego lui a joué des tours, sa naïveté également. Il n'a pas su écouter ses freins intérieurs qui lui disaient que je n'étais pas quelqu'un de fiable. Pourtant, tous les autres "collègues" l'avaient mis en garde contre moi, mais rien n'y a fait : il s'est laissé embobiner par mes paroles. Je m'en suis voulu pour tout cela. Je me suis isolé des autres alors qu'au contraire j'aurai dû illuminer leur vie, leur quotidien, par mon art.

Je ne voulais pas croire à ce que je voyais défiler, aux émotions que je ressentais encore plus vivement que lorsque je les vivais dans mon corps physique. C'était une sensation terriblement déstabilisante, je me considérais comme un être humain abject qui méritait ce qui lui arrivait. Pourtant, même en cherchant à éloigner tout ceci de moi, je *savais* que tout était vrai, qu'il n'y avait aucun mensonge.

Comment revenir en arrière ? Était-ce possible ? Revoir Carlito, lui expliquer, m'expliquer ? Je me sentais totalement perdu dans ce dédale de pensées. Ces instants ont été très difficiles à vivre.

Pourquoi, à aucun moment, n'ai-je choisi la voie de l'amour et de l'entraide au lieu de poser des pièges imbéciles ? J'aurais dû renverser les choses, c'était possible, et pourtant je ne l'ai pas fait, mon cœur était trop sec.

L'être lumineux près de moi m'a laissé vivre mes contradictions, mes colères, ce que j'aurais dû faire. J'ignore le temps que cela m'a pris, mais j'ai eu l'impression de faire des allers-retours incessants sans trouver de réponse, sans m'apaiser, vivant ma colère, ayant même besoin d'un verre d'alcool (bien entendu, je n'ai pu en avoir).

J'ai vécu cela comme une cure de désintoxication. J'étais dans des moments de manque absolu ! Mon corps d'énergie devait apprendre à se sevrer. À d'autres moments, j'avais la sensation de sortir du tunnel, pour mieux y revenir, jusqu'à ce que tout ce qui avait été vécu soit intégré, jusqu'à ressentir un apaisement de tout mon être. J'ai vécu tout ceci comme une bataille, mais uniquement avec moi-même. Seul. Je n'avais personne sur qui reporter ma mauvaise foi et je ne pouvais en aucun cas jouer les victimes. Je n'ai pas vu de diable, ni de Dieu ! Personne n'est venu me cramer les pieds et me jeter tout entier dans le feu, ni me clouer au pilori et encore moins me crucifier. Cet isolement a été pour moi d'une absolue nécessitée car j'avais vraiment besoin de faire le point avec moi-même. J'ai eu du mal à me regarder, mais chaque "jour" m'a apporté un peu plus de dépouillement. Laisser derrière soi sa "personnalité", son "rôle" sur Terre n'est pas aussi simple que l'on pourrait le croire. L'empreinte est vivace, surtout pour moi qui réclamait mon alcool sans cesse, croyant, comme sur Terre, que cela allait tout résoudre plus vite. Mais ces instants sont involutifs, ils indiquent les résistances fortes en soi et empêchent d'aller de l'avant.

Comme une mauvaise fièvre, je suis resté ainsi un temps certain. Le temps, ici, n'a pas de prise (pas de lever ni de coucher de soleil), donc la notion du temps n'est plus la même que sur Terre. Il y a des moments de grosses fièvres où l'on est pris par le délire, puis des temps d'accalmie, avant que la fièvre ne reprenne de plus belle, et ainsi de suite. C'est ainsi que l'on se dépouille, petit à petit, de cette vie terrestre pour en garder la quintessence et surtout apprendre sur soi.

Qu'ai-je appris ? Que j'avais une ambition, non pas pour évoluer, mais pour en mettre plein les yeux aux autres. Or, l'ambition est un moteur pour nous faire avancer, pour nous mettre sur notre chemin,

faire renaître nos talents. Vouloir briller aux yeux des autres n'est pas louable, au contraire, cela nourrit l'ego, l'extérieur, mais pas l'intérieur de soi.
Je n'ai pas de regret. J'ai appris à regarder cette vie avec beaucoup de compassion et d'amour pour moi-même. Le chemin n'a pas été facile, même si se détruire est une voie comme une autre. J'ai appris sur moi-même, sur mes faiblesses. Je sais que, lorsque je retrouve un corps humain, j'ai tendance à m'alcooliser par facilité. Je sais que je dois choisir d'avoir le dégoût de ce genre de chose pour que je ne puisse pas retomber dans mes travers.
J'ai eu également l'occasion de "revoir" tous les êtres que j'ai croisés sur ma route d'humain. Nous avons fait le point. Nous nous sommes expliqués sereinement, car j'ai bien compris qu'ils avaient agi comme moi, en oubliant qui ils étaient, ou par "instinct".
J'ai pu revoir également Carlito. Il m'a dit m'en avoir voulu pendant longtemps. N'ayant pas compris ce qu'il lui était arrivé avec le taureau, il avait cherché à me parler, puis quand il a réalisé qu'il n'avait plus de corps, il a été dans une énorme colère contre moi. Son "esprit" m'a fait boire plus que de raison. Il est vrai qu'il a hanté mes pensées jusqu'à ma mort. C'est lui qui ne me lâchait pas ! Je ne peux lui en vouloir, je n'ai eu que ce que je méritais.
Lui et moi avons décidé de revenir ensemble sur Terre, comme mère et fille cette fois. Je me dois de l'encourager dans la voie professionnelle qu'elle aura choisie. Elle pourra s'appuyer sur mon aide indéfectible, mais elle devra aussi apprendre à développer son discernement. Moi, je devrai ne plus me laisser

tenter par une forme d'addiction. Rien n'est encore fait, mais nous y travaillons tous ensemble, comme à un scénario de film.

Si je peux me permettre une réflexion, je dirais que rien n'est jamais gagné d'avance lorsque l'on arrive sur cette Terre. Tout a l'air bien ficelé, cela nous donne confiance, et puis un petit rien peut venir enrayer cette belle histoire que nous avons planifiée. Il n'y a pas à réussir, mais simplement à apprendre à s'écouter, s'observer et, la plupart du temps, dès que l'on est emprisonné dans un corps humain, l'oubli s'installe. L'oubli de là d'où nous venons et de ce pour quoi nous voulons venir sur cette Terre, c'est-à-dire en apprendre un peu plus sur nous-mêmes, avec les autres.

Il s'agit toujours de passer des étapes, de sauter les obstacles mais, souvent, nous ne croyons pas en nous lorsque nous sommes humains, et tout prend une autre coloration, un autre sens, une autre voie. Cela ne veut pas dire que nous avons fait fausse route. Tout est expérience et la négativité n'existe pas. Gardons toujours l'espoir et félicitons-nous du chemin parcouru, même si nous avons dévié. Nous avons ainsi appris autre chose. C'est toujours cela d'acquis. Je ne regrette pas mon parcours car, aujourd'hui, j'en perçois toute l'utilité.

Mon ego m'a amené à me "perdre" sur Terre, mais mon âme n'est pas perdue, bien au contraire. Je ressens une certaine force d'avoir été dans cette sorte de perdition aux yeux de l'humain. Elle me donne des ailes pour revenir sur cette Terre. J'ai une telle envie d'aider les autres, surtout Carlito, de me mettre à son service. Je souhaite sortir de ma condition de victime humaine pour prendre conscience que je suis un être responsable, et que j'ai choisi cette nouvelle vie. J'espère que, cette fois-ci, elle me permettra de ne pas oublier qui je suis et quels sont mes objectifs. Je vais me faire confiance ainsi qu'à Carlito et à tous les êtres qui vont nous accompagner dans cette nouvelle aventure terrestre qui approche.

Merci de m'avoir écouté et sachez que je n'ai pas honte de mon histoire comme j'ai pu en avoir honte à l'époque de ma mort terrestre. Les choses se digèrent peu à peu et d'autres êtres nous aident à mieux comprendre les comportements humains. Cette analyse de nos vies est essentielle à une forme de compréhension qui n'a rien à voir avec la compréhension intellectuelle humaine. Difficile d'expliquer cela avec des mots, disons que cela rentre dans la mémoire "cellulaire" de notre âme, dans notre énergie, et nous fait grandir un peu plus à chaque pas.

Merci à vous tous qui me lirez de ne pas émettre de jugement car nous sommes tous des êtres miroirs les uns des autres. Nous sommes tous pris, à un moment ou à un autre, dans le miroir de l'illusion.

Merci.

Ex Luca ”

Nous n'allons pas quitter Luca car son histoire est passionnante et d'une grande sincérité. Le regard qu'il semble poser sur lui nous paraît sans filtre, lucide et limpide. Nous avons senti une grande différence d'énergie entre le début et la fin de son témoignage, nous faisant vivre ses émotions au fur et à mesure qu'il nous a fait traverser son histoire. Nous le sentons en paix avec lui-même et nous avons des tas de questions à lui poser.

Temps d'échanges avec Luca

Pour quelle raison fallait-il absolument que tu sois dans la lumière en devenant toréro et pas dans une autre profession ?

« Lorsque j'ai programmé cette vie, je ne m'étais pas rendu compte des conséquences que cela allait avoir sur moi, une fois sur Terre. Il y a un tel décalage entre ce que l'on prévoit et ce qui est vécu. Avant tout, il me fallait me doter d'une ambition surpuissante car sans elle je n'aurais pas trouvé la force de quitter ma famille pour sortir de la condition sociale dans laquelle je suis né.

Je pensais qu'il n'existait qu'un seul moyen pour m'ouvrir les portes de la célébrité : devenir toréro. Ces hommes étaient admirés par tous. Ils étaient des demi-dieux ! Mais je ne possédais pas les qualités essentielles pour être toréro : le courage, la passion et l'amour de cet art. J'ai fantasmé cette vie de toréro qui était fort loin de la réalité. Ce que j'ai vu, c'était uniquement le résultat : être adulé. Je n'ai pas du tout perçu le travail qu'il fallait accomplir pour arriver à porter cet habit de lumière dont je rêvais. Pourtant, je portais en moi les graines pour devenir ce quelqu'un que je rêvais d'être. Mais ce n'était pas pour être toréador. Elles ont germé, mais pas comme elles le devaient, pas dans la bonne direction, ni sur le bon sol, car je les ai arrosées d'ego et d'orgueil. »

Tu dis que tu possédais en toi « les graines pour devenir quelqu'un ». Pourquoi était-ce si important pour toi ?

« Dans mon contrat initial, je devais exceller dans mon métier en associant mes mains au bois. En développant mes capacités et ma dextérité manuelle, en mettant à jour mon talent (c'est tout ceci que j'appelle mes graines, avoir tout en main pour réussir). Cela devait m'amener à côtoyer des gens importants dans ce monde : des familles renommées, des religieux, des hommes politiques, des financiers, des gens qui possédaient de l'argent tout simplement. Leur richesse devait me permettre d'accéder à mon art. J'aurais rencontré un bienfaiteur, des clients fortunés qui auraient pu commander mes œuvres dans les essences de bois les plus rares, et ma création aurait été sans limite.

La richesse n'était pas ma motivation. Je devais faire l'expérience d'être fier de moi et ressentir que j'étais une personne de qualité dont les mains étaient capables de créer des merveilles qui traverseraient les siècles. La reconnaissance des autres était un aboutissement et le moyen d'être fier de moi, de mon talent, de mon ascension sociale, de la personne que je devais devenir.

J'ai pris le contre-pied total. Je connaissais fort bien le bois car je l'ai travaillé durant plusieurs vies, mais sans aucune reconnaissance. J'ai construit des bateaux en bois, des charpentes, des maisons. J'ai fabriqué des meubles et même inventé des outils (pas aboutis mais, tout de même, l'idée était là).

En faisant le choix de venir sur Terre en la personne de Luca pour être quelqu'un de fier de soi, j'avais planifié d'allier les aptitudes et les talents que j'avais déjà exploités dans mes autres vies pour arriver au sommet de mon art et être enfin reconnu comme le roi des sculpteurs sur bois. Mes créations devaient donner du plaisir, de la joie, de la beauté, elles devaient interpeller l'acheteur, l'observateur. De mon côté, je devais prendre du plaisir, laisser mon être entier s'exprimer, comme transcendé par l'énergie créatrice. Je devais, à travers mon art, éclairer le monde par la lumière de ma création et non attirer la lumière sur moi de manière extérieure, en recevant des applaudissements et étant adulé. Pas facile d'incarner ce que l'on prévoit !

Voilà la vie que je m'étais prévue. Idyllique, n'est-ce pas ? L'humain Luca que j'ai été a sacrément bifurqué de sa voie initiale… Suis-je passé à côté de cette belle carrière qui m'était promise ? C'est un euphémisme… Mais je n'ai plus aucun regret.

Mon guide souhaite intervenir et vous dire ceci :

> "Bien que chaque âme ait organisé au mieux son voyage sur Terre, considérez-vous comme des aventuriers ! Qu'importent les chemins que vous empruntez : ils sont tous formateurs, même si vous vous êtes détourné de votre itinéraire prévu initialement. L'âme de Luca n'a pas failli, elle a laissé sa

personnalité humaine suivre le chemin de l'ego, de l'orgueil, de la dépendance, pour en vivre intensément les effets, aller au bout de cette expérience et en tirer une très belle leçon. Et c'est ce qui s'est passé. Ce fut une incarnation très importante pour lui car il a pu transcender certains aspects de sa personnalité, notamment ses parts d'ombres, et faire le chemin de retour vers lui, vers sa lumière.

J'entends certains d'entre vous dire : "Et toi, où étais-tu pendant qu'il se perdait, qu'il se faisait du mal, ainsi qu'à Carlito ? Pourquoi n'as-tu pas agi pour empêcher toutes ces catastrophes ? Tu n'as pas accompli ta tâche de guide en le protégeant, en l'aidant à retrouver ses objectifs, sa route."

Je vous répondrais que je me suis associé à ce qu'a souhaité son âme lorsqu'elle a décidé à un moment de se mettre en sourdine et de laisser faire sa partie humaine, en faisant une réactualisation de ses prévisions. J'illustre mon propos plus simplement, si vous le voulez bien : si votre âme a programmé un itinéraire devant l'amener dans le sud de votre pays, parce que c'est là qu'elle pourra accomplir au mieux son objectif, et que votre humain se dirige vers le nord, eh bien, votre âme et votre guide vont faire en sorte de vous adresser des messages, des signes, des rencontres, pour essayer de vous aider à retrouver la route du Sud. Mais vous restez aveugle aux signes et vous n'en démordez pas parce que votre raison, votre mental, vos croyances vous disent : "Au nord, toute !"

À un moment donné, votre âme et votre guide vont s'adapter car il n'y a plus moyen de faire revenir votre humain sur son chemin initial. Soyez rassuré, rien de grave. Nous sommes donc amenés à faire une révision indispensable de votre programmation initiale tout en continuant à être à vos côtés.

Nous ne nous effaçons pas, mais nous sommes comme un professeur qui regarde son élève : comment va-t-il se débrouiller avec ses acquis ? Que va-t-il en faire ? Nous allons nous mettre en retrait en le laissant tâtonner, se "tromper", pour qu'il prenne conscience, qu'il en apprenne plus encore sur lui-même. C'est ainsi que vous grandissez tous. Notre rôle est de vous aider mais aussi de vous laisser évoluer, tout en vous gardant à l'œil. Soyez certains qu'à aucun moment vous n'êtes abandonné et seul ! C'est vous qui vous coupez de votre âme et de votre guide. C'est aussi une expérience de votre libre arbitre. J'en ai fini, avez-vous compris le sens de mes propos ? Vous êtes des êtres libres accompagnés et non pas téléguidés, ce qui fait une énorme différence, n'est-ce pas ?" »

Merci beaucoup pour cette intervention très instructive.

Luca, pouvons-nous revenir sur l'accident qui t'a laissé handicapé ?

« Nous ne portons pas que nos talents, nos aptitudes et tout ce qui est positif en nous. Il y a aussi nos ombres qui sont présentes. Je savais que mon ego, mon orgueil, mes dépendances, mon envie absolue d'être admiré, d'attirer la gente féminine pourraient être réactivés dans ma personnalité humaine. Mon âme a choisi sciemment ce handicap qui faisait partie intégrante de mon contrat de base. Ce handicap avait pour but de me permettre d'explorer ce qui était encore utilisable dans mon corps : ma tête et mes mains. Je devais me concentrer sur elles pour ouvrir mes bras au travail du bois. »

Qu'as-tu appris de ce handicap ?

« Il y a ce qu'il devait m'apprendre et ce qu'il m'a appris. Il devait m'apprendre à remettre en question mes aspirations, à découvrir en moi ce que j'étais capable de faire sans mes jambes pour me déplacer correctement. Il y avait là tous les ingrédients qu'il me fallait pour que je me replace à l'intérieur de moi-même, pour apprendre l'adaptation, la flexibilité. Je devais me mettre en relation avec ma créativité. Je n'avais aucune aspiration spirituelle, religieuse ou philosophique, juste ma créativité, juste le plaisir de sculpter, de créer, de construire avec mes mains et d'y mettre de la beauté. Voilà ce qu'il devait m'apprendre.

Pourtant, je n'ai pas su accepter ce que j'étais devenu. Je n'ai pas su remettre en question ma vie et mes envies professionnelles, je n'ai pas su m'adapter. J'étais devenu, avec mon regard de l'époque, un moins que rien, un incapable. Je n'ai pas su trouver mes talents, pourtant ils étaient là, ils se sont montrés à moi. J'ai sculpté des petites statues qui méritaient et suscitaient l'intérêt autour de moi. Mais j'étais tellement écœuré de ma personne, tellement déçu de moi, que je n'ai même pas prêté attention à ces compliments. Pourtant, tout était là ! Comme des petites pierres sur un chemin pour me montrer la route que je devais prendre. Avec le recul, je peux dire que tout était là pour que je prenne la bonne direction, non pas durant quelques jours mais pendant plusieurs années. J'avais des opportunités. Je n'ai pas su les saisir parce que la haine, l'envie, la colère, la jalousie, l'égocentrisme avaient envahi et embrumé mon esprit et mon cœur. Il était ainsi assuré que ce handicap m'empêcherait, comme souvent j'ai pu le faire au cours de mes vies, de fanfaronner, de faire le beau sur mes deux pieds, d'être inconsistant, superficiel ! Il devait mettre fin à mes illusions et m'amener à bifurquer et renoncer à poursuivre un métier qui n'était pas fait pour moi et qui m'éloignait du bois. Peut-être aurions-nous pu trouver une autre manière pour que j'y accède, mais l'effet n'était pas assuré. Donc ce choix a été radical pour m'amener plus sûrement vers mon objectif. Je devais également apprendre à rebondir en transformant un écueil en une situation positive pour moi, à faire éclore et grandir les graines (tout mon potentiel) qui étaient déjà en moi. »

Tu évoques, par deux fois, l'expérience de flotter au-dessus de ton corps. Peux-tu nous en parler ? Nous appelons cela la décorporation ou sortie de corps. Est-ce juste ?

« Effectivement, lorsque j'ai vécu ce moment, je ne l'ai pas cherché de manière consciente, je ne l'ai pas demandé non plus. Cela s'est fait automatiquement, tout simplement. J'en ai même été très surpris. C'est une sensation qui m'a été agréable car j'ai perdu toute sensation de mon corps physique. Je ne sentais ni son poids ni sa densité et, surtout, je n'avais plus de douleurs. J'aurais aimé continuer à flotter ainsi dans cette "pièce nuage" mais, y rester, ce n'est plus avoir les pieds sur Terre !

Lorsque je suis descendu de mon "nuage", j'ai repris contact avec mon corps abîmé. J'ai ressenti des douleurs fulgurantes, l'impression d'étouffer, d'être enserré. Vous voyez l'image du génie qui retourne dans sa lampe ? J'ai eu la sensation de rentrer dans une bouteille trop étroite pour moi et ébréchée. C'était très inconfortable. Mon guide dit que cet épisode correspond à ce que vous appelez "coma".

Ensuite, j'ai fait des allers-retours entre pertes et reprises de conscience pour soulager mon corps, car rien d'autre n'aurait pu m'aider à supporter la douleur. Cet épisode était indispensable à ma survie.

Pour ce qui est de ma désincarnation (mort physique), c'était différent, tout en étant pareil. Il est vrai que j'ai senti que mon corps ne pesait plus rien. La différence, c'est que je pouvais assister à cette scène où je voyais mon corps piétiné par les taureaux sans ressentir aucune douleur. C'était surprenant, je ne savais pas trop ce qui se passait, mais je ressentais une forme de bien-être dans cette sensation de flottement. Cela n'a pas duré très longtemps. Je suis rentré rapidement dans ce trou noir. Après, c'est une autre histoire… Mais une chose est sûre, c'est que j'ai continué de vivre. »

Ta relation avec Carlito nous intrigue. Quelle était la nature de ta relation avec lui ? Pourquoi l'as-tu manipulé pour l'amener à l'accident, à son décès ? Qu'est-ce qui était prévu dans vos accords d'âmes ?

« Avec Carlito, c'est une très longue histoire. C'est même beaucoup d'histoires de vie. Notre rencontre devait être une véritable fusion. Nous devions avoir une relation très fraternelle, de cœur à cœur, et placée sous le signe de l'entraide. Cette fusion s'est produite. Nous étions fortement attirés l'un par l'autre, mais j'étais tellement piquant, alcoolisé, en colère… Je portais en moi tant d'aigreur contre les autres, la vie, moi-même. J'étais infréquentable et je ne faisais rien pour le devenir.

Lorsque Carlito est arrivé dans ma vie de Luca, j'étais déjà en train de dévier considérablement de mon itinéraire initial. J'aurais dû, depuis longtemps, être sur mon chemin, travailler le bois et commencer à avoir un petit succès d'estime, mais ce n'était pas le cas.

Je n'étais pas disposé à recevoir de l'amitié, et encore moins ouvert à la reconnaissance de nos deux âmes. Je ne pouvais supporter cet enfant, le futur auquel il était promis, la réussite là ou moi j'avais échoué. Pourtant, quelque chose en moi m'attirait vers lui comme un aimant. Mais l'amour que je devais avoir pour lui s'est transformé en haine, en rejet.

Nos accords d'âmes étaient que je devais être son ami, son confident, son grand frère, que je devais le protéger, être une épaule solide sur laquelle il pouvait s'appuyer pour devenir un bon toréro, pas le meilleur, mais un bon toréro. Notre amitié aurait illuminé mon cœur, ma vie ! Carlito ayant beaucoup d'humour, il m'aurait appris à sourire, à amener de la douceur en moi, à ne plus regarder mon nombril et à partager avec l'autre.

Comme vous avez pu le constater par vous-mêmes, cela n'a pas été le cas, même très loin de là, n'est-ce pas ? Dans l'humain, on oublie tout ! Au lieu d'être son ami, j'ai feint de l'être, je me suis comporté comme le diable. Je ne supportais pas qu'il puisse arriver là où j'avais échoué. Ma jalousie, l'envie n'ont pas été bonnes conseillères et je me suis laissé aller à mes bas instincts avec mes idées tordues. Oui, j'avais envie qu'il m'écoute, qu'il ait cet accident avec ce taureau, non pas qu'il en meure, mais qu'il soit handicapé comme moi ! Ainsi nous aurions été deux ! Quel égoïste, devez-vous penser…

Sa mort n'était pas tout à fait “prévue” car, lui aussi, avait à apprendre à écouter son intuition (son âme) et les signes (tous l'avaient mis en garde contre moi). Chose qu'il n'a pas su faire. On n'est pas parfait sur Terre et tant mieux ! Il aurait pu éviter cela, en refusant de m'écouter et surtout en n'allant pas au-devant de ce taureau. Il était déchiré entre sa puissante attirance amicale envers moi et son intuition qui lui soufflait de fuir ma compagnie. Tout est question de libre arbitre ! ”

Qu'as-tu ressenti, humainement, lorsque Carlito est mort en appliquant ton plan ?

« J'ai sombré de plus belle. Pourtant, je pensais être déjà profondément enfoncé dans la haine de moi-même, de ce que j'étais devenu. À cet instant-là, cela m'a donné le coup de grâce. J'avais atteint mon point de non-retour. Mon âme savait que je n'arriverais pas à retrouver mon objectif initial, que je m'enfonçais dans l'alcool jusqu'à ne plus avoir beaucoup d'instants de lucidité. Je devenais une épave. J'étais arrivé au bout d'un processus d'autodestruction que mon âme n'avait pas du tout orchestré.

Je vous le dis à tous : nous ne sommes pas des pantins que notre âme mène par le bout du nez ! Non ! Notre humain a une telle part de liberté, de libre arbitre, que nous pouvons jouer au sourd, à l'aveugle et faire tout le contraire de ce que notre âme a planifié au mieux pour elle. C'est cela aussi l'expérience de la séparation, de la dualité, comme vous dites. Simplement, en se positionnant ainsi, nous montons sur nos ergots de résistance et cela nous fait souffrir. Nous nous faisons souffrir nous-mêmes car nous nous combattons nous-mêmes ! C'est aussi une leçon. Tout est leçon, encore une fois. »

Dans ton programme initial, avais-tu prévu le suicide ?

« Non, pas du tout, puisque Carlito et moi devions être amis et nous entraider. C'est la mort de Carlito qui a mis le feu aux poudres. J'ai eu un éclair de conscience à ce moment-là. Je me suis perçu comme le roi des diables, le pire des hommes ! Je valais même bien moins qu'un animal. Le décès de Carlito aurait pu me faire réagir, me sortir de mon trou, mais non, je me suis enfoncé, encore plus, dans ma noirceur, dans l'alcool.

Et puis, je l'ignorais lorsque j'étais dans ma peau humaine, mais l'entité Carlito m'a hanté. Après son décès, il s'est collé à moi, il réclamait "vengeance". Il prenait un malin plaisir à me pousser à boire plus que de raison. Des comas éthyliques, j'en ai connus plus qu'à mon tour. J'entendais des voix dans ma tête qui me disaient des horreurs. Je me battais contre elles et, pour les faire taire, je buvais toujours plus. C'était lui qui voulait que je le rejoigne ; c'était de bonne guerre. Il faisait avec moi ce que j'avais fait avec lui. La conjonction de tous ces éléments faisait que je devenais fou. On me voyait parler et me battre avec l'invisible ! C'était avec Carlito, que personne ne voyait. Je devenais dangereux pour les autres et pour moi-même.

Ne pouvant plus me supporter, et le mot est faible, j'ai de nouveau réactualisé (inconsciemment pour mon humain) mon contrat de vie. Mon guide, mes conseillers et mon âme ont accepté que je mette fin à cette vie devenue invivable pour moi et pour les autres. Je ne pouvais plus rien en espérer. Ma déchéance humaine était telle ! J'ai donc mis fin à ma vie, sans aucun regret et en toute conscience. ”

Pourquoi avoir mis à contribution les animaux (taureaux) pour t'aider à mettre fin à tes jours ?

« Par lâcheté et parce que les taureaux avaient été des éléments clés dans mon histoire. Mon entêtement à vouloir être toréro ou même manadier, m'a tué, bien avant que je me suicide. Et puis, c'était une façon de leur rendre hommage. Ils ne voulaient pas de moi, ils m'ont vaincu. Et enfin, je me punissais pour la mort de Carlito. Je me devais de mourir dans les mêmes conditions que lui, piétiné sous les sabots de ces colosses majestueux et sauvages.

J'aimerais tant que le regard que l'humain pose sur les animaux change. Ce sont des êtres fabuleux, d'une grande richesse, dotés d'une âme. Nous nous entraidons avec certains d'entre eux. Dans mon histoire, je leur ai donné le plus mauvais rôle et pourtant ils ont accepté ma demande, par amour, pour m'aider à atteindre mon but, même si je m'étais éloigné de mes objectifs les plus prestigieux. Comme vous avez pu le découvrir, mon handicap n'était pas dû au hasard. Il a bien fallu que cet animal me piétine. Si je n'avais pas passé ce type d'accord avec lui, il serait passé à côté de moi sans me toucher. Il n'y aurait pas eu d'accident, pas de handicap ! Comprenez que nous mettons tout en place pour nous aider à coller au plus près à ce que nous avons planifié. »

Lorsque tu as évoqué ton arrivée de l'autre côté du voile, cela a semblé très compliqué pour

toi. Peux-tu nous en dire plus ? Est-ce cela que l'on peut appeler l'enfer ? Qu'as-tu fait pour en sortir ?

" Ce sont des étapes très difficiles à expliquer. Il faut en faire l'expérience pour les comprendre car ce n'est pas intellectuel, tout passe par le ressenti, notre état d'esprit, ce que nous avons vécu, nos illusions, nos résistances, nos croyances, nos interprétations, l'enchevêtrement des relations avec les autres. C'est comme si vous tombiez dans un trou noir et que tous les fantômes de vos erreurs, de vos doutes, de vos peurs venaient vous harceler. La plupart du temps, cela vient de nous, c'est nous qui produisons tout ceci. Pour moi, il n'y a aucun doute, j'ai créé moi-même mon enfer avec tout ce que j'ai vécu, refusé, fait. Et puis tout tourne en boucle en soi. Toutes mes pensées, mes actes, mes paroles, mes actions ont pris forme et m'ont "hanté". En les ressassant sans cesse, je me suis jeté dans ma propre prison.

Je comprends, maintenant que j'en suis sorti, que cette expérience était nécessaire. Mon fantôme principal était Carlito et il me fallait vomir toute cette haine que j'avais braquée sur lui, alors qu'elle était, à l'origine, la mienne. Cette haine, je l'avais contre moi, contre la vie, contre le fait d'avoir gâché tout ce potentiel que j'avais senti en moi, mais que j'ai refusé d'incarner.

Voyez-vous, si vous quittez votre habit humain en colère parce que vous avez été un être humain en colère, et bien, il n'y a aucune surprise à continuer à l'être. La mort n'est pas une remise à zéro. C'est pourquoi chaque passage de l'autre côté, comme vous dites, est différent pour chaque personne. Vous êtes face à vous-même, sans filtre. Après, il y a ceux qui refusent qui ils ont été, leurs actes, etc. et qui s'enferment dans leur propre prison, comme j'ai pu le faire, et puis ceux qui acceptent. Pour eux, le chemin de retour à eux-mêmes est un peu plus facile.

Mon guide souhaite intervenir à nouveau.

Le guide de Luca :

"Vous êtes tous des êtres *vivants*. L'expérience de l'incarnation sur Terre n'est pas une autre vie mais le *continuum* de votre Vie, au sens large du terme. Pour être plus simple : imaginez qu'à la naissance de votre âme, sa vie soit symbolisée par une bibliothèque. Elle est vide, vierge de toute expérience. Il n'existe que la structure de la bibliothèque : le bois, les rayonnages. Puis, au fur et à mesure de vos expériences, qu'elles soient terrestres ou dans d'autres mondes, vous ajoutez un livre sur les étagères de votre bibliothèque. Celle-ci s'enrichit à chaque voyage.

Lorsque l'âme quitte le corps physique, elle reste en vie et ses passages dans "l'entre-deux-mondes", comme vous l'appelez, est aussi une expérience, un voyage qui s'ajoutera tel un livre dans votre bibliothèque afin d'enrichir votre évolution. Est-ce plus compréhensible ?

En résumé, il y a une Vie, celle de votre esprit, que vous explorez sous toutes ses facettes et sous toutes ses formes quel que soit l'espace-temps par l'intermédiaire de votre âme."

Mon guide me redonne la parole.

Luca :

Je vais répondre à votre question "Comment ai-je fait pour me sortir de mon propre enfer ?" Je vais essayer de vous en faire la description. Je suis sorti peu à peu de l'ombre pour vivre des moments plus calmes et silencieux. C'était gris autour de moi, comme un léger brouillard. Ensuite, j'ai commencé à sortir de l'isolement dans lequel je m'étais mis. J'ai ressenti des présences autour de moi, certaines sont venues me parler. J'ai également revu Carlito et d'autres personnes : mes parents, mon employeur, mes collègues, etc. J'ai pu dialoguer avec chacun d'entre eux, dans le calme, avec moins d'émotion, plus de compréhension. Nous avons pu mettre tout à plat, il n'y avait plus de rancœur.

J'ai la capacité de prendre du recul et tout ce que j'ai vécu n'a plus la même importance. C'est la compréhension qui amène à cela, puis l'acceptation de ce qui a été vécu sur Terre.

Il y a eu aussi beaucoup d'êtres, des guides, qui m'ont aidé en discutant avec moi. J'ai eu accès à des informations sur certaines de mes autres expériences de vie qui m'ont expliqué les raisons pour lesquelles mon humain avait repris le chemin de ces travers. Notamment une vie où j'ai été un général dans l'armée. Je n'avais rien fait de spécial pour accéder à cette place tant convoitée. J'étais sérieux et travailleur, j'avais surtout un sens de l'analyse et une bonne connaissance du fonctionnement des hommes. J'avais, comme vous diriez aujourd'hui, un charisme naturel qui faisait que les hommes me respectaient. J'aimais briller en compagnie et je jouais du rang que me procurait ce grade de général. Je pouvais jouer aussi en devenant tyrannique et manipulateur. Rien ni personne ne me résistait !

En revenant dans le personnage de Luca, j'ai retrouvé ce désir de briller, d'être reconnu. Je voulais jouir à nouveau des prérogatives qu'avaient eues le général que j'avais été, mais cela ne fonctionne pas ainsi…
Cette expérience en tant que général des armées m'a influencé. Cette vie (dont j'ignorais tout à l'époque de Luca) me laissait comme un goût amer, quelque chose d'inachevé. Alors, en Luca, je suis devenu un moins que rien, un handicapé, et je pense que ce général aurait abattu sur-le-champ un soldat de sa garde qui aurait été dans le même état. C'est pour cela que je ne me suis pas supporté ainsi. J'ai pu me pardonner ce semblant d'échec, puisque ce n'en est pas un. Il n'y a pas d'échec, il n'y a que des essais, des expériences. Il y a d'autres vies où j'ai été "meilleur". Cette expérience m'a quand même permis d'apprendre beaucoup. »

Quel apprentissage et quelle leçon tires-tu de cette vie qui semble avoir été difficile ?

« Ce serait bien trop long à raconter ici. Je peux dire que les leçons ne se voient et ne s'apprécient pas tout de suite. C'est un lent et long processus de transformation de ce qui se passe dans ce que vous appelez l'après-vie terrestre. C'est un constat : j'ai rendu ma vie difficile et elle m'a échappé. C'est une vie, vue par l'œil et le jugement humains, qui pourrait être qualifiée de décevante, pourtant j'ai beaucoup appris. Il est nécessaire de tester le terrain pour se rendre compte qu'il est glissant, faire une énorme chute pour pouvoir y marcher avec plus de prudence et beaucoup moins d'assurance et d'orgueil. Sans doute ai-je été trop présomptueux. J'ai gagné en humilité à traverser cette vie de cette manière. J'ai rogné mon orgueil. J'ai compris la portée de mes actes et leurs conséquences sur moi-même et autrui, et tant d'autres choses encore.

Ce qui me paraît important ici, ce n'est pas ce que j'ai appris, qui ne regarde que moi. Je reçois comme un beau cadeau cette belle opportunité qui est de raconter mon parcours de vie, de répondre à vos questions. C'est aussi une façon, pour moi, de transmuter et clore cette histoire et, si cela peut aider ceux qui lisent ces lignes, alors j'aurais réussi à donner et à offrir un peu de la lumière que je n'ai pas pu donner à travers les sculptures de bois qui n'ont pas vu le jour. »

Après tout ce chemin parcouru, souhaites-tu ajouter quelque chose ?

« Je voudrais juste vous dire qu'il ne faut pas culpabiliser ni jeter la pierre à ceux qui, d'après vous, échouent humainement, à ceux qui ont une vie que l'on pourrait prendre en pitié. Je me souviens, lorsque je me saoulais à ne plus pouvoir tenir une conversation, que l'on se moquait de moi, que l'on m'a craché dessus, que l'on me pointait du doigt comme une bête de foire. Je me rappelle avoir perçu le jugement féroce et sans appel dans le regard des autres parce que je n'étais pas comme eux du fait de mon handicap et de ma façon de réagir à ce que je vivais.

La colère, les ressentiments embrument votre regard sur votre vie. Puis, à un moment donné, on se sent déséquilibré : on dit des choses qui ne nous rendent plus fiers de nous, qui nous dégoûtent de nous-mêmes. Ce sont des alarmes qu'il est important d'écouter. Je n'ai pas su me remettre en question. Je n'ai pas su utiliser l'aide, les mains que l'on me tendait. J'étais tellement concentré sur ma personne que de grands malheurs sont arrivés à cause de mon obstination. Je ne sais pas si je suis bien placé pour vous délivrer ce type de message, mais c'est ce que j'avais envie de vous dire.

Malgré tout cela, j'ai encore envie d'avancer et d'évoluer. Cette expérience est un échec cuisant du point de vue de l'humain mais, vue de l'âme, c'était un dérapage nécessaire. Ce n'est pas du tout négatif car j'ai été au bout du bout pour sortir de ce cycle infernal. J'ai désormais gagné beaucoup en humilité, et je ne regrette rien. C'est ainsi que vous progressez et évoluez pour retrouver et raviver la lumière en vous.

Merci pour votre écoute bienveillante et votre non-jugement. »

Merci, cher Luca. Bonne continuation pour cette nouvelle vie qui s'annonce.

Temps de méditation

Prenez une grande inspiration profonde par le nez.
Expirez par la bouche.
Accueillez votre ressenti, votre émotion sans jugement.

Quelle est votre première réflexion après ce message ?
Quelle(s) émotion(s) ressentez-vous ?
Que ressentez-vous dans votre corps ?
Que vous inspire l'expérience de vie de l'âme de Luca ?
Pour vous y aider, voici quelques axes de réflexion :

Entre rêve et réalité

- Avez-vous l'impression que vous êtes né avec un rêve et que ce dernier a été un moteur pour vous faire bouger, quitter votre famille ou votre pays ?
- Avez-vous réalisé votre rêve ?
- Vous êtes-vous découvert un ou des talents et les utilisez-vous ?
- Avez-vous la sensation d'être sur votre voie ?
- Quels sont les signes, les ressentis physiques, les synchronicités qui vous l'indiquent ?
- Ecoutez-vous votre intuition (votre petite voix/être intérieur, votre guide) ?

La décorporation ou sortie de corps

- Vous est-il déjà arrivé de sentir que vous étiez en « dehors de votre corps » ?
- Dans quelles circonstances et qu'avez-vous ressenti ?

Les entités égarées

- Avez-vous vécu un phénomène paranormal ? Si oui, lequel ?
- Pensez-vous avoir déjà senti une entité sur vous ?
- Quels en étaient les signes ?

Le témoignage de Luca, très complet, nous amène à affiner les thèmes de la décorporation et des entités égarées.

Les enseigements délivrés par Luca

La décorporation ou sortie de corps

Luca raconte deux expériences de décorporation où il se sent et se voit flotter au-dessus de son corps humain, léger et en expansion. Il perd toutes sensations physiques, ne ressent plus aucune douleur. Pour lui, c'est une expérience agréable.

La décorporation est un phénomène « hors du corps », c'est-à-dire que l'âme sort du corps physique. C'est un processus naturel. Elle peut être aussi nommée « sortie du corps » ou « voyage astral ».

Elle est plus répandue que vous ne le croyez. Vous en faites même l'expérience la nuit, mais la plupart du temps vous ne vous en souvenez pas. Ce voyage s'effectue en toute sécurité. Votre âme est « rattachée » à votre corps physique par la *cordelette d'argent* qui peut s'apparenter à un cordon ombilical énergétique. C'est un phénomène qui est, le plus souvent, vécu inconsciemment bien que certains puissent le vivre consciemment ou s'en souvenir. Il peut être vécu de manière agréable ou non, et peut être quelquefois impressionnant.

Voici quelques-unes des sensations que nous pouvons éprouver lorsque nous nous décorporons :

- Le corps est compressé, comme pris en étau.
- Le corps d'énergie envoie au corps physique une sensation de glissement et s'échappe par le sommet de la tête sans pouvoir être retenu.
- La sensation de flotter, d'être en suspension dans l'air, en expansion totale.
- La vision de notre corps physique « du dessus » : plus de murs, ni plafond. L'environnement disparaît.
- Une amplification des sens du toucher (ex. : la pulpe du doigt est ressentie comme aussi grande que la pièce).
- Les sons environnants sont lointains et étouffés.
- La sensation de s'étaler autour du corps (comme une flaque d'eau).
- La sensation de voler et de se déplacer très rapidement, sentiment de liberté (sans marcher).
- Se percevoir comme une flammèche d'énergie lumineuse et colorée.

Certaines manifestations peuvent être communes à tous (flottement, se voir au-dessus de son corps physique, etc.), mais les circonstances de décorporation sont différentes :

Décorporation nocturne : la balade de l'âme

Durant votre sommeil, votre âme quitte, temporairement, votre corps physique et part en « balade » pour se ressourcer, rencontrer ses guides et d'autres âmes (incarnées ou non) ou aller à la recherche d'informations, de solutions ou de savoirs. Votre âme peut aussi prendre des décisions et réactualiser son itinéraire de vie. Ne dit-on pas que « la nuit porte conseil » ?

À votre réveil ou au cours de votre journée, vous pouvez avoir :

– trouvé la solution à votre problème ;
– les idées plus claires ;
– des sensations de déjà vu ou des prémonitions…

La décorporation de protection

Lors d'un accident, d'une opération, dans le cas de douleurs extrêmes, un phénomène de décorporation peut se mettre en place pour protéger la personne et son corps physique. On ne compte plus les gens qui rapportent qu'ils étaient au-dessus de leur corps allongé au sol et voyaient les pompiers s'affairer autour d'eux.

Durant le coma, une décorporation plus longue peut avoir lieu. Luca parle d'une « pièce nuage ». Le coma, du point de vue énergétique et spirituel, est une sorte de bulle de protection et de réflexion durant toute la période critique.

Cyléria précise :

“La décorporation est un moyen qui est donné au corps physique pour le soustraire à la douleur et lui permettre de récupérer d'un choc, d'un accident ou d'une maladie.

Le coma, comme vous l'appelez, est principalement un moment de “réflexion pour l'âme”, pour l'aider à réviser son plan de vie. Par exemple, continuer l'incarnation sur Terre (mais dans des conditions différentes) ou quitter définitivement l'incarnation…

Tous les comas ne se ressemblent pas ! Certaines personnes peuvent se “voir” dans une pièce blanche et ouatée (Luca décrit cet endroit comme une pièce nuage) qui aide et permet la réflexion. Nous intervenons pour leur proposer et leur expliquer différentes options de retour dans leur corps terrestre.

Nous en discutons, en leur faisant visionner des images. Sur celles-ci figurent toutes les options, mises en situation, pour que le choix à faire soit bien compris. Nous répondons aussi à toutes leurs questions.

Le choix, pour certains, est très difficile à faire. C'est pourquoi leur coma est “long”, certains restent dans le non-choix et demeurent dans cet état de coma.

D'autres vont choisir de “s'évader” en créant, dans leur bulle de réflexion, un monde qui leur convient mieux, qui est plus vivable pour eux. Certains vont s'y complaire et y rester, sans se préoccuper de leur corps, et cela peut durer longtemps. Le choix, ou le non-choix, ne sont pas à juger.

Pendant ce temps, cette situation se répercute sur la famille terrestre, l'entourage, et elle leur permet de se préparer psychologiquement au décès ou au retour de leur proche, avec plus ou moins de séquelles. Les accords d'âmes peuvent alors se rediscuter très sérieusement. L'âme de la personne accompagnante peut ne plus se sentir en phase avec cette révision. Lorsque les conditions des accords d'âmes ont changé, elles peuvent aussi freiner la sortie du coma. »

Annie choisit le coma pour préparer sa fille à son départ

Annie, gravement atteinte d'une maladie depuis sa jeunesse, devait subir une très lourde opération avec un fort risque de décéder. Lors de sa dernière séance avec nous, elle disait avoir mis toutes ses affaires en ordre et se sentir prête à mourir, car sa santé lui faisait vivre l'enfer, depuis quarante ans.

Un mois plus tard, la fille d'Annie nous annonçait son décès et souhaitait un contact avec sa maman car elle se sentait abandonnée.

Lors de la communication, l'âme d'Annie expliqua que, lors de son opération, elle était sortie de son corps. À cet instant, elle s'était sentie expansée, libre et sans aucune douleur ! « Le bonheur ! » disait-elle. Il lui a été donné l'occasion de quitter son corps à ce moment-là. Par amour pour sa famille, Annie a préféré différer son départ pour préparer ses proches. L'opération s'était très bien déroulée, mais Annie tomba dans le coma. Son vœu était d'habituer lentement sa famille à accepter son départ. Durant un mois, Annie reprenait conscience brièvement et replongeait dans le coma à plusieurs reprises, pour finalement décéder. Elle se sentait soulagée et sans aucun regret de quitter sa « vieille carcasse » comme elle l'appelait !

La décorporation volontaire

Lors de pratiques méditatives ou énergétiques, certaines personnes ont la faculté de « sortir de leur corps » consciemment, dans un but précis.

Ces « voyages astraux » permettent d'aller sur des plans subtils pour :

- trouver des informations spécifiques ;
- recevoir un enseignement spirituel, une initiation ;
- rencontrer des êtres de lumière ;
- se rendre auprès d'une personne désincarnée.

Une telle décorporation doit être réalisée dans des conditions sécurisées et encadrées. Sans une solide formation, il n'est pas conseillé de la pratiquer seul.

Lors d'une séance de relaxation, de méditation ou d'une séance énergétique, lors de l'écoute d'un message canalisé (*channeling*), il peut vous arriver d'avoir la sensation d'une décorporation partielle. Pour certains, ce peut être une fuite du monde incarné ou parce que votre ancrage à la Terre est insuffisant. Ce phénomène de sortie de corps peut être régulé par une pratique quotidienne de l'ancrage-alignement-centrage.

La décorporation lors de la fin de vie

Une personne en fin de vie peut ressentir son corps devenir moins dense, avoir l'impression de devenir évanescente, comme si elle se trouvait entre deux eaux… En effet, elle commence à faire des allers-retours entre le monde terrestre et le monde spirituel. Son corps énergétique débute son processus de désincarnation. Cette période peut favoriser la rencontre avec certains membres de sa famille décédés, son guide, la lumière, un ange, un saint… Elle leur « parle », alors que, aux yeux de l'humain, tout ceci est invisible, voire délirant. Ce contact est pourtant bien réel.

La réincorporation

L'âme réintègre le corps, comme une main rentre dans un gant. C'est une réincorporation. Celle-ci se fait naturellement et sans votre volonté consciente. La sensation peut être inconfortable car le corps physique est très étroit pour l'énergie de l'âme qui est expansée par nature.

Voici quelques-unes des sensations que nous pouvons éprouver lors de nos réincorporations :

- sensation de chuter comme une météorite ;
- impression de passer par un goulet d'étranglement ;
- sensation de lourdeur, de compression désagréable, d'être vaseux et à l'étroit ;
- besoin de se réapproprier son corps ;
- mal-être passager ;
- être à côté de son corps ;
- douleurs.

Ce phénomène de réincorporation peut être réglé en pratiquant l'ancrage pour se reconnecter à l'énergie de la Terre et à son corps physique.

La décorporation au moment du décès : le corps rend l'âme

Au moment du décès, l'âme sort et se détache complètement du corps physique. C'est à ce moment qu'elle rompt sa *cordelette d'argent*. Il n'y a alors plus de retour possible dans le corps physique, contrairement aux expériences de mort imminente (EMI/NDE) où l'âme revient ensuite dans le corps physique. Cette ultime décorporation se nomme la *désincarnation*. C'est ensuite que l'âme entame le processus de retour à la « Maison ».

Les entités égarées

Carlito, en quittant son corps, n'est pas allé sur le plan vibratoire de la lumière parce qu'il n'a pas accepté sa mort et ses conditions. Ayant un différend avec Luca, il a choisi de s'accrocher au plan terrestre et au corps énergétique de Luca pour le « hanter » : il lui « parlait » sans cesse, ce qui rendait fou Luca, l'incitait à boire encore plus et à se détruire.

Il est fréquent que des entités tourmentées, parfois vengeresses ou possessives, s'égarent et s'accrochent au plan terrestre, notamment à des personnes incarnées. Elles peuvent se cramponner à vous parce qu'elles vous connaissent ou parce qu'elles sont attirées par votre vibration. Elles vont agir sur vous comme un vampire qui s'alimente de votre énergie.

Vous pouvez repérer leurs présences par les signes suivants :

- fatigue importante ;
- pensées, paroles, émotions, actions qui ne vous ressemblent pas, qui ne semblent pas vous appartenir ;

- douleurs corporelles (tête, épaules), poids, oppression, impression d'étouffer ;
- insomnies, cauchemars, rêves étranges ou peu ordinaires ;
- impression de ne pas avancer, d'être freiné dans vos projets ;
- déséquilibre, nervosité, mal-être, déprime ;
- relations conflictuelles avec les autres.

Un ancien patient trop collant

Nelly, 50 ans, auxiliaire de vie à domicile, vient un jour nous consulter pour une infection grave à l'œil et une grande fatigue prises en charge par la médecine. Elle nous explique brièvement que, depuis quelques semaines, elle ne se sent pas très bien : « Je ne me sens pas comme d'habitude. Il y a quelque chose qui ne va pas. Je veux comprendre pourquoi mon œil me fait ça, je risque de le perdre. »
Rapidement, nous percevons une grosse masse énergétique grise, collée et enveloppant le haut de son corps. Nous comprenons qu'elle est « squattée » par une entité. Nelly nous regarde avec des yeux ronds et nous lui proposons d'interroger cette âme afin de savoir pourquoi elle s'est accrochée à elle et l'aider à retrouver son chemin.
Nous interrogeons cette âme qui a trouvé refuge sur Nelly :
Bonjour, nous sommes ici pour vous aider. Nous vous écoutons sans jugement. Comment allez-vous ?

...

...

— *Ah, bah je vais bien là ! J'aurais bien voulu une clope, donnez-moi une clope ! Je veux fumer !* dit l'âme, d'un ton hautain.

— *Je suis désolée mais je ne fume pas. Comment voulez-vous fumer puisque vous ne possédez plus de corps physique ? Dites-nous, vous connaissez Nelly ?*

— *Oh ben oui, je la connais bien ! J'ai toujours envie de fumer, vous me la donnez cette clope ?* »

S'installe alors une conversation un peu musclée, car cette âme se révèle misogyne ; discuter avec trois femmes ne lui est manifestement pas facile ! Nous découvrons que, effectivement, l'entité était un patient de Nelly, décédé un mois plus tôt. Ne croyant pas à la vie après la mort, elle ne savait pas où aller après son décès et avait trouvé Nelly « très confortable » comme elle disait. Nous avons aidé cette âme égarée à accepter de percevoir son guide et à accepter son aide pour qu'elle puisse continuer son cheminement dans l'au-delà.

Nelly, libérée de son ancien patient, est soulagée et comprend mieux ses comportements : elle nous révèle que, depuis quelques semaines, sa consommation de tabac et son besoin de faire du sport avaient considérablement augmenté, sans en comprendre la raison. Puis elle se souvient que son patient était un gros fumeur et ancien sportif. Bien que son corps âgé ne puisse plus le lui permettre depuis longtemps, il en avait gardé le goût. Nelly dit avoir bien reconnu son patient, son énergie, son caractère bourru, son langage grossier et sa misogynie. Après la séance, elle s'est sentie rapidement mieux et, avec un suivi ...

...
médical, son œil, endroit où l'entité avait « pris racine », a guéri. Ses consommations de tabac et de sport sont redevenues habituelles.

La présence d'une âme « égarée » peut être un désagrément, mais il n'y a pas de hasard. Vous avez également passé un accord avec cette entité pour « l'héberger ». Si vous sentez la présence d'une entité autour de vous ou dans votre lieu de vie, faites appel à un professionnel (un passeur d'âmes, un médium) qui a la capacité de vous libérer ainsi que l'entité. Ces âmes « égarées » appellent souvent à l'aide et cherchent, la plupart du temps, à retrouver le passage qui les mènera vers la lumière.

EN RÉSUMÉ

Entre rêve et réalité

- Vous vous incarnez sur Terre avec des potentiels, des aptitudes et des talents.
- Des signes, des synchronicités, des rencontres sont placés sur votre route pour vous guider vers votre chemin. Restez à l'écoute !

Une étroite collaboration entre votre âme, votre humain et votre guide

- Votre guide vous aide uniquement si vous le lui demandez.
- Il vous inspire en tant que conseiller.
- Il ne peut pas agir à votre place.
- Il respecte votre libre arbitre.
- Son aide ne correspondra pas forcément à votre souhait, mais sera juste pour *vous*.

La décorporation

- La décorporation est un phénomène naturel.
- Pour éviter les sorties de corps, ancrez-vous, alignez-vous et centrez-vous chaque matin et, si vous en ressentez la nécessité, plusieurs fois au cours de la journée.

Les entités « égarées »

- Vous pouvez avoir des entités autour de vous ou dans votre lieu de vie.
- Elles cherchent, la plupart du temps, un moyen de trouver un passage menant vers la Lumière. Pas de panique ! Faites appel à un professionnel qui vous aidera à vous en libérer.

CHAPITRE 7

LES DÉFIS DE L'ÂME

Nassim, une méditation de dix-sept ans

Nous rejoignons Cyléria. Il règne une ambiance particulière aujourd'hui dans notre équipe spirituelle. Nous sentons que nous allons faire une rencontre singulière. Tout est calme, feutré, lorsque qu'apparaît un jeune garçon. C'est un être plutôt discret, presque timide, il porte un joli halo de lumière blanc doré autour de lui.

Le message de Nassim

« Bonjour
Je suis là pour témoigner de mon vécu, et cela n'est pas facile de me mettre à nu en quelque sorte. Je sais que mon expérience particulière a été un sillon que pourront emprunter d'autres êtres. Pourtant, je ne retiens que l'émotion d'un vécu personnel, comme un rêve très présent mais volatil…
Je suis né dans les années 1980 en France, garçon, dans une famille de gens simples comme on dit. J'ai

été aimé et investi par mes parents jusqu'à ce qu'ils découvrent mon handicap. À ce moment-là, je suis devenu ce handicap, celui par lequel tout le monde me voyait, et j'ai fini par me convaincre moi-même qu'il était moi, que j'étais sa définition ! Il me faudra d'ailleurs un certain cheminement après ma mort pour me "défaire" de cette image, de ces limitations devenues confortables.

J'étais un enfant aimé et attendu, le premier de surcroît. Oh, je ne me faisais guère d'illusion sur l'impact, le tremblement de terre qu'allait être la découverte et le diagnostic des limitations que j'avais choisies de porter pour mieux comprendre mon corps, l'habiter entièrement sans distraction véritable sur l'extérieur, pour m'investir enfin en moi. Ce fut un moment crucial de ma vie et, bien que je n'y prenne pas part véritablement, un point de bascule dans le regard et l'amour de ceux que j'avais choisis comme parents et grands-parents.

C'est vers mes 4 ans que le diagnostic a été formel, sans appel, irréversible. Je me souviens encore de l'atmosphère lourde des jours précédents, du regard inquiet de ma mère. Déjà, mon père mettait entre nous deux une distance qui deviendrait un vent glacial, comme si sa déception ne l'autorisait plus à m'aimer. Mes parents s'étaient en effet tournés vers leurs proches, puis vers la médecine, pour trouver un peu d'espoir face à leurs inquiétudes de me voir ainsi réduit à des grognements, à des regards vagues.

J'ai peine, vous le voyez, à revenir sur cette période, sur mes sensations, je vais tenter de vous les décrire. Mon développement s'est arrêté vers l'âge de 6 mois. Je vivais à travers les informations mal analysées que mon corps pouvait m'envoyer. Je ressentais, par exemple, les inconforts d'une couche sale ou le froid, sans comprendre véritablement si ceci était "moi". Mon corps n'était pas structuré, pas de schéma corporel, pas de représentation de celui-ci. Imaginez-vous vivre dans un corps sans limite franche, avec des sensations mais sans en comprendre ni le sens ni leur provenance. Je ne cherchais donc pas à les soulager, je vivais ce qui venait sans vraiment pouvoir réagir. Les pires sensations étaient celles de la faim qui me tenaillait le ventre, pourtant mes réflexes de pleurs ou de cris se déclenchaient souvent en dehors de ma volonté propre. J'observais tout cela en moi pendant plusieurs années, sans pouvoir en comprendre les interactions. Mes sensations les plus délicieuses étaient la succion et les massages prodigués pendant des années par des mains douces et fermes.

Ma vision était extrêmement floue, je percevais les couleurs et les formes. J'aimais les luminosités changeantes. Les sons m'intéressaient particulièrement. Je développais des ressentis plus intuitifs pour reconnaître les trois ou quatre personnes qui s'occupaient de moi régulièrement, ne gardant en mémoire que les deux ou trois derniers mois qui venaient de s'écouler. J'avais une mémoire sensorielle, une mémoire émotionnelle. Aucune notion du temps et très peu de l'espace. Je me sentais simplement au temps présent, dépendant des autres à 100 %, sans en avoir ni conscience ni culpabilité.

Cette vie dura dix-sept ans, mon corps n'ayant jamais pu se développer correctement sous l'atrophie de mon cerveau et l'incapacité de me mouvoir. Pendant dix-sept ans, je suis resté un nourrisson, un bébé qu'il fallait nourrir, langer, coucher, dont il fallait s'occuper 24 heures sur 24. Vers l'âge de 5 ans, mes parents ont renoncé à faire de moi un enfant "normal" et m'ont placé dans un institut que je n'ai quitté que pour en rejoindre un autre et y finir ma vie. Cette séparation ne fut pas une souffrance. Je n'avais pas conscience de cela. Finalement, mes limitations me protégeaient de beaucoup de souffrances liées à l'attachement aux autres et aux choses.

Quelle drôle de vie pensez-vous, inutile et douloureuse. Non, oh non ! C'est avec une certaine nostalgie que je vous livre mon ressenti. Ce fut pour moi une expérience d'une grande richesse, une méditation de dix-sept ans, d'accueil de ce qui est. Avais-je le choix ? *(petit rire)*. Elle m'a permis de relâcher toute la pression liée à ma volonté acharnée de développement. Une méthode extrême, me direz-vous, mais j'ai été très enveloppé par mes parents et grands-parents, au début, et ensuite par le personnel des instituts.

Je n'avais pas peur, cette émotion m'était inconnue. Je vivais l'instant qui s'offrait à moi, ma conscience se retrouvait parfois attirée par un reflet de lumière, un son, un toucher. Ils étaient agréables ou non, qu'importe, ils mettaient du relief dans mes journées. Les personnes qui m'approchaient réveillaient, malgré elles, des atmosphères, des émotions que je ressentais très fort. Certaines semblaient passer à travers mon être, comme si je les digérais, puis tout s'apaisait. C'est ainsi que je libérais mes mémoires de traumatismes profondément enfouis. Peut-être allez-vous trouver cela étrange, mais j'ai développé, dans cette expérience de vie, la conscience de vivre pleinement : être "réduit" à mon émotionnel et à mon sensoriel a créé en moi un fantastique éveil à la force de vie intérieure et à ses expressions à travers moi. Je n'ai aucun regret d'avoir choisi cette incarnation, bien au contraire, car je chéris la compréhension exceptionnelle, la richesse incroyable qu'elle m'a apportées, sans pouvoir, sans contrôle sur ma vie, sur moi-même et sur les autres, sans autopression d'évolution, sans rien derrière quoi me cacher (relations, travail, obligations…). J'ai reçu le cadeau de la vie à travers le lâcher-prise total. Cette vie simple a été plus riche, plus profonde, plus intime que beaucoup d'autres.

Je remercie tous les êtres qui se sont occupés de mon corps physique pendant ces années, de leur attention auprès de moi. Je les remercie du fond du cœur pour leur bienveillance et parfois leur amour, pour m'avoir, malgré mes capacités très réduites, considéré comme un être à part entière doté de ressentis et de réactions qu'ils ne comprenaient pas, tout en essayant de bien faire. Je remercie mes parents de m'avoir offert cette vie exceptionnelle et riche. Je souhaite que leur peine et leur culpabilité laissent place à la joie en leur cœur, celle que je ressens d'avoir si bien vécu : intensément intérieurement.

Paix en chacun de vous qui vivez une vie intense, soyez-en conscients.

Paix en chacun de vous qui vivez la restriction.

La vie intérieure est plus profonde que celle de l'extérieur. Soyez-en conscients. »

Ce témoignage vous a certainement touchés. Quelle leçon de vie !

Temps de méditation

Prenez une grande inspiration profonde par le nez.
Expirez par la bouche.
Accueillez votre ressenti, votre émotion sans jugement.

Quelle est votre première réflexion après ce message ?
Quelle(s) émotion(s) ressentez-vous ?
Que ressentez-vous dans votre corps ?
Votre histoire ou celle de votre entourage résonne-t-elle avec ce témoignage ?
Que vous inspire l'expérience de vie de l'âme de Nassim ?

Pour vous y aider, voici quelques axes de réflexion :

- Quel regard portez-vous sur un bébé handicapé ?
- Le témoignage de Nassim vous fait-il changer d'avis ?
- Pensez-vous que les âmes des parents et de l'enfant handicapé ont planifié ensemble ce défi commun ?
- Quelle aurait pu être votre réaction face à l'arrivée d'un bébé handicapé dans votre foyer ? (rejet, acceptation…)

L'enseignement délivré par Nassim

Un retour à l'essentiel

Le handicap peut paraître injuste du point de vue de l'humain mais, sous le regard de l'âme, cette vie prend tout son sens. L'âme de Nassim recherchait cette expérience spécifique, comme dans une méditation profonde. Il vivait l'instant présent. Il *était*.

Les handicaps ne sont pas des punitions divines, le mauvais œil ou autres malédictions, ni pour celui qui les porte ni pour sa famille. Ils sont les résultantes de choix longuement pesés par l'âme avant l'incarnation. Les limitations qui en résultent ne sont pas des freins à l'expérience humaine, bien au contraire, elles permettent de relever les défis qu'un corps – dit normalement constitué – ne permettrait pas. C'est donc un accélérateur de transformation et d'évolution pour l'âme.

Cyléria précise :

> « La beauté réside dans le regard porté sur l'être humain animé par l'âme, dans un corps difforme, avec des limitations intellectuelles, sensorielles ou motrices.
>
> Lorsque vous regardez ces êtres, rappelez-vous qu'ils reçoivent votre intention, même s'ils ne vous répondent pas comme socialement vous vous y attendriez. Si vous êtes gêné, ils le sentent également. Inutile de feindre : ils décodent votre langage différemment, intuitivement.
>
> Ils ne sont ni à plaindre ni à rejeter. Les personnels des instituts qui les accueillent savent généralement

reconnaître ce qui se cache au-delà des apparences, au-delà de la forme. Cela a beaucoup évolué, fort heureusement.

La famille et particulièrement les parents, les frères et sœurs doivent dépasser leurs craintes de ne pas avoir la force car tout leur est ou leur sera donné ! Ils doivent dépasser leur culpabilité pour écouter leur cœur, reconnaître et apprivoiser l'être qui est sous l'apparence. Une grande opportunité de croître en leur cœur leur est donnée à tous. »

La personne polyhandicapée de naissance est loin d'être un « être vide ». Son âme recherche à :

- vivre l'instant présent : intériorité, introversion ;
- accepter : peu ou pas d'attente, pas de dualité ;
- faire l'expérience des sens ;
- apprendre la richesse de la vie sous une autre forme ;
- être dans un état de présence au corps et l'appréhender sans passer par l'intellect ;
- s'enrichir d'une vie intérieure intense ;
- percevoir le monde qui l'entoure différemment ;
- accepter la dépendance à l'autre dans tous les actes de la vie ;
- se faire dorloter, être dégagé de toute responsabilité ;
- accueillir l'amour (inconditionnel) ;
- ne pas s'échapper du but de l'âme, de son corps ;
- lâcher prise.

Ce témoignage permet de changer le regard qui est porté sur le handicap en le respectant, en transformant la pitié en compassion et, surtout, en allant au-delà des apparences, de ce que l'on croit voir, pour comprendre l'humain.

Portez votre regard au niveau de votre cœur, de votre âme et communiquez avec ces êtres qui ne peuvent vous parler avec leurs sens, mais de cœur à cœur, d'âme à âme. C'est là la véritable rencontre entre les êtres, quelles que soient leur apparence, leurs prétendues déficiences ou différences.

Le défi des parents d'enfants handicapés

L'âme de Nassim explique qu'il a parfaitement choisi sa vie et son handicap avant même son incarnation. Mais qu'en est-il des parents de Nassim ? Pour quelles raisons les âmes choisissent-elles d'accueillir un enfant avec un tel handicap qui va compliquer leur vie sur Terre ?

Pour répondre à ces questions, nous demandons à Cyléria des informations complémentaires. Il nous est précisé que les parents de Nassim, au moment où nous parlons, sont toujours incarnés sur Terre.

Certains d'entre vous peuvent être surpris d'apprendre que nous, médiums, puissions entrer en communication avec l'âme d'une personne vivant encore sur Terre. Lorsque nous dialoguons avec une âme, nous faisons très peu de différences entre une âme désincarnée ou encore incarnée ; une âme est une âme. C'est le contenu du message transmis par l'âme qui va nous apprendre si elle est passée de l'autre côté du voile ou si elle est toujours sur Terre.

Après quelques instants, un être de lumière très posé vient à notre rencontre. Il se présente comme étant le guide spirituel de la mère de Nassim, et explique :

" Effectivement, elle a bien choisi d'endosser le rôle de la maman de Nassim sachant qu'il naîtrait lourdement handicapé. Ils en ont "inscrit les grandes lignes" dans leurs accords d'âmes. C'était une grande et belle opportunité pour elle de donner naissance à Nassim, pour rééquilibrer leur relation karmique.

Dans une autre histoire de vie, ces deux âmes avaient déjà endossé les mêmes rôles : mère et fils. La mère qu'elle était à cette époque était extrêmement violente ! Elle s'alcoolisait et frappait très violemment ses enfants, les blessait corporellement. Sans mari, elle se sentait abandonnée pour les élever.

C'était un être très en colère contre sa condition (les enfants, pour la plupart, étaient nés de viols). Elle n'avait pas l'instinct maternel. Elle défoulait sa colère et sa frustration sur ses enfants, et certains d'entre eux ont laissé leur vie sous ses coups. Elle a ainsi foudroyé la vie de plusieurs de ses enfants par ses sévices, sans avoir grande conscience de ses actes.

Pour l'aîné (l'âme du futur Nassim), la situation familiale était intenable et il se devait de protéger ses frères et sœurs ! Aussi, il prit la décision de tuer sa mère en l'étouffant dans son sommeil. Cette vie antérieure explique comment deux êtres peuvent créer entre eux un lien karmique. C'est une des raisons pour lesquelles Nassim et sa mère se sont retrouvés dans cette vie.

La réminiscence non consciente des violences dont elle a fait preuve par le passé (vie antérieure) a été réactivée à la naissance de son fils. Auprès de lui, son penchant pour l'alcool est remonté à la surface ainsi que ses pulsions violentes et l'idée de supprimer son fils lui a même traversé l'esprit. La honte, la peur, la morale l'en ont empêchée.

Dans cette présente vie, elle a conservé une culpabilité énorme envers Nassim, sans pouvoir en comprendre le sens ni la véritable origine. C'est pourquoi elle a ressenti tellement de difficultés pour lui rendre visite lorsqu'il vivait en institut. Elle a dû lutter contre elle-même.

La mort de Nassim l'a soulagée, sans faire disparaître sa culpabilité. Elle n'a pas encore transmuté ses blessures, elle porte encore en elle les stigmates de la mémoire de ces deux histoires de vie engrammées en elle.

Les âmes de Nassim et de sa mère se sont offert une seconde relation mère-fils plus adaptée pour apaiser leur ancienne relation. Dans ce nouveau rôle de mère, elle pouvait développer sa fibre maternelle face à un enfant dépendant dans tous les actes de sa vie quotidienne. Nassim pouvait apprendre à être aimé, dorloté, pris en charge. Ils ont découvert un autre aspect de la relation mère-enfant. Ils en sont plus riches. Il est fréquent de chercher à rééquilibrer de la sorte les relations karmiques qui unissent les âmes. »

Nous sentons un changement vibratoire et l'arrivée d'une autre présence qui se joint à nous. Il s'agit de l'âme du père de Nassim. Il souhaite s'exprimer sur son vécu. Voici un extrait de son témoignage :

" J'ai honte parce que je n'ai pas assuré et j'ai eu honte d'avoir un enfant dans cet état. J'ai vu mon couple exploser, je n'ai pas soutenu ma femme. J'ai préféré me renfermer et m'éloigner d'eux. Je me suis senti comme si Dieu m'avait mis la tête sous l'eau. Je savais que ma femme avait un penchant pour l'alcool et qu'elle noyait son chagrin dedans. Je fuyais la maison. Je me murais dans le silence. Je n'ai pas assumé, je laissais les autres faire à ma place. Pour moi, cet enfant handicapé était comme un objet, presque inanimé. Pourtant, cette situation de vie me donnait l'opportunité d'être fort et de soutenir ma femme.

L'abandon de ma famille est, depuis quelques vies, devenu récurrent. En devenant père d'un enfant handicapé dès la naissance, je croyais pouvoir aider l'autre car il avait besoin de moi. Je croyais que je trouverais ma place et la force d'être une épaule solide pour mon épouse, de créer et d'assumer une famille. Mais je n'y suis pas arrivé ! J'étais détaché une nouvelle fois. J'étais fou amoureux de mon épouse et je ne ressentais pas le besoin d'avoir un enfant. Je l'aimais tellement que j'ai cédé à son désir et l'arrivée de ce bébé a chamboulé mon couple, ma vie.

Mon âme avait choisi que, dans cette vie terrestre, j'apprenne à assumer une famille sans prendre la poudre d'escampette ! Je devais prendre en charge mon fils différent et ne pas m'en débarrasser. J'ai échoué, je n'ai pas voulu l'aimer et surtout pas m'y attacher.

Je m'étais depuis longtemps déjà éloigné de ma femme. À la mort de Nassim, j'ai ressenti du soulagement et j'ai quitté mon épouse. Nous n'avions pas d'autre enfant ensemble. Je n'en voulais pas. J'ai été lâche. Mon contrat d'âme était d'être un soutien pour toute ma famille : je devais porter ma femme, la soutenir, mais je n'ai pas réussi. Je ressens de la culpabilité. Je suis toujours sur Terre, mais ma vie est difficile, j'ai lâché tellement de gens... Aujourd'hui, je suis seul. »

Quel regard poses-tu aujourd'hui sur ton choix d'âme d'être le père d'un enfant lourdement handicapé ?

« J'ai cru que j'en étais capable. J'avais appris de mes expériences passées. Je pensais avoir assez d'amour pour ma femme. Elle a été plus courageuse que moi. Je l'ai aimée bien sûr, mais mon fils, je l'ai détesté pour nous avoir séparés. Je pense que s'il n'avait pas été là, ma vie aurait été bien différente.

Quand on est de l'autre côté du voile, on croit que tout va être facile. On est dans l'amour, on a la foi, la force. Lorsque l'on planifie notre vie sur Terre, les rôles de chacun sont bien définis et le jeu paraît limpide. On a une conscience supra élargie. Dès que l'on naît sur Terre, on est démuni, on a perdu la "mémoire".

J'ai eu des réticences à avoir un enfant avec elle car, au fond de moi, je savais. On oublie ce que l'on a à faire, on est dans le brouillard. Nos vieux réflexes accumulés lors de nos expériences humaines passées reviennent en pleine face. Et, souvent, on va à l'encontre de ce que l'on avait décidé ensemble (avant de venir sur Terre). C'est comme cela que l'on crée certains drames. On sait à l'intérieur de soi qu'il faut aller à droite, mais on ne peut pas (dans l'humain), et on va à gauche, c'est comme cela… »

Ces trois âmes ont planifié leur *programmation pré-incarnation* ensemble et accepté *les contrats d'âme à âme* qui les ont unis, ainsi que leurs conséquences. Les âmes de Nassim et de sa mère ont eu l'opportunité de rééquilibrer leur *relation karmique*, en se libérant de leur relation antérieure souffrante. La mère de Nassim acceptait de nouveau un rôle de mère, mais cette fois d'un enfant sans défense, avec l'opportunité de développer son amour maternel et d'être attentionnée envers celui qui avait été jadis son souffre-douleur et son meurtrier.

Le contrat d'âme du père de Nassim était, lui, davantage lié à sa femme qu'il devait apprendre à aimer et soutenir activement, sans fuir. Le choix d'être le père d'un enfant handicapé devait le pousser à assumer son rôle de chef de famille, présent et responsable.

Cyléria rappelle :

« Contrairement à ce que peut croire souvent l'humain, l'âme qui choisit d'expérimenter un handicap ne s'est pas incarnée dans le but de faire souffrir ses parents, ni son entourage, puisqu'il y a toujours des accords entre les âmes. Nous vous le répétons : il n'y a jamais de hasard dans le choix de l'incarnation et de ses conditions !

Les contrats d'âmes résonnent obligatoirement avec l'histoire des âmes des parents et/ou de l'entourage. Il y a de nombreuses raisons qui motivent les âmes des futurs parents à accueillir un enfant handicapé. C'est la conjonction de plusieurs expériences du couple et de l'enfant qui se rejoignent.

Toutes les histoires d'incarnation entre parents et enfants handicapés n'ont évidemment pas les mêmes origines que celle de Nassim. »

Il est important de prendre du recul et d'élever le regard que nous pouvons poser sur les parents d'enfants lourdement handicapés à la naissance. Il vous faut reconnaître que les âmes des parents et des membres de la famille ont accepté d'accueillir un enfant handicapé, de l'accompagner pour en faire l'expérience humainement en se mesurant à des défis comme :

- vivre le choc du diagnostic et le parcours médical ;
- apprendre à accepter l'autre tel qu'il est ;
- faire le deuil de l'enfant parfait ;
- accepter l'enfant « hors norme » avec ses différences ;
- aimer inconditionnellement ;
- développer des qualités : adaptation, patience, douceur, calme, courage, détermination, compréhension, etc. ;
- s'épauler et consolider le couple ;
- demander, accepter les soutiens, les aides extérieures ;
- déléguer ;

– dépasser le regard et le jugement des autres ;
– accepter son impuissance et lâcher le syndrome du sauveur ;
– transmuter ce qui encombre à l'intérieur de soi : la culpabilité, entre autres (se faire accompagner par un thérapeute).

Une fois dans l'incarnation, face aux difficultés concrètes rencontrées, la vie devient une véritable gageure. Il est certain que chacun peut faire en fonction de ce qu'il est dans l'instant. Toutefois, l'humain n'est pas démuni. L'âme a reçu les enseignements et les outils pour affronter voire dépasser ce qu'elle a choisi de mettre sur sa route. L'humain, lui, l'a oublié… D'où l'importance de se centrer et d'écouter sa guidance intérieure pour aller chercher les ressources que l'âme a mises à sa disposition pour vivre ses défis.

L'échec : une notion humaine

Bien que cela soit souvent difficile à concevoir humainement, l'échec tout comme la réussite n'existent pas pour l'âme. Elle accueille les expériences de la vie terrestre comme étant toujours enrichissantes pour elle. Les âmes nous disent souvent, dès lors qu'elles ont pris du recul et tiré des leçons de leur vie terrestre, que *« tout est expérience et apprentissage, rien n'est positif ou négatif car tout* ***est****. »*

La discussion avec l'âme du père de Nassim révèle une culpabilité et un goût amer d'échec. Ceci s'explique, en partie, parce que son âme est encore incarnée sur Terre et par conséquent très imprégnée de sa personnalité humaine. En l'état, il ne peut avoir le recul nécessaire sur son vécu, contrairement à Nassim, qui est détaché de sa vie terrestre et apaisé.

Nous percevons le même type de réactions que le père de Nassim (jugement, sentiment d'échec, peur, croyances…) de la part d'âmes « fraichement » désincarnées. Par l'intermédiaire des guides, nous, les passeurs d'âmes, nous pouvons les aider à y voir plus clair sur leurs vécus (déculpabilisation, pardon, retrouvailles avec un proche) pour qu'elles puissent continuer leur chemin de retour vers leur « véritable demeure ».

Pour illustrer les différents aspects d'un même type de défi d'âme, ici l'enfant et le polyhandicap de naissance, nous avons choisi de partager avec vous un accompagnement magnifique, que l'une de nous deux a eu l'honneur de vivre. Nous en remercions Sandrine et l'âme de son fils Jonathan.

Jonathan et sa grandeur d'âme

Sandrine, une jeune femme, vient me consulter et, avant d'entrer en canalisation, nous prenons le temps d'échanger sur la raison de sa venue. Nous dialoguons longuement et elle me confie qu'elle a mis au monde, voilà quatre ans, un petit garçon prénommé Jonathan, lourdement handicapé depuis sa naissance. Il ne parle pas, n'entend pas, reste le regard fixe, ne réagit pas aux stimuli et son corps n'a pas la capacité de se tenir droit ni même assis. Il ne peut en aucun cas être autonome. Il est atteint d'une maladie génétique dont le diagnostic a tardé.

Elle ajoute que son couple est solide, qu'elle a dû réorganiser sa vie autour de cet enfant unique, qu'elle l'entoure de beaucoup d'amour et fait tout ce qui est en son pouvoir pour lui rendre la vie douce. Elle évoque son compagnon en me disant qu'il est affecté par cette situation et la trouve injuste, même s'il l'accepte puisqu'il n'a pas le choix. Il la soutient beaucoup, même s'il a des moments importants de découragement.

Sandrine souhaite recevoir un message des guides ou, si cela est possible, de l'âme de son fils, et savoir ce qu'il ressent. Est-il malheureux ? Souffre-t-il dans son corps humain ? Que peuvent-ils faire pour l'aider davantage ? De plus, le corps médical donne une espérance de vie limitée à Jonathan ; aussi Sandrine s'interroge beaucoup sur le devenir de son fils.

La séance débute. J'ignore si l'âme de Jonathan viendra et acceptera de répondre à tous les questionnements de sa mère. Je sens en elle tellement d'amour pour son fils, et aussi sa propre souffrance, ses attentes sont palpables.

Je ressens l'énergie de l'âme de Jonathan qui se présente à moi avec une force « incroyable », indicible, et en même temps d'une grande douceur et d'une détermination rare. Pour trouver une description humaine, je la perçois énorme, énergie masculine ultra puissante ; j'ai la sensation de me trouver devant un être d'une grande sagesse et « adulte ». En effet, « l'âge » de l'âme d'un enfant ne correspond en rien à son âge terrestre. Cela paraît surprenant pour beaucoup de personnes, mais l'âme est « adulte ».

L'âme de Jonathan nous explique que, pour elle, rester dans ce corps handicapé devient compliqué. Elle a choisi de faire cette expérience (en accord avec les âmes de ses parents) *car l'âme de Jonathan vient apprendre l'amour inconditionnel à ses parents* pour qu'ils l'acceptent et l'aiment tel qu'il est, avec ses différences. Elle dit qu'elle a donné la force à Jonathan pour qu'il puisse, jusqu'ici, affronter tout ce qu'il vit dans l'humain, mais qu'elle va « lâcher » sa vie sur Terre au moment où elle ne pourra plus « tenir » dans son corps. L'âme de Jonathan demande à sa mère d'accepter sa décision, de se préparer à son départ et surtout de l'accompagner humainement vers et pendant son passage dans l'au-delà. L'âme de Jonathan « décidera » quand cela sera le bon moment pour elle de quitter son corps humain.

En tant que messagère, il est très difficile d'entendre ce type de discours qui passe par moi, par ma voix. L'annonce par l'âme de son départ, que ce soit un enfant ou un adulte, à un membre de sa famille est extrêmement exceptionnelle dans notre pratique. Ici, l'âme de Jonathan sait très bien que son discours va toucher le cœur et l'âme de sa mère, et qu'elle a besoin non seulement de la préparer à son départ mais aussi de l'accompagner dans son humanité, dans le calme, l'amour, la compréhension et l'acceptation. C'est un cadeau que l'âme de Jonathan fait à sa mère. Là encore, il y a connivence d'âme à âme, entre le fils et la mère, et elle sait que Sandrine, humainement, est prête à entendre et à accueillir son message.

Conformément au message de son âme, Jonathan a rejoint le monde de l'invisible à l'âge de 5 ans, soit une année après que j'ai rencontré Sandrine.

Pour l'écriture de cet ouvrage, j'ai demandé aux guides l'autorisation de contacter l'âme de Jonathan. La réponse étant positive, je m'adresse donc à l'âme de Jonathan :

« Jonathan, je me souviens du jour où ta maman m'a téléphoné pour me prévenir que tu étais sur le point de quitter cette Terre. Tu étais à l'hôpital, entouré d'une équipe soignante apparemment extraordinaire ; tes parents étaient sereins, dans l'acceptation totale de ton départ imminent.

J'ai alors pensé à toi très fort. Je t'ai envoyé toute la lumière d'amour que je pouvais, à ton âme et à ton corps d'enfant. J'étais tellement touchée que ta mère partage ce moment alors qu'elle était à l'hôpital avec toi, en train de vivre ce moment unique et « douloureux » pour son cœur de mère. Cela a été pour moi le signe d'une confiance rare, d'avoir pensé à me prévenir, dans un moment aussi « difficile ».

Puis elle m'a rappelée pour m'avertir que tu venais de quitter cette Terre, entouré de douceur et d'amour et qu'ils t'avaient accompagné avec beaucoup de calme dans leur cœur.

Je me souviens comment l'émotion m'a prise et je t'ai pleuré, Jonathan…

Je sentais une dualité en moi, très forte. Une partie de moi, l'humaine, pleurait le départ d'un petit enfant de 5 ans et je pensais à tes parents dont la vie avait tourné autour de toi comme la Terre tourne autour du Soleil. Tu as été leur raison d'être et j'étais admirative devant leur attitude face à ton départ. Puis l'autre partie de moi, mon âme, comprenait ton choix de partir, de quitter ce corps devenu trop souffrant pour toi. Elle comprenait que ta place était de retourner à l'état d'âme pure, que tu avais fait ton chemin sur cette Terre et que tu avais été au bout de cette expérience courageusement. »

L'âme de Jonathan :

« J'accepte de venir à toi car tu as aidé ma famille terrestre à me laisser partir et quitter cette Terre avec beaucoup d'apaisement. Grâce aux messages que j'ai donnés à ma mère par ton intermédiaire, elle a pu me laisser, m'accompagner, ne pas se raccrocher à moi et comprendre mon choix et la nécessité de laisser derrière moi ce corps trop souffrant.

Oui, je suis venu sur cette Terre pour faire comprendre à mes parents, qui désiraient tant un enfant, que l'on pouvait aimer sans attendre d'être aimé en retour. Bien entendu, je les ai aimés pour ce qu'ils étaient. Ils s'occupaient très bien de moi, je ressentais les vagues d'amour provenant de leur cœur et aussi de leur âme. Cela me réchauffait et ainsi je sentais moins mes "douleurs", bien que mon ressenti était anesthésié en quelque sorte. Mon énergie était très très forte pour mon corps bien frêle. Il y avait une distorsion importante entre mon être d'énergie et mon corps physique qui était rétracté, une carcasse qui était comme une prison pour moi. Mais mon esprit s'évadait beaucoup et c'est aussi cela qui me tenait ; je récupérais, d'une certaine manière.

J'ai été soulagé quand tu es arrivée, car j'ai pu enfin dire à ma mère terrestre tout ce que je ne pouvais dire avec la parole puisque je ne la possédais pas. Il fallait faciliter ce dialogue pour la préparer doucement, méthodiquement, à mon départ. Il était très important qu'elle fasse ce chemin vers ma "perte" humaine, qu'elle l'accepte et qu'elle ne se batte plus pour moi en y mettant une énergie déraisonnable ! Cela aussi faisait partie de son chemin initiatique. Je n'aurais jamais pu être un enfant normal même si j'avais décidé de rester sur Terre un peu plus longtemps. Je suis resté jusqu'à la limite de mes forces humaines pour que mes parents n'aient aucun regret de me voir partir, et que cela soit même un soulagement pour eux.

Cet accompagnement a été providentiel pour moi, car tout prenait alors la couleur de la justesse, pour moi et pour eux. Après tout ce qu'ils ont fait pour moi, je ne pouvais pas leur glisser entre les doigts sans les y préparer.

Cela a été un apprentissage formidable de m'avoir accueilli, d'avoir accepté la différence, de m'avoir aimé sans condition ! Ils ont eu l'impression d'avoir une mission auprès de moi, ce qui était vrai ! Ma mère se sacrifiait trop pour moi, elle faisait toujours trop. Jusqu'à l'épuisement…

Mon père était plus modéré. Il m'a accepté, bien entendu, mais il a réussi à mettre une sorte de distance entre lui et moi, qui le protégeait. Cela a été sa façon à lui de "survivre" à cette histoire humaine un peu difficile, pourtant je savais qu'il m'aimait.

Il s'est senti coupable dès qu'ils se sont aperçus que je n'aurais jamais les capacités dites normales, même s'ils ont mis du temps à faire un diagnostic. Les gènes de mon père et ceux de ma mère étaient incompatibles. Mais ce n'est pas cela la vraie vérité ! C'est que je me devais d'arriver dans un corps qui ne serait pas capable de fonctionner normalement. Bien entendu, cette incompatibilité génétique était programmée lors de mon arrivée sur Terre.

Mon âme était suffisamment préparée et dans la capacité de vivre cela dans mon corps terrestre. Moi aussi, j'ai beaucoup appris : mon regard était encore "vivant", malgré ce qu'ils en disaient ! J'étais là, sans être là, mais je ressentais en moi tout ce qui m'entourait, l'amour que je recevais, les stimulations que l'on essayait de me faire. Ils se sont épuisés, les pauvres ! Pour rien. Mais c'est aussi cela les actes d'amour que je devais recevoir : que l'on se batte pour moi. Ils se sont aussi battus pour eux, pensant qu'il y aurait une amélioration. Ils ont connu beaucoup de découragement mais, à chaque fois, c'est ma mère qui relevait les bras et repartait en quête de mon bien-être au détriment du sien.

Elle m'a sacrifié sa vie, durant toute ma jeune vie. Le lien d'amour que j'avais avec elle était incroyable ! Elle était mon soleil, ma lumière, ma chaleur, elle représentait tout pour moi. Elle n'était pas sage, pas raisonnable, à vouloir faire un bras de fer avec ma pathologie alors que c'était perdu d'avance ! Elle le savait pourtant, à l'intérieur d'elle-même, mais cela était très difficile à reconnaître ! Elle voulait me sauver, elle voulait me garder et avait en elle un espoir déraisonnable et impossible !

Alors, oui, pour moi cela a été un soulagement de pouvoir lui dire, par ton intermédiaire, ce que je ressentais au plus profond de moi, que l'apprentissage allait se terminer pour moi et pour eux deux, mais surtout pour elle.

J'ai ressenti l'immense respect que vous aviez toutes les deux pour moi lorsque je me suis présenté à vous, non plus comme un corps "disloqué" sans force, handicapé, mais en tant que moi-même, avec l'énergie qui me caractérise et j'ai apprécié que vous me voyiez ainsi, en être véritable et non plus comme le petit humain limité. Non seulement cela a soulagé ma mère, car cette rencontre a été déterminante pour elle, mais aussi pour moi, car je pouvais aller à mon rythme et je savais qu'ils ne me retiendraient pas quand le moment juste arriverait pour moi et pour eux.

J'ai aimé cette vie pleine d'amour, de douceur, que je recevais. Cette attention de tous les instants. Bien entendu, il y a eu des douleurs (que je ne comprenais pas humainement) mais cela était moindre par rapport à ce que je recevais.

J'ai reçu plus d'amour que beaucoup d'hommes ou de femmes incarnés sur Terre et qui vivent jusqu'à 80 ans. Le nombre d'années de vie n'est pas comparable d'un être à l'autre. Toutes les incarnations sont différentes ! ”

« Jonathan, je ne t'ai jamais oublié, toi, ni ces moments intenses que j'ai vécus à plusieurs reprises avec ta maman. Je n'ai pas eu la chance de te rencontrer dans l'humain, mais tu as laissé une trace indélébile en moi. Ton histoire et l'occasion qui m'a été donnée de vous accompagner sur ce chemin de vie m'accompagnent toujours.

Quelques mois après ton départ, ta mère et moi, nous nous sommes retrouvées. Je n'oublierai jamais ce moment d'émotion intense qui nous a submergées et surprises à la fois. Nous nous sommes regardées et, sans un mot, tu nous as reliées l'une à l'autre. Nous avons toutes deux pleuré dans les bras l'une de l'autre, à chaudes larmes, mais pas de tristesse… Ensuite, nous avons pu mettre quelques mots simples sur ton départ et c'était très apaisant. Ce fut un moment « rare » dans la connivence de nos âmes et de nos humains.

Merci à toi, Jonathan, pour tout ce que tu m'as apporté puisqu'une dizaine d'années après ton départ, je parle de toi. Tu restes vivant à tout jamais dans les souvenirs de tes parents et ceux de tous les êtres qui t'ont croisé. Ton âme forte nous a soutenus. »

L'âme de Jonathan :

« Merci d'avoir facilité mon départ en le préparant avec mes parents. Lorsque je suis parti, j'étais moi aussi apaisé, avec le sentiment d'avoir accompli tout ce que j'avais décidé d'accomplir sur cette Terre.

Je souhaite dire à ceux et celles qui "perdent" un enfant, qu'il ait quelques heures, quelques semaines ou quelques années, que tout est juste. Même un enfant qui n'a respiré qu'une seule heure a accompli ce qu'il devait faire, autant qu'une personne de 70 ans sur Terre ! L'âge est une notion humaine.

J'ai connu la *vie*, bien plus que certains humains n'osent la vivre, par crainte, par peur de s'aimer ou d'être aimé ! Moi, au contraire, j'ai vécu intensément la dose d'amour que j'ai reçue. Moi, l'enfant "vide de mes 5 sens", je me suis rempli de cet amour unique et incomparable qui m'a nourri l'âme et le corps.

Personne ne pouvait savoir ce qui était juste, ou non, pour moi ! Mon expérience sur Terre a été d'une richesse époustouflante.

Merci de penser à moi avec joie et bonheur et d'honorer la vie que je me suis choisie. Vous pourrez ainsi honorer votre propre vie et vos choix. Il n'existe pas de "petites vies" ni de durée d'âge pour vivre sur cette Terre puissamment.

Vivez intensément et soyez à l'écoute de vous-mêmes. Osez vivre toutes les émotions, tous les ressentis, toutes les expériences possibles voire même impossibles, car vous en sortirez grandis à tout jamais !

Devenez et soyez des êtres conscients que la vie ne s'arrête surtout pas à vos limitations physiques, émotionnelles, mentales… Vous êtes des êtres uniques et possédez des talents insoupçonnés qu'il vous faut découvrir.

Soyez des aventuriers de la vie, de votre vie ! ”

EN RÉSUMÉ

L'enfant handicapé de naissance

- L'âme peut choisir d'incarner un corps handicapé à la naissance. Ces limitations sont des accélérateurs de transformation et d'évolution.
- Le handicap n'est ni une malédiction ni une punition karmique.
- L'âme ne souffre pas du handicap, c'est l'humain qui peut en pâtir dans son corps, son ego, son mental.
- Les âmes des parents d'enfants handicapés ont programmé leur mission en acceptant ces défis pour des raisons différentes : rééquilibrer le karma, une relation, apprendre l'amour inconditionnel.
- Le regard de la société sur le handicap lourd est souvent dégradé.
- Ces témoignages permettent de donner du sens à la vie de ces êtres, de la compréhension et de l'humanité.
- Ces êtres pleins de courage vous montrent ce qu'est véritablement l'humilité.
- Ils vous aident à faire évoluer votre regard vers plus de compassion, à ouvrir votre cœur et à communiquer avec eux, d'âme à âme, de cœur à cœur.
- Il n'y a pas de vie plus importante qu'une autre, toute vie terrestre est une incroyable aventure.
- Revenir à l'essentiel, ce n'est pas dans le *faire*, mais dans ce que l'on *est* et comment on le vit.

« L'échec »

- L'échec tout comme la réussite sont des notions et un jugement typiquement humains.
- Pour l'âme, après son débriefing et la transmutation de son histoire humaine, tout devient expériences, apprentissages et leçons de vie.
- Si votre âme considère que ses objectifs de mission de vie ne sont pas remplis, elle souhaitera compléter son expérience en se réincarnant.

CHAPITRE 8

LES FAMILLES D'ÂMES

Armand, le secret de famille

Un nouveau témoignage encore plus poignant ? Nous avons la sensation que Cyléria nous réserve des rencontres qui vont *crescendo* dans leur intensité. C'est avec enthousiasme que nous nous rendons à ce nouveau rendez-vous céleste.

L'ambiance énergétique nous paraît presque d'un calme monacal. Nous voyons approcher Cyléria. Nous avons l'impression qu'elle tient la main d'un autre être lumineux. Ils avancent vers nous et nous pouvons distinguer que cet être de lumière prend l'apparence d'un enfant. Il se place devant nous, tranquille, puis nous le voyons trempé comme s'il sortait de l'eau. C'est l'image qu'il nous transmet et nous comprenons qu'il s'est noyé. Lorsqu'il prend la parole, nous ressentons une âme mature et sage malgré son aspect enfantin.

Le message d'Armand

« Bonjour, je m'appelais Armand, et j'avais 7 ans quand mon grand-père m'a noyé dans la rivière près de chez nous. Mon grand-père avait perdu sa femme à la naissance de son dernier enfant. Avec quatre garçons et trois filles, les bras ne manquaient pas, mais les bouches à nourrir non plus. Ils habitaient dans une ferme. Ma mère était l'aînée des filles. Sa mission était donc dure car il fallait qu'elle remplace sa mère dans le foyer et s'acquitte de sa tâche sans se plaindre.

Il le fallait bien car mon grand-père avait un caractère bourru et imprévisible, souvent dans la violence plus que dans les mots. Il fallait comprendre et exécuter ce qu'il voulait, et vite, sinon ça partait plus vite que la foudre ! C'était une vie d'efforts et de travail, mais ils s'en sortaient, il ne manquait rien à table. Les fils rapportaient leur pitance et ne ménageaient pas leurs efforts. C'était ainsi, personne n'aurait osé changer cela.

Un après-midi d'automne, ma mère, sa sœur cadette et mon grand-père étaient au bord de la rivière qui longeait le hameau où ils habitaient depuis plusieurs générations. Le grand-père, ivre, faisait sa sieste contre un arbre. La petite jouait au bord de l'eau glacée et ma mère faisait des allers-retours jusqu'à la maison pour charrier l'eau de la lessiveuse.

Prise d'une drôle d'appréhension, ma mère secoua l'épaule de son père pour le réveiller et lui dire de surveiller la gamine. Il lui répondit par un juron. Quelques instants plus tard, il chercha la petite des yeux ; il ne savait plus s'il s'était rendormi, ni combien de temps. Il rentra en courant à la maison pensant d'abord que ma mère l'avait ramenée. Leurs regards se croisèrent et ils comprirent ce qui était arrivé. Ils cherchèrent malgré tout l'enfant, en vain. Le courant était fort... Elle n'avait que 2 ans, et elle s'était noyée. C'est un voisin qui la ramena à la tombée de la nuit, sans vie. Il avait fabriqué un piège pour braconner la truite et il l'avait découverte en relevant son piège car ses vêtements s'y étaient accrochés.

Le grand-père décréta le silence absolu dans la maison pendant plusieurs jours. Il relata l'accident au village, sous-entendant la négligence de sa fille aînée en train de préparer la lessive. Il dit cela au curé, aux voisins, et ainsi tous jugèrent l'affaire sur ses dires.

Ma mère fut mise à l'écart dans la famille. Au marché, on l'insultait, on lui jetait des légumes avariés et parfois on refusait de lui vendre des produits. Le chagrin (car elle était très attachée à cette enfant, elle se sentait comme sa mère), la culpabilité et le doute s'étaient emparés d'elle. C'était devenu insoutenable pour elle. Le grand-père, dont on plaignait la douleur, s'était laissé dire que, pour le bien de tous, éloigner sa fille du village et de la maison serait le mieux. Il l'envoya peu après faire la bonne dans une famille de notables, à une centaine de kilomètres. C'est là-bas qu'elle connut mon père. Ils se marièrent et me conçurent. Elle était soulagée de s'installer loin de ce hameau de malheur, de recommencer à zéro. C'était une bonne mère, attentive mais anxieuse.

Un jour, elle reçut un message de son père arguant qu'elle devait avoir honte de sa famille pour donner si peu de nouvelles et n'être jamais venue présenter son enfant. Sous la pression, elle entreprit donc le voyage avec moi. Elle était enceinte de quelques semaines et je mis son anxiété sur le compte du voyage fatigant et inconfortable dans son état. Elle m'a juste dit une phrase lorsque je lui ai demandé pourquoi nous n'avions jamais été les voir : "Je t'en prie, ne va pas seul à la rivière, elle est dangereuse." Je ne connaissais pas son histoire. On ne disait rien aux enfants en ce temps-là. Il fallait découvrir les choses par soi-même et surtout ne pas être trop curieux, c'était un vilain péché. À notre arrivée, les lieux m'ont paru lugubres et je ne décollais pas de ma mère, sentant une peur grandissante. Ma tante nous souffla que le grand-père était plus ivre que jamais. L'atmosphère était lourde, presque poisseuse.

Pendant que je jouais avec une petite cousine au pied de la table, une violente dispute éclata : ma mère révéla sa version de l'histoire concernant la noyade de sa sœur. Pris en défaut, le grand-père s'emporta, gagné par une colère sourde contre sa fille. Il voulut la punir de son affront en la privant de ce qu'elle chérissait le plus. J'étais le sacrifié.

Tout alla très vite. Il la gifla violemment et elle tomba en ressentant une forte douleur au ventre. À demi assommée et sous le choc, elle comprit trop tard que son fils avait été emmené par son père. Mes hurlements et mes gesticulations pour me libérer ne faisaient que resserrer son étreinte. J'étouffais déjà sous la force de ses bras. Puis il y a eu le bruit de l'eau qui coule, ensuite le froid de l'eau, saisissant à me couper le souffle, l'eau partout sur moi, sur mon visage. Je percevais au loin les hurlements entremêlés de ma mère et de ma tante… L'eau, l'eau, l'eau… Bientôt je n'eus plus la force de résister. Je m'abandonnai, entièrement épuisé, vidé.

Je vis alors l'horreur de cette scène du dessus. Mon grand-père, assis dans l'eau agitée par le courant, pleurait comme un enfant. Ma mère traînait mon corps sans vie sur la rive pour me secouer, me faire cracher et respirer comme elle pouvait, et ma tante, debout, tétanisée, ne réagissait même plus.

J'ignorais alors que j'étais mort car j'étais sous le choc, mais je ne ressentais plus rien de douloureux. Une énergie douce m'enveloppa et une femme m'apparut. C'était ma grand-mère décédée. Elle était douce et souriante et m'accueillait dans une lumière de plus en plus brillante. Plus tard, je compris le contrat d'avant incarnation que nous avions conclu en famille :

mon rôle était de libérer la vérité et la souffrance endurée.

La fillette devait aider ma mère à développer ses facultés maternelles. Elle prêtait sa vie pour permettre le dessein de son père et de sa grande sœur.

Ma mère, elle, devait faire l'expérience de la culpabilité (à travers la mort de sa sœur) mais aussi de la soumission à son père, deux facettes très prononcées chez elle dans ses dernières incarnations. Comme ceci n'a pu se réaliser au moment de la mort de sa petite sœur, les injures et le rejet du village devaient l'amener à cette montée en puissance pour rétablir la vérité. Son âme a senti que sa personnalité humaine n'en était pas capable à ce moment-là, donc un éloignement fut décidé pour lui laisser le temps de mûrir cette revendication. Je n'en ai été que l'instrument.

Mon grand-père venait apprendre ici-bas à ne plus se cacher derrière les autres, à accepter ses erreurs et manquements et à les assumer avec courage. La lâcheté était une solution plus facile dans ses précédentes vies. L'alcoolisme et le mensonge faisaient partie de ses prédispositions.

Ma mère et mon grand-père, dans leurs jeux de rôle, se donnaient la réplique pour développer ces points en eux. Lorsque mon grand-père me vit donc pour la première et unique fois, il fut frappé par la troublante ressemblance que j'avais avec sa fille noyée (mêmes cheveux, même regard). Sentant ce soir-là que la vérité allait éclater au grand jour, il avait de nouveau l'opportunité de s'amender auprès de sa famille et ainsi de rééquilibrer les choses. Au lieu de cela, sa colère l'a poussé à la folie. Il a cherché une nouvelle fois à cacher la vérité.

Je savais que cette probabilité était forte et je me suis incarné en l'acceptant. Ainsi, mon karma n'est pas déséquilibré. Ceux de mon grand-père et de ma mère ont toujours besoin d'être harmonisés sur ces points. Une nouvelle incarnation leur permettra d'avancer là-dessus avec plus d'aisance.

Après ma mort, mon grand-père fut jugé par la justice des hommes, et condamné. Il mourut de regrets en prison, un hiver. Ma mère se releva du traumatisme et du chagrin de mon départ en adorant les jumelles qu'elle portait lors du drame. Le procès de son père fut rude, mais nécessaire pour elle, faisant émerger la vérité et les émotions enfouies. Elle se sentit soulagée par la vérité qui allégeait sa culpabilité, mais pas libérée de l'emprise de son père qui restait un bourreau. Elle coupa tous les liens avec lui et resta, de loin, en contact avec ses frères et sœurs. Elle travailla le reste de sa vie dans un pensionnat pour enfants où elle leur donna amour et protection, et répara ainsi sa culpabilité liée aux enfants. Bien que mon apparition fût courte dans cette incarnation, je soutins l'évolution de ces deux êtres. Nous choisissons de nous incarner souvent ensemble, ou d'être les superviseurs non incarnés, et nous faisons ainsi avancer les âmes de notre famille d'âmes.

Nous avons tous choisi délibérément des objectifs de vie, de développement personnel et de groupe. Nous sommes un groupe d'âmes que nous pourrions qualifier de courageuses et volontaires pour évoluer. Ainsi, avant l'incarnation, nous prévoyons ensemble des circonstances de vie qui en constitueront la base, le terreau. Ensuite, nous laissons un libre arbitre important à nos personnalités humaines pour faire leurs expériences à travers leurs choix sur la Terre. Une fois l'incarnation terminée, nous reprenons conscience des jeux de rôle déterminés à l'avance pour servir nos besoins d'évolution et nous retrouvons la paix intérieure. Nous ne gardons pas de rancune ou de grief entre nous. Les blessures et les souffrances endurées pendant les passages sur Terre sont accueillies avec compassion et compréhension, sans jugement. Nous acquérons ainsi une grande sagesse par la richesse de nos apprentissages. C'est pourquoi nous avons choisi de témoigner.

Nous espérons que cela vous sera profitable d'une manière ou d'une autre. C'est ce qui nous réjouit et nous fait tous évoluer.

Paix et compassion en vos êtres.

Merci. »

Peut-être que le témoignage d'Armand vous a ébranlé. Nous vous invitons à prendre quelques instants avant d'aller plus loin dans votre lecture. Prenez le temps d'accueillir ce qui est.

Temps de méditation

Prenez une grande inspiration profonde par le nez.
Expirez par la bouche.
Accueillez votre ressenti, votre émotion sans jugement.

Quelle est votre première réflexion après ce message ?
Quelle(s) émotion(s) ressentez-vous ?
Que ressentez-vous dans votre corps ?
Que vous inspire l'expérience de vie de la famille d'Armand ?

Pour vous y aider, voici quelques axes de réflexion :

Famille d'âmes

- Avez-vous reconnu des êtres de votre entourage comme faisant partie de votre famille d'âmes ?
- Qu'est-ce qui vous fait penser cela ? Listez-les.
- Comment les avez-vous reconnus ?

Le secret de famille :

- Avez-vous l'impression qu'il y a une zone de flou dans l'histoire de votre famille ?
- Ressentez-vous un mal-être ou un poids vis-à-vis de cette situation ?
- Avez-vous déjà pressenti, recherché et/ou découvert un secret de famille ?
- Quelles sont les raisons qui vous ont poussé à partir à la recherche de ce secret ?
- Comment l'avez-vous découvert ? (arbre généalogique, discussion en famille, photos, correspondance, article de journal...)
- Une fois ce secret révélé, vous êtes-vous senti libéré ?

Nous allons aborder des notions difficiles à entendre pour l'humain, mais elles feront immanquablement évoluer votre conscience en prenant du recul et en étant à l'écoute de votre intériorité.

Les enseignements délivrés par Armand

Famille d'âmes

Une famille d'âmes n'est pas une famille au sens humain du terme, avec des parents, des enfants, etc. Elle se rapproche davantage d'une famille de cœur se regroupant par affinités, par évolution...

Dès que l'âme a décidé de s'incarner sur Terre, elle va quitter sa famille d'âmes. Elle sait que ce n'est qu'un au revoir et non un adieu. Elle va intégrer une famille humaine qui ne sera pas obligatoirement composée entièrement des membres de sa famille d'âmes car viendront s'y ajouter des êtres issus d'autres familles d'âmes, en fonction des accords passés. Certains seront des soutiens (amis, conjoint, collègues, rencontres marquantes) ; d'autres joueront un rôle plus difficile, conflictuel, en se mettant en travers de sa route (ennemis, harceleurs, violeurs…).

Puis, lorsque l'âme se désincarne, elle se défait de son rôle terrestre, comme une comédienne qui sort de scène, retire son costume et retrouve son essence. Après la libération post-incarnation, l'âme prend le chemin du retour vers sa « Maison » et retourne auprès de sa famille d'âmes. Sur ce plan, les âmes ne ressentent aucun grief, elles ne s'en veulent pas de ce qu'elles ont partagé et vécu sur Terre, et il ne subsiste plus aucun lien familial terrestre. Par conséquent, les retrouvailles se vivent dans l'amour et la joie du retour sur ce plan de lumière.

Voici ce que Cyléria expose :

« Ce que vous appelez famille d'âmes est un regroupement d'êtres, d'énergies lumineuses, qui possèdent la même énergie originelle. Pour une meilleure compréhension, nous dirions qu'ils partagent la même fréquence vibratoire, le même niveau de conscience (comme vous l'appelez également).

Les âmes arrivent toutes avec le même capital de la Source, puis collectent les mêmes connaissances de base dans une sorte de classe préparatoire. Cependant, elles vont apprendre différemment selon leurs caractères, leurs personnalités. Cela va déterminer leur cheminement. Ensuite, ce qui va faire la différence, c'est le chemin des incarnations qu'elles vont emprunter.

Pour être plus explicite, essayons une analogie humaine en l'imageant ainsi : les familles d'âmes peuvent être assimilées à vos différentes catégories professionnelles, avec leurs spécificités. Par exemple, vous commencez votre cursus scolaire par un tronc commun (maternelle, élémentaire, secondaire). Puis vous allez choisir des voies spécifiques en fonction de votre sensibilité, de vos intérêts et talents, en rejoignant des écoles différentes pour devenir plombier, avocat, boulanger, agriculteur, médecin, architecte, journaliste, etc. Vous allez ainsi vous regrouper et former comme une "famille".

Le chemin de l'âme est évolutif. Ainsi, une âme fait partie d'une famille d'âmes et, suivant son évolution, peut être amenée à changer de famille tout en gardant un fort "attachement" à sa famille d'origine. Toutes les âmes ne vont pas évoluer de la même manière, leurs niveaux de conscience étant fonction de la façon dont les expériences incarnées vont être appréhendées, comprises, transmutées. C'est le sens même de l'évolution.

Précisons que les membres qui composent votre famille humaine ne disposent pas forcément tous de la même fréquence vibratoire. Vous pouvez faire toutes sortes de rencontres sur Terre mais, contrairement aux idées reçues, ces êtres n'appartiennent pas tous à votre famille d'âmes. ”

Ne vous fiez donc pas aux apparences ! Si nous revenons à l'histoire familiale d'Armand, vous pourriez penser que le grand-père était l'ennemi de sa fille et de son petit-fils. Or, ils font tous partie de la même famille d'âmes. Leurs âmes ont choisi, avec amour, un scénario pour les faire évoluer et ont joué chacune leur rôle en essayant de le suivre, bien que, dans leurs incarnations, ils aient dévié de leur programmation initiale.

Nous demandons une autre précision à Cyléria :

La famille d'âmes est-elle composée d'âmes qui s'incarnent uniquement sur cette planète ?

Cyléria :

« Non. L'incarnation de votre âme ne se fait pas exclusivement sur Terre, cela serait bien trop réducteur. Souhaitez-vous rester dans votre pays lorsque vous avez la possibilité de faire un voyage autour du monde ? Il en est de même pour votre âme qui traverse l'espace-temps. Elle choisira de s'incarner sur des plans de consciences différents, sous des formes également totalement différentes, afin d'étancher sa soif de connaissances et d'expériences.

Il y a différents types de voyageurs. Il y a les globe-trotteurs aventuriers et ceux qui le sont un peu moins. Il en est de même pour votre âme. De plus, il existe d'autres corps que celui de l'humain pour abriter une âme, d'autres "mondes" comme vous dites. Chaque âme va évoluer "individuellement" et après chaque voyage va en faire bénéficier sa famille d'âmes. Ainsi, c'est le collectif qui progresse : toutes les familles d'âmes sont interconnectées entre elles. Les "frontières" sont poreuses. »

Secret de famille

Le témoignage d'Armand montre les incidences, les conséquences, les résonances qu'un secret de famille peut avoir sur plusieurs de ses membres.

Mais qu'est-ce qu'un secret de famille ? Sur le plan humain, la définition pourrait être : la dissimulation, l'interdiction de connaître un événement, souvent douloureux, au sein d'une famille. Qu'il s'agisse d'un viol, d'un suicide, d'un meurtre, d'une adoption, d'un avortement, d'un abandon, d'un adultère, d'un emprisonnement, d'une trahison, d'une guerre, d'un conflit, d'un délit, d'une faillite, d'une spoliation, d'un deuil…

Le secret de famille peut être transmis de génération en génération, nous disons qu'il est transgénérationnel. Les descendants sensibles vont ressentir qu'il y a quelque chose qu'on ne dit pas, qu'il est interdit de connaître et qui est douloureux pour leurs parents ou grands-parents ou autres aïeux. Le verrouillage de la "vérité" de leur histoire va souvent créer un déséquilibre voire un mal-être, même s'ils ne sont pas directement concernés, même s'ils ne trouvent pas l'origine de ce secret dans leur propre vie.

Pour créer un secret de famille il faut, à son origine, une personne qui se tait et ne souhaite pas révéler un événement, une action ou une circonstance donnée. Il peut y avoir des "complices", volontaires ou non, qui se taisent. Ici, le grand-père est à l'origine du secret de famille lorsqu'il laisse croire que sa fille cadette était sous la surveillance de sa fille aînée (et non de la sienne), et que cette dernière est responsable du drame. Lorsque la fille aînée ne contredit pas son père, elle devient complice du secret de famille.

Alors l'événement est placé sous silence. Il sera ensuite interdit d'en parler sous prétexte que cela est trop douloureux mais, en réalité, c'est pour conserver le secret. Cette « omerta » cristallise et gangrène les proches et les générations suivantes avec, parfois, une étrange répétition du drame. Dans certaines familles, nous pouvons retrouver l'histoire qui se répète au fil des générations.

Un drame se répète sur 4 générations

Il y a quelques années, nous avons eu l'occasion de recevoir une femme qui nous expliqua qu'elle avait été violée à l'âge de 14 ans. Plus tard, elle avait découvert le secret que sa mère, sa grand-mère et son arrière-grand-mère avaient toutes été victimes de viols approximativement au même âge.
Elle avait peur que cela se renouvelle avec sa fille qui avait alors 8 ans. Souhaitant la préserver, elle voulait comprendre et « casser » ce cycle transgénérationnel. Ce fut un beau travail de libération de la lignée.

Cyléria, pour quelles raisons une âme choisit-elle de s'incarner dans une famille qui porte un secret ?

« Pour l'âme, le secret de famille, comme vous l'appelez, n'en est pas vraiment un. Je m'explique : l'âme sait, elle connaît déjà ce "secret", avant de s'incarner. Nous vous avons expliqué que l'âme choisit sa future famille et, par voie de conséquence, l'histoire de sa famille. Cette histoire familiale, je la nomme le terrain, et le secret qui se trouve sur ce terrain, le rocher. L'âme va faire le choix de ce type de "terrain rocheux" parce qu'elle est en résonance vibratoire avec lui et qu'il sera favorable à son incarnation. Pour qu'elle choisisse une incarnation dans une lignée où il y a un secret de famille, il faut au moins un de ces éléments :

- Elle a connu un secret de famille dans une ou plusieurs de ses incarnations terrestres.
- Elle a vécu un événement de même nature (un viol, un meurtre) dans une ou plusieurs de ses incarnations terrestres.
- Elle a une ou plusieurs relation(s) karmique(s) avec l'auteur et/ou le(s) détenteur(s) du secret.

Maintenant, imaginez que c'est vous qui êtes à l'origine d'un secret de famille. Une bagarre éclate entre vous et l'amant de votre femme. Vous avez un coup de sang et vous poussez cet homme, qui tombe et se brise la nuque sur une pierre. Ce n'était pas prémédité. Vous avez tué accidentellement l'amant de votre femme et vous l'avez fait disparaître au fond d'un puits. Vous êtes donc responsable de cette mort. Par peur d'être emprisonné, vous ne dites rien à personne et vous cachez cet accident, mais vous vous sentez coupable.

Le secret alors s'installe, s'insinue en vous. Ce silence et la peur d'être découvert vous rongent. Ce secret vous brise, brise votre vie, jusqu'à votre mort. C'était un poids lourd à porter, la vibration de la culpabilité s'est imprégnée en votre âme et reste présente, même après votre retour dans le monde spirituel.

Puis, dans l'incarnation suivante, vous choisissez d'arriver dans une famille qui porte ce même poids du secret et de la culpabilité pour vous libérer de votre fardeau. Ce poids est en résonance avec votre vie antérieure (la mort de l'amant) et avec l'histoire de votre famille. Vous portez cette double résonance dans votre corps d'énergie au niveau vibratoire (dans votre âme) et dans votre ADN (famille humaine), comme vous portez dans votre ADN un codage génétique qui transmet des caractéristiques physiques de votre lignée. De la même façon, le vécu de vos aïeux *se transmet de génération en génération et s'engramme dans votre mémoire cellulaire.* C'est le terrain.

L'histoire de votre famille est opaque, cela vous met mal à l'aise sans que vous ne compreniez pourquoi, sans savoir exactement ce qui s'est passé. Vous sentez irrépressiblement que vous devez connaître l'histoire de votre famille et faire ressortir la "vérité" cachée. C'est pourquoi vous recherchez, vous grattez. Cela vous fait devenir un chercheur, un défricheur. Peut être allez-vous rechercher vos origines familiales en établissant votre arbre généalogique, qui va vous donner des informations sur les récurrences de dates ou d'événements…

En cherchant, vous découvrez une ombre dans la vie de votre grand-père. Il y a eu un meurtre pour voler de l'argent, il s'agissait d'un crime crapuleux (c'est le rocher). À présent, mettre au grand jour cette vérité est indispensable pour vous (libération du rocher). Vous révélez le secret de votre grand-père autour de vous, et ainsi vous levez le secret pour votre famille (libération du terrain) et vous vous libérez vous-même.

Ces recherches peuvent n'intéresser que vous et pas les autres membres de votre famille car ces derniers ne portent pas le même poids de culpabilité que vous. Cela ne fait pas partie de leur contrat d'incarnation de dévoiler et de délivrer la lignée du secret.

Votre motivation à rechercher la "vérité" autour du secret va vous permettre de libérer la culpabilité en vous, mais également, votre grand-père et l'histoire familiale. Ainsi, vous avez fait éclater le rocher en nettoyant le terrain de ses débris. Le rocher n'est plus. »

Que se passe-t-il si la « vérité » n'est pas découverte ?

« Le secret de famille s'engramme de génération en génération. Il sera répétitif, amplifié et s'ajoutera peut-être à d'autres secrets, jusqu'au moment où un membre de la famille "mettra les pieds dans le plat" et le libèrera enfin ! Peu importe le temps que cela prendra. »

Et lorsque la « vérité » éclate ?

“Vous ne vous rendez pas compte de l'effet domino que crée une libération du secret de famille ! Par la pratique énergétique et médiumnique, certes, vous vous en libérez consciemment, mais votre mémoire cellulaire est également désengrammée énergétiquement. Ceci s'effectue de manière inconsciente, mais vous pouvez avoir l'impression de vous débarrasser d'une chape de plomb qui était sur vos épaules depuis des lustres. Ceci a pour conséquence de débloquer votre lignée familiale (descendants et aïeux). Vous avez fait une partie du travail de libération pour vous-même, toutefois il restera aux membres de votre famille, qui en ressentent le besoin et qui en ont conscience (par leurs ressentis, mal-être), à libérer à leur tour des empreintes résiduelles. Vos aïeux, qui en étaient peut-être encore prisonniers, ont aussi l'occasion de s'en délivrer. Si le secret est révélé au grand jour et transmuté, il n'y a pas de raison qu'il se répète.

Souvent les âmes viennent dans l'intention de libérer le poids du secret mais, une fois qu'elles sont incarnées, la personnalité humaine peut se voir découragée par l'omerta familiale. Cette chape de plomb qu'est le secret dans la famille s'oppose à la recherche de la "vérité". Il faut alors être persévérant, se sentir poussé par une force intérieure, pour la dépasser et continuer à défricher le terrain, même si cela prend plusieurs années.”

« Quand le secret se révèle, on a l'impression de découvrir quelque chose d'inouï et en même temps de l'avoir toujours su. »
Philippe Grimbert[1]

Souvent ce qui est appelé « vérité » est toute relative car chacun détient *sa* vérité. Elle passe par le prisme de votre interprétation. Le but n'est pas de rechercher la vérité vraie mais celle qui résonne en vous, celle que vous avez toujours sentie à l'intérieur de vous ; elle peut être représentée comme un caillou dans votre chaussure qui vous empêche de marcher sans vous blesser. D'où la nécessité pour vous de retirer ce caillou en cherchant cette pièce de puzzle qui vous manque.

Il nous est arrivé de recevoir des personnes qui souhaitaient connaître un secret de famille par curiosité, parce qu'elles pensaient qu'il en existait un, mais sans se sentir du tout impactées par celui-ci. La recherche d'un secret, par le biais de la médiumnité, n'est pas un acte de curiosité. Il ne s'agit pas d'un jeu. D'ailleurs, certains défunts vont nous apparaître très en colère, nous faisant comprendre qu'ils ne souhaitent pas que nous « fouillions » dans leur histoire. C'est leur libre arbitre, leur choix. Nous nous devons de le respecter. Nous recevons alors l'information que

1. Philippe Grimbert est écrivain et psychanalyste. Il a notamment publié *Un Secret*, roman autobiographique paru aux éditions Grasset et adapté au cinéma par Claude Miller.

ce que souhaite savoir la personne venue nous consulter ne la concerne absolument pas, et qu'une libération énergétique n'est pas nécessaire.

Revenons maintenant à l'histoire de la famille d'Armand.

L'histoire de la famille d'Armand

Voici, synthétiquement, ce qu'avaient prévu les âmes de cette famille :

Mission de la famille d'âmes : soutenir l'évolution de chaque membre en s'incarnant ensemble ou en étant les superviseurs non incarnés. Ces êtres laissent un libre arbitre important aux personnalités humaines pour faire leurs expériences à travers leurs choix sur la Terre.

À partir du scénario initial, négociation des *contrats d'âme à âme.* Tous ont accepté de vivre ce schéma familial avec le décès de la fillette comme point de départ.

Mission de vie de la fillette noyée : « Elle prêtait sa vie, pour permettre le dessein de son père et de sa grande sœur », nous a expliqué Armand. Son incarnation était délibérément courte. Elle permettait de développer l'instinct maternel de sa sœur aînée qui, à la mort de leur mère, est devenue chargée de famille.

Sa mort accidentelle, sous la cosurveillance de son père et de sa sœur, créait le contexte et le point de départ pour aider ceux-ci à atteindre leurs missions de vie.

Mission de vie du grand-père : apprendre à dire la vérité, à ne plus se cacher derrière les autres, à accepter ses erreurs et manquements, et les assumer avec courage. Les événements suivants ont été pour lui des opportunités de réaliser sa mission :

- Au décès de sa fillette, sous sa cosurveillance, il se défausse par le mensonge.
- Sa rencontre avec Armand qui lui rappelle le drame : face aux dires de sa fille, il s'enferre dans le mensonge et va jusqu'au crime pour taire la vérité.
- À son procès, la vérité éclate au grand jour.

Mission de vie de la mère d'Armand : vivre la culpabilité et la soumission (deux facettes très prononcées chez elle dans ses précédentes incarnations) pour apprendre à se révolter contre l'injustice, le mensonge de son père, et libérer sa culpabilité.

Opportunités : le rejet, les injures du village, les retrouvailles avec son père, le procès devaient l'aider à rétablir la vérité. Son humain ne pouvait pas transmuter la leçon à la mort de sa sœur, l'âme choisit alors l'éloignement pour laisser sa personnalité humaine mûrir.

Mission de vie d'Armand : libérer la vérité et la souffrance dans cette famille, si sa mère et son grand-père ne le peuvent seuls. Armand est le « disjoncteur » de ce secret de famille. Son incarnation était délibérément courte et la probabilité que le grand-père le tue était pesée et acceptée : « Je savais que cette probabilité était forte et je me suis incarné en l'acceptant. » Le visage d'Armand ressemblait à celui de la fillette décédée pour que le grand-père puisse réactiver son souvenir.

Lors de l'écriture de ces dernières lignes, nous sentons une présence forte à nos côtés et comme un appel d'urgence, nous arrêtons tout. Le grand-père d'Armand est là et souhaite délivrer à son tour sa « vérité ». Nous lui laissons la place et l'écoutons.

L'âme du grand-père d'Armand :

Je porte le mauvais rôle et, souvent dans ce genre d'histoires, nous les bourreaux, les accusés, les monstres, nous n'avons que rarement la possibilité de nous raconter. Je profite de cet espace pour dire ma réalité, ma vérité.

Je ne viens pas dire que je suis innocent, oh, non, je suis coupable ; ni me plaindre. Je sais bien que peu de cœurs humains seraient capables de chercher à comprendre ce que j'ai vécu. Comment j'en suis arrivé à un acte aussi atroce, et à me pardonner ? Vous vous dites sans doute que j'étais une brute sans cœur et que j'ai tué un enfant innocent de sang-froid. Il n'en est rien. Voyez-vous – et j'aimerais que vous puissiez m'écouter, me lire sans préjugé – j'étais lâche, certes, mais pas que cela.

Juste pour que vous compreniez le contexte, j'ai eu une enfance rude. Je travaillais aux champs depuis mon enfance. Lorsque j'avais 9 ou 10 ans, ma mère est morte à cause d'une maladie qui avait aussi emporté l'un de mes frères, plus jeune que moi. Mon père n'était pas un tendre et a décidé que je devais prendre la deuxième moitié des maigres terres qu'il possédait. La meilleure partie était à mon frère aîné. C'est comme ça que j'ai eu ce lopin, près de la rivière.

J'ai construit moi-même cette maison, qui n'était avant qu'une étable. Durant ma vie, je n'ai fait que me lever aux aurores, boire une vieille vinasse et travailler dur. Une survie, plus qu'une vie, mais bref, oui, y'avait pas le temps de méditer sur le bien et le mal.

Puis ma femme que j'aimais bien (c'était une courageuse !) est morte, elle aussi, me laissant avec ce minuscule bébé. Vous savez, j'ai pensé que sans le lait de sa mère, elle n'irait pas bien loin, mais l'aînée de mes filles s'en est bien occupée. Elle faisait de son mieux, mais elle ne remplaçait pas ma femme, ni ma peine.

Deux années après, lorsque le drame est arrivé, franchement, je ne pouvais plus supporter le poids de ma responsabilité et de sa mort. Ma mère, mon frère, ma femme, la p'tite... C'était trop ! Je vous jure que je ne suis pas responsable de sa mort, je ne me souviens pas trop, je dormais à moitié, je l'entendais jouer et le bruit de l'eau se mêlait à mon sommeil et puis elle n'était plus là. J'ai vraiment eu peur, et d'ailleurs je n'ai jamais couru aussi vite à la baraque, mais c'était trop tard. Vous savez, je me suis repassé la scène dans ma tête un bon millier de fois.

Aujourd'hui, je reconnais ma négligence, je ne l'ai pas surveillée. J'étais acculé et je ne pouvais entendre une parole sans qu'elle me déchire les oreilles, le cœur. C'est pour cela que j'ai demandé le silence du recueillement. Je n'osais croiser le regard de ma fille aînée, par honte, par peur, par colère envers nous deux... Trop, c'était trop ! Lorsque le curé est venu pour bénir le corps de la p'tiote, il était dans la compassion de ce nouveau deuil. C'était si inattendu d'être soutenu alors que je n'étais que dans la culpabilité, que je ne l'ai pas contredit sur l'instant. Puis, ensuite, j'ai fait des sous-entendus, et les choses ont été ainsi. De

toute façon, ce sont les femmes qui s'occupaient des mouflets, pas les bonhommes, alors personne ne m'a incriminé, ma version était crédible. C'était plus facile pour moi sur l'instant, mais seulement sur l'instant.
C'est par honte et parce que je ne pouvais soutenir le regard de ma fille que je l'ai fait partir loin, pour oublier aussi. Mais, malgré tout ça, je n'ai pas pu oublier ! Je n'ai pas pu refermer la blessure, elle me rongeait encore plus, mais j'ai cru que c'était trop tard, pour dire la vérité… Et je me suis enfoncé plus profondément dans ma carapace.
Lorsque j'ai appris que ma fille aînée avait eu un petit gars après son mariage, j'ai voulu ne plus être en mauvais termes avec elle. Mais quand j'ai vu Armand, il était si beau, un chérubin en culottes courtes, et il avait des yeux… C'était dur pour moi, je revoyais ma p'tite, le drame.
Je ne me sentais plus de force ni de courage lorsqu'elle a reparlé du drame. J'ai eu tellement peur, j'ai cru qu'elle m'accusait, qu'elle n'entendait pas que, moi aussi, j'avais perdu une femme, puis une p'tite. Ma colère était énorme, à ne plus pouvoir la contrôler, à ne plus pouvoir me contrôler. J'ai voulu lui montrer que je n'avais pas noyé ma p'tite, que je n'aurais pas fait cela, en attrapant la chose qui était la plus précieuse à ses yeux. Je suis devenu le monstre qu'elle croyait que j'étais. Je ne me suis pas rendu compte que je tuais le petit, je voulais juste qu'elle comprenne le mal que j'avais eu moi aussi…
Vous savez, c'est difficile pour moi de me confesser. Après mon départ de cette Terre, je n'ai pas été libéré tout de suite de mon tourment. C'est le p'tit

qui est venu me chercher, au milieu des ombres et des ténèbres, pour me dire qu'il me pardonnait et sa maman aussi.

J'ai ensuite regardé ma vie comme on regarde une pièce de théâtre et il m'en a fallu du temps pour comprendre l'inconscience de l'homme que j'étais et l'irresponsabilité de mes actions. Je n'ai pas compris que ma fille avait, elle aussi, perdu sa mère, sa sœur et qu'elle souffrait aussi. Nous souffrions tous. Nous avons fait de notre mieux, même si moi j'étais plus proche du pire que du mieux. Mais la vérité et notre raison d'être sur Terre ont trouvé leurs chemins finalement.

Heureusement, aujourd'hui, les relations sont apaisées entre nous tous. Mais cette expérience-là m'a marqué au fer rouge, pour toutes mes incarnations. À présent, je suis plus humble et je peux vous dire que l'on ne peut jamais savoir ce que nous sommes capables de faire de bon ou de mauvais lorsque l'on est sur Terre. Ces deux aspects de l'humain sont en chaque homme, chaque femme. Ne jugez pas trop vite les actes des autres !

Je peux vous dire que la souffrance est le plus puissant des leviers du malheur et de la folie.

Pardonnez-moi si je vous ai choqué par ma violence.

Pardonnez-moi si je vous ai fait peur.

Je vous ai montré la face d'ombre qu'il y a aussi en vous. Pardon.

Il faut l'avoir découverte une fois ou deux pour réellement ne plus la choisir.

Paix en vous. Merci. ”

Nous nous invitons à faire une pause, le temps d'accueillir ce témoignage bouleversant.

Nous percevons une énergie féminine et entendons que l'âme de la mère d'Arnaud est à nos côtés. Elle aussi souhaite intervenir. Il semble que nous assistions à une vraie réunion de famille !

L'âme de la mère d'Armand :

« Bonjour

Je souhaite aussi prendre la parole et vous donner ma version, surtout la manière dont j'ai vécu tout ceci. Je vais être plus synthétique pour que, tous, vous puissiez me suivre et me comprendre, du moins je l'espère.

Il est vrai que je m'étais donné pour mission de prendre ma place sur cette Terre, de ne plus me laisser écraser par l'autre, d'affirmer ma parole et qu'elle ait du sens, de me faire entendre et surtout de me positionner face aux autres. Il est vrai que face à mon père, je n'y suis pas arrivée ni d'ailleurs face à tous ces détracteurs qui ne recherchaient pas la vérité mais ne faisaient que répéter ce qu'ils avaient entendu dire. J'en ai tiré une leçon. J'ai appris à ne pas hurler avec les loups et à prendre du recul face aux commérages. J'ai pris conscience de la portée de la parole et comment elle pouvait faire du mal et même détruire une réputation, une personne. Il est vrai que je n'ai pas été très courageuse puisque j'ai accepté mon exil, laissant derrière moi ma fratrie, la mort dans l'âme, mais je n'avais pas d'autre choix, du moins c'est ce qu'était ma croyance d'alors. J'aurais pu affronter tous ces gens, la rumeur se serait tue ! À un moment donné, ils auraient oublié, mais c'est moi qui n'oubliais pas, c'est moi qui restais coincée dans cette situation. C'est pourquoi il me fallait partir, et ce départ a été salutaire. Sans lui, je n'aurais pas rencontré mon époux. Qui aurait voulu de moi, au village, après tout ceci ? Je n'aurais pas eu le bonheur de mettre au monde mon cher fils.

Armand m'a offert des années de bonheur et je ne dois pas les oublier. La Terre n'est pas source de malheur, c'est nous qui provoquons tout ceci. C'est notre façon de réagir qui fait que tout penche d'un côté ou d'un autre et je ne peux en vouloir à personne.

J'ai beaucoup souffert quand mon cher fils a rejoint mes chers défunts. Je suis passée par une phase d'incompréhension totale, de sidération puis de colère, qui m'a soulevée et qui m'a donné la force de me battre, de dénoncer et de réclamer justice. J'ai pu ainsi prendre ma place, me faire entendre, même si cette affaire a fait grand bruit autour de nous. J'ai pu de nouveau me relever, me regarder dans le miroir, ne plus avoir honte de moi et, ceci, je le dois à mon fils Armand ! Sans lui, rien de tout ceci n'aurait pu s'accomplir.

Quelle générosité d'âme d'avoir accepté de se mettre à notre service pour nous permettre d'accomplir ce qui avait été décidé ensemble ! Il est vrai que lorsque l'on met en place notre arrivée sur Terre, cela peut être considéré un peu comme un jeu. On joue sérieusement, mais on joue. Nous souhaitons, bien entendu, arriver au bout du chemin que nous nous sommes fixé, mais nous savons que si nous n'y arrivons pas, ce n'est pas si grave que cela. Nous ne sommes pas tous des champions qui arrivent les premiers sur la ligne d'arrivée. L'arrivée ne peut être atteinte qu'une fois que nous avons compris toutes les étapes du chemin.

J'avais besoin aussi d'apprendre à me pardonner. Ah oui, je m'en suis voulu de la mort de mon fils ! Dans mon humain, je pensais être responsable de ce drame. Quel soulagement lorsque j'ai pris conscience, lors de mon retour auprès de ma chère famille d'âmes, qu'il n'en était rien.

Quelle joie de pouvoir tous se retrouver, sans aucune rancune ni amertume, et de se féliciter du chemin accompli par chacun. Ici, il n'y a pas de jugement et nous savons que nous avons essayé de faire au mieux. J'ai eu une phase où il a été important que j'accepte mes "déficiences", tout ce qui a été sous mon nez et que je n'ai pas pu voir, la haine que j'ai pu avoir envers mon père avant et après le drame. Lorsqu'il a failli avec ma petite sœur, je pouvais encore lui pardonner, mais avec mon fils, c'était impossible ! Il avait touché à la chair de ma chair… Mais tout évolue, fort heureusement.

Il a été très important pour moi de ne pas rester engluée dans mes croyances. J'ai beaucoup prié, pas Dieu, mais les grandes saintes. Elles me soutenaient, je leur faisais confiance car elles étaient femmes. Par ce biais, j'ai appris à pardonner partiellement à mon père, de mon vivant sur Terre.

J'ai fini par comprendre. Après ma mort, mon cher fils m'attendait et m'a accompagnée vers plus de lumière. C'est lui qui m'a aidée, bien plus que je ne pouvais l'imaginer, non seulement sur Terre mais aussi après. Il m'a dit m'avoir consolée de son départ… Il est vrai que, quelquefois, je ressentais une présence qui me soufflait sur le visage ou qui me prenait la main. C'était un petit homme, mon Armand, si mûr pour son âge ! Il n'a jamais été insouciant, toujours préoccupé par les autres.

J'ai eu beaucoup de chance d'être aidée et accompagnée de la sorte, car ainsi j'ai pu mettre au monde mes filles dans une sorte de légèreté qui m'était à l'époque incompréhensible. Je m'en voulais presque de me sentir bien et heureuse d'accueillir ces enfants. J'ai été soutenue par mon mari, ma famille, car tous les liens se sont resserrés autour de moi. Je perdais un père et je gagnais une grande famille.

J'aimerais tant que vous puissiez comprendre en vos cœurs, en réveillant vos âmes, que la vie n'est pas vraiment celle que vous vivez. Voyez-vous, la mort est une illusion puisque celle que je fus n'est plus, certes, mais je suis bien là, à dialoguer avec vous ! Celui qui était mon cher fils n'est plus, mais il est toujours à mes côtés et notre relation est bien différente et encore plus enrichissante. Le lien d'amour qui nous relie tous est merveilleusement éprouvé sur Terre et, pourtant, cela renforce encore plus l'amour que nous avons les uns pour les autres. Celui qui fut mon père est aujourd'hui encore à mes côtés, et son geste nous a appris à tous.

Ne condamnez personne, et encore moins vous-même. Si tous, vous avez l'énergie d'amour en vos cœurs, cela aidera l'humain à se rappeler qu'il est une âme dans un corps, qu'il est lumière.

Il est venu sur cette Terre pour expérimenter aussi sa part de "lumière sombre", afin qu'il puisse de nouveau retrouver sa lumière pure.

Soyez indulgent avec vous-même et les autres et, surtout, que notre histoire puisse alléger votre regard en le transformant en compréhension, compassion et amour.

Soyez la paix, soyez la lumière, car vous portez tous la lumière en vous.

Mathilde »

Ces deux derniers témoignages peuvent vous permettre de poser un regard différent sur les drames de la vie et remettre en question vos valeurs humaines.

Nous continuons à poser des questions à Cyléria.

Concernant le contrat d'âme d'Armand : si son grand-père avait assumé la mort accidentelle de sa fille cadette, s'il avait parlé, aurait-il été quand même le meurtrier d'Armand ?

Cyléria :

« L'âme d'Armand a choisi de s'incarner parce qu'elle est très liée à l'âme du grand-père étant issu de la même famille d'âmes. Ils avaient un accord d'âmes ensemble, dans cette éventualité. Si le grand-père avait suivi son contrat initial, il aurait dit la vérité et aurait assumé. L'âme d'Armand n'aurait alors pas eu besoin de s'incarner et sa mère n'aurait eu pour enfants que les jumelles. »

Le meurtre, les actions violentes sont-ils prévus lors de « l'établissement » du contrat et des accords d'âme à âme ?

« Non, bien entendu, mais l'éventualité est évoquée, car nous connaissons les "antécédents", les "résidus" des multiples vies ainsi que les empreintes que peuvent laisser les diverses personnalités humaines qui ont été incarnées par une même âme. Ainsi, si précédemment la personnalité humaine a eu des tendances violentes, il ne peut être écarté qu'il puisse y avoir encore un épisode de violence qui tourne très mal, allant jusqu'à ôter la vie. C'est pourquoi, les accords d'âmes sont passés en toute connaissance de cause, en sachant qu'il peut y avoir cette possibilité. Celle-ci est acceptée par les protagonistes de l'histoire. Ensuite, c'est la personnalité humaine qui va agir, se contrôler ou pas, suivre les règles de la morale sociale ou non… Ce fut le cas pour la famille d'Armand. »

Dans le cas où le grand-père n'assumerait pas, créant ainsi un secret de famille, l'âme d'Armand savait-elle que son incarnation serait de courte durée ?

« Au moment de la première rencontre entre Armand et son grand-père, ce dernier aurait pu se livrer à la confession, car toutes les circonstances étaient réunies pour qu'il délivre la vérité et qu'il puisse parler enfin de la mort de la fillette avec le reste de la famille pour témoin. Il aurait pu ainsi réhabiliter sa fille aînée. Le secret de famille aurait été libéré pour tous.

Armand n'avait pas vocation à continuer sa vie. Des options pour libérer son âme avaient été envisagées. Il n'aurait pas été plus loin que l'adolescence (mort naturelle ou accidentelle, pas définie précisément).

La mission d'Armand était de provoquer la libération du secret de famille et toutes les options jusqu'aux plus extrêmes, comme celle de son meurtre par les mains de son grand-père, avaient été envisagées en accord complet avec l'âme d'Armand et le reste des âmes associées.

Il n'est pas blessé ni vexé de ce qu'a fait son grand-père sur sa personne. Nous vous l'assurons : ils n'ont aucun ressentiment les uns envers les autres. Ce sont des âmes évoluées qui comprennent désormais la relative vérité de l'incarnation. »

Nous comprenons qu'Armand a été une sorte d'enseignant pour sa famille. A-t-il été le

guide spirituel de son grand-père lors de leurs incarnations ?

« Les liens entre ces deux âmes sont extrêmement forts. Il est difficile de vous le décrire en mots et concepts humains. Ces deux âmes se guident mutuellement. Vous semblez cloisonner le rôle des guides spirituels et ceux qui s'incarnent sur Terre. Ce n'est pas tout à fait comme cela que ça fonctionne. Dans un groupe d'âmes, qui collaborent à la programmation des incarnations puis dans tout son processus sur Terre et jusqu'au retour à la « Maison », certaines âmes choisissent pour leurs besoins de s'incarner et d'autres de rester en appui, donc de ne pas s'incarner. Les rôles sont interchangeables. »

Il est souvent dit que, dans notre contrat d'âme, nous choisissons le jour et les conditions de notre naissance et de notre mort. Ceux de notre mort peuvent-ils être modifiés ?

« Il y a d'innombrables chemins possibles entre la naissance et la mort. Lors de l'établissement de votre mission d'âme, vous en avez dessiné les grandes lignes. Mais, comme cela vous a été dit précédemment, tout peut être réactualisé, au fur et à mesure, et toujours en bonne intelligence.

Il faut sans cesse adapter les itinéraires de vie, comme vous dites, car tout évolue tout le temps. Même vos aspirations évoluent. Pour reprendre l'exemple du “chercheur de secret de famille”, il faut parfois attendre l’âge mûr pour aller chercher la “vérité”. Il a fallu attendre la conjonction de circonstances pour que cette option s’active. C’est comme une soif subite de découvrir *le* secret. Pour certains, ce n’est pas une option. Cet objectif est primordial, incontournable et devient une quête, en cherchant et essayant de retrouver le Saint Graal. ”

Avons-nous tous la mission de dénicher le secret de famille ?

“ Si ce n’est pas dans votre mission de rechercher et de dévoiler le(s) secret(s) de votre famille, vous ne pouvez pas vous y atteler puisque cela est comme invisible pour votre conscience. Ce n’est pas votre rôle, tout simplement.

En revanche, ce qui arrive souvent, c’est que dans votre mission vous ayez choisi de mettre à jour le secret de famille et de vous en libérer mais, mentalement, vous mettez des barrières, vous vous trouvez des excuses ou vous n’avez pas la force d’affronter votre famille. Vous vous sentez englué sous des couches et des couches qui pèsent des tonnes. C’est le cas de figure qui se retrouve le plus souvent. Votre mission est de libérer ce secret, mais vous ne parvenez pas à le faire et vous ne pouvez ainsi pas faire aboutir votre mission. Il n’y a pas à juger, cela fait aussi partie de l’expérience. Cela peut prendre plusieurs générations ou plusieurs vies.

Le secret de famille n'est pas une fatalité, comme vous l'avez compris. Il peut être libéré et ainsi délivrer la lignée familiale. Mais, effectivement, le secret peut s'enkyster. Ce n'est pas une malédiction qu'il faut subir. Au contraire, c'est une opportunité pour agir et devenir son propre libérateur. »

Depuis les nombreuses années où nous aidons à la libération karmique et transgénérationnelle, nous nous sommes aperçues que le « terrain rocheux » dont parle Cyléria en évoquant le secret de famille est associé autant à la généalogie (lignée familiale) qu'aux mémoires de vies antérieures.

Nous expliquons souvent lors de nos conférences que le karma personnel (historique des vies antérieures) et l'arbre généalogique choisis par l'âme sont en résonance, en miroir. En effet, tout ce patrimoine est inscrit dans notre mémoire cellulaire et se fait écho. L'âme choisira le terrain familial le plus en adéquation avec ce que nous souhaitons expérimenter, et le plus propice à la libération de son poids karmique.

Cyléria, le décès d'un enfant est si tragique et douloureux pour l'humain. Comment l'aider sur ces notions ?

« L'âme est compassion. Lorsqu'elle recherche les scénarios qui lui seront les plus favorables, elle sait que la mort est, pour votre civilisation actuelle et occidentale, une des plus grandes douleurs qui soient, *a fortiori* celle d'un enfant. L'âme prend cela en compte. Mais, voyez-vous, votre conscience et celle de votre société feraient un bond gigantesque en entendant et en comprenant profondément (pas au niveau de l'intellect, comme un concept) que la mort n'est pas ce qu'elle semble être, que vous n'êtes pas séparés. Certes, le corps physique n'est plus, mais l'être que vous avez aimé, ce n'était pas ce corps physique, c'était l'étincelle de lumière et la conscience qu'il avait. Votre humain ne voit que le corps alors que vous êtes tellement plus ! Lorsque vous parlerez à vos défunts bien-aimés, comme vous parlez à Dieu ou à vos guides pour certains, ou à vous-même parfois, alors vous comprendrez qu'ils ne sont pas loin, même peut-être plus proches qu'ils ne l'étaient quand ils étaient incarnés. La mort n'existe pas, elle n'est qu'un changement d'état !

Nous ne disons pas que l'humain ne devrait pas ressentir de douleur à la perte d'un proche (cela est normal car vous nouez des liens d'attachement forts entre vous), mais consolez-vous en sachant et en expérimentant que ce lien n'est jamais rompu, mais bel et bien toujours présent sous une autre forme. Vous vous soulagerez de bien des tourments.

Continuez d'aimer vos défunts, continuez de leur parler, laissez libre court à votre chagrin puis soyez à l'écoute, pas de votre peur de la mort, mais de l'invisible qui vous entoure, car à cet instant vous ressentirez que le bien-aimé disparu est là, tout près de vous, à vous caresser la main ou la joue.

Nous voulons ajouter que le malheur humain est souvent lié à son interprétation des événements. Pour ne pas nous éloigner du sujet (car il y aurait tant à dire), nous dirions que la mort est interprétée, humainement, comme un départ, une fin, une disparition, la souffrance.

La mort physique peut être tellement libératrice ! Rappelez-vous que l'âme retrouve sa famille d'âmes, la présence puissante de l'énergie d'amour inconditionnel, sa « Maison » et qu'elle est véritablement dans sa lumière. Ce retour est sans pareil et merveilleux. Comprenez alors le delta qu'il y a entre ces deux perceptions !

Prenez quelques instants pour imaginer ces deux visions de la mort et, en votre for intérieur, recherchez quelle vision vous semble la plus apaisante. »

EN RÉSUMÉ

Famille d'âmes

- Vous faites partie d'une famille d'âmes.
- Elle vous ressemble car vous avez les mêmes fréquences vibratoires, affinités et évolution.
- Les membres de votre famille d'âmes peuvent s'incarner avec vous pour vivre vos plus grands bonheurs comme malheurs.
- Une fois de retour à la « Maison », il n'y aura aucun grief entre vous et vous partagerez les leçons de vie terrestre.

Le secret de famille

- Votre âme a délibérément choisi votre famille humaine.
- Les éventuels secrets de votre famille sont en résonance avec vous et vos vies antérieures.
- Si l'une de vos missions de vie est la découverte de ce secret, vous sentirez un irrépressible besoin de chercher la vérité.
- Chacun détient sa vérité, sa réalité.

Histoire de famille

- Certaines âmes choisissent une incarnation courte et de mourir jeunes.
- Cette décision est motivée par un besoin spécifique, mais ne cherche pas à faire souffrir la famille.
- Vous portez une part d'ombre en vous.
- Vous ne pouvez imaginer de quoi vous êtes capable sous la douleur/la souffrance.
- Les actes de violence, meurtres… ne sont pas prévus lors de l'établissement du contrat de vie. L'âme en connaît les éventualités, mais c'est le libre arbitre de la personnalité humaine qui créera le passage, ou non, à l'acte.

CHAPITRE 9

AU SEUIL DE L'AU-DELÀ

Louis, le pardon

Les retrouvailles avec Cyléria et notre équipe d'êtres de lumière sont toujours un moment que nous attendons avec joie. Cyléria nous apparaît. À côté d'elle, un « ascenseur » presque transparent descend et laisse apparaître un homme longiligne, assez beau. Fort élégant, il porte une moustache très fine. Il a l'air charmeur et un peu hautain dans son habit de soirée, une écharpe blanche autour du cou. Un véritable dandy !

Nous le saluons et il nous répond :

Le message de Louis

« Bonjour, je suis Louis.

Je vous plonge dans les Années folles, comme on les appelait ! J'étais riche et ma bonne éducation faisait de moi un dandy gentleman que les plaisirs les plus divers attiraient, occupant le plus clair de mon temps. Je jouais de mes charmes, je roucoulais. J'étais parfois une véritable anguille pour me sortir des différents ennuis que me causait ma légèreté. Nous ne pouvons pas dire que j'avais de l'honneur ni de valeurs (ces valeurs qui font un homme respectable, un pilier de famille). En un mot, je n'étais pas mon père, et chacune de mes âneries, comme il disait, était un pied de nez à sa rigueur. Je dois bien l'avouer, je le faisais pour le punir, pour qu'il ait honte, pour que sa carapace se fende enfin et que quelque chose apparaisse.

J'avais grandi dans son ombre, celle d'un "super héros" qu'il m'était impossible de déboulonner de son piédestal. Impossible d'arriver à sa hauteur, ne serait-ce qu'à sa cheville ! Je me sentais un moins que rien dans ses yeux toujours insatisfaits.

Je me pavanais en ville avec des filles faciles mais, dans l'intimité, j'étais plutôt un homme à hommes. Entre leurs mains, je devenais enfin un maître ! Je les dominais d'une hauteur. Ma fausse assurance était un point indiscutable dans mes relations personnelles, hormis celle avec mon père où je redevenais un petit garçon de 8 ans. Alors je domptais mes frustrations dans l'intimité. Plus ils me paraissaient indifférents et difficiles à capturer, plus je m'amusais. J'étais devenu un prédateur qui recherche sans fin une nouvelle proie pour le dîner.

De fêtes en cocktails, de rires entre amis jusqu'à mes nuits d'ivresse et de sexualité débauchée, j'ai traîné mes belles années dans le monde surfait des nuits fêtardes. Rien ne me satisfaisait, je feignais le dédain et l'ennui dans tous les endroits à la mode et dépensais sans compter mon argent (enfin, celui de ma famille !), m'assurant d'avoir toujours du monde à mon bras.

Chaque reproche de ma famille sur ma vie insouciante et ma personnalité juvénile me poussait un peu plus à continuer dans cette voie, à m'y enfoncer. À fuir. Ma vie me paraissait sans valeur, sans importance, sans intérêt.

À la mort de mon père, je reçus un coup de massue incommensurable. Ce salopard n'avait même pas attendu un vrai bras de fer d'homme à homme ! Voilà mes premières pensées quand la gouvernante de notre maison de famille me prévint, sans ménagement, pour que je rejoigne ma mère au plus vite. Je sautai alors dans ma voiture de sport et fonçai à travers la ville. Pour la première fois de ma vie, je sentis de la précipitation en moi, une sorte d'urgence.

La gouvernante avait juste dit : "C'est votre papa, monsieur, c'est le cœur. J'ai mis du temps à vous trouver. Il se meurt dans les bras de madame votre mère ! Le docteur est là depuis qu'il est tombé en se tenant la poitrine. Allez, vite, monsieur, je vous en conjure..."

Je me remémorai ces paroles encore et encore, en calculant l'itinéraire le plus court pour rejoindre la maison de mon enfance. Lorsque j'arrivai enfin à son chevet, il suffoquait. Le docteur, qui avait la mine des tristes jours, me fit "non" de la tête avec un geste d'impuissance.

J'étais en nage, mais c'étaient des sueurs froides. "Où est maman ?" On me désigna la pièce d'à côté où elle s'éventait mollement, pâle comme jamais. Elle me sembla si vieille ! Elle remit son chignon mal ordonné en me voyant arriver et me prit les mains. Elle me remercia d'être là et me pressa de rejoindre mon père au plus vite. Mes jambes étaient de plomb quand je fus sur le pas de sa porte. Le docteur avait un air fermé et j'entendais les râles de mon père à chacune de ses respirations, comme si un tissu se déchirait un peu plus à chaque fois.

Comme je regrettais mon oisiveté, les longues journées à dormir pour pouvoir danser et faire la fête toute la nuit, fuyant la vie, fuyant mon père, me fuyant ! Je m'arrachai alors du sol pour me jeter sur lui, comme un enfant se jette sur une personne qui le quitte pour toujours. D'un geste du bras, il me repoussa et je compris qu'entre ses dents il me disait de bien me tenir. Son regard était dur et froid, son teint gris, ses lèvres bleues, ses mains moites et humides, presque froides, et son haleine fétide. Sa respiration devenait de plus en plus saccadée. Derrière les rideaux fermés, j'entendais le bruit de l'ambulance se rapprocher...

Je ne comprenais pas bien ce qui se passait. Une chose étrange se produisit alors : mon corps était immobile, ou du moins je n'arrivais pas à bouger, et tout s'arrêta, toute la scène se figea. Mon esprit, lui, marchait à fond la caisse et mille idées me traversaient. Des émotions contradictoires (affolement, rejet, peurs, effroi) déferlaient en moi. Je vis alors des mouvements de lumière se déplacer autour de moi et me demandai : "D'où viennent ces lumières dans la maison ?" Une lumière, plus claire, se déplaça jusqu'à mon père. Je vis nettement un halo s'élever de mon père, rejoindre la première lumière, puis se fondre en elle pour monter et disparaître dans l'angle droit du plafond.

J'en fus abasourdi. À cet instant, je n'avais même plus de pensée, j'étais mortifié. Quand mes yeux se posèrent sur mon père, je sus que, malgré ses soubresauts respiratoires, son corps était sans âme, sans vie, comme sans substance. Je lâchai ses mains et m'écroulai sur le sol, les larmes lavant mon visage. Je m'aperçus que j'observais la scène du dessus, tout en laissant un état d'anéantissement m'envahir.

Quelques semaines après les obsèques, je refis surface. Terré dans ma chambre d'enfant, je n'étais sorti de mon lit que pour enfiler mon costume noir et marcher derrière son cercueil, que je savais vide de lui, de sa présence. Je me conformais à faire et dire ce que l'on attendait de moi.

Ma mère se révéla plus forte que je ne le pensais, ou du moins plus forte que moi. Je me sentais si vide à l'intérieur, si creux ! Les derniers moments de mon père me harcelaient, j'y pensais sans cesse. Je tournais encore et encore les images dans ma tête, je ne comprenais pas. Il y avait quelque chose d'irréel et une pensée m'obstinait : on m'avait volé un instant, une parole, un geste ou même un mot ! Il ne pouvait pas partir comme cela, sans me dire… Sans me dire quoi ? Je ne le savais même pas moi-même.

Je m'inquiétais aussi de ces lumières vaporeuses qui étaient venues le chercher, me le voler ? Je me sentis pendant des mois complètement à côté de moi. Je traînais en peignoir dans cette immense maison que ma mère avait désertée pour une thalasso au bord de la mer avec une amie.

Puis, un soir, un amant de passage dans la ville est venu me voir. Il avait appris le décès de mon père et venait aux nouvelles, s'imaginant m'emmener dans un bar pour me changer les idées. Bien que parfaitement lucide sur ses intentions, je me laissai gagner par l'idée. Dans ce bar, que je fréquentais très régulièrement avant, je fus surpris par l'ambiance particulière. Alors que personne ne semblait y prêter la moindre attention, je voyais la scène se dédoubler en un étrange manège. Au-dessus de la tête des buveurs et danseurs se trouvaient des halos de lumière sombre, qui dodelinaient nonchalamment. Je suffoquais déjà devant ce spectacle, quand une bousculade de ces ombres me percuta physiquement en m'envoyant un *uppercut* en plein estomac. La douleur fut intense mais brève, me laissant coi.

Voyant ma mine, mon compagnon de virée s'inquiéta de mon état et me proposa de sortir quelques instants pour prendre l'air, pendant qu'il nous commandait à boire. En titubant comme un ivrogne, je rejoignis la rue, échappant à cette horreur poisseuse. Je ne comprenais pas ce qui m'arrivait, je me sentais comme drogué, en plein mauvais *trip*. J'appelai un taxi et rentrai me plonger dans mon lit d'enfant. Je me sentais à l'extérieur de ma vie, comme un spectateur otage, révolté et en proie à un maléfice qui semblait rire de moi !

Mes nuits n'étaient pas plus douces. Mon sommeil était peuplé de cauchemars dans lesquels je voyais des gens inconnus me parler, me supplier de les aider. En vain. Leurs suppliques ne faisaient que se multiplier, jour après jour. Je fuyais le jour comme la nuit, je n'avais aucun répit.

À bout de force, un matin, le verre que je tenais se brisa sur le meuble du lavabo et sur le sol, me coupant légèrement la main et le pied. Je descendis alors chercher la trousse de secours au rez-de-chaussée et le sang qui coulait de mon pied blessé me fit glisser dans les escaliers. Je dégringolai lourdement, ma tête cognant chaque marche de marbre blanc. Attendant la fin de ma chute sans pouvoir la freiner véritablement, je finis par me relever en bas de l'escalier, un peu sonné.

C'est à cet instant que je vis des personnes errer dans l'entrée. Elles semblaient marcher sans but, sans se voir entre elles ni me remarquer ! Certaines attendaient contre un mur, debout ou assises au sol, d'autres pleuraient ou avaient le regard vide. Je restai sans voix : elles étaient là et leur image semblait si fragile. Je pouvais, si je me concentrais, suivre ces êtres et entendre, à l'intérieur de moi, leur désarroi mêlé d'émotions sombres. Les murs de la maison se dissipaient, ou à l'inverse, si je le choisissais, réapparaissaient et je retrouvais les repères rassurants de mon intérieur (les meubles, les moulures, etc.).

C'est alors que je l'entendis... Sa voix me fit sursauter ! Autoritaire, elle me disait de prendre vite les compresses si je ne voulais pas me vider de mon sang comme un porc ! Sidéré, je vis mon père en costume de tous les jours, chapeau sur la tête et compresses à la main. D'un geste du menton, il désigna derrière moi le bas de l'escalier où je vis, avec stupeur et effroi, mon corps maigre, à demi dénudé sous le peignoir ouvert, gisant sur le sol, mon sang se répandant en une flaque visqueuse hors de ma tête.

Plus tard, lorsque je relatai ce fait au docteur qui auscultait mon cuir chevelu, il me dit que le trauma récent de la mort de mon père, mêlé au léger trauma crânien de ma chute, en était à l'origine, qu'il me fallait du repos et que tout irait mieux dans quelques jours. Je restai donc en observation, à l'hôpital.

Au moment de m'endormir, épuisé par ces semaines infernales, il me semblait que je glissais dans des méandres où des mains et des corps frôlaient le mien. Ces sensations me répugnaient. Mon agitation était telle que l'hôpital me drogua délibérément, avec mon consentement, afin que je puisse récupérer un peu et mettre mon cerveau en veille. C'était de la survie.

Ma cure de sommeil m'avait fait le plus grand bien et je pus rentrer chez moi. J'avais un appartement en ville et décidai que je l'avais assez déserté. Ma vie semblait reprendre un cours un peu plus normal, mais mon attrait pour le plaisir et les fêtes s'était complètement émoussé. Mon sommeil était toujours difficile et je m'interrogeais, encore, sur ces visions ésotériques ou maléfiques qui m'apparaissaient si réelles.

Un soir, en rentrant chez moi, je croisai dans la rue une vieille connaissance qui avait des origines tziganes. Nous dinâmes ensemble et je me confiai à elle spontanément. Elle m'écouta attentivement sans m'interrompre. Elle hochait parfois la tête, me demandait quelques précisions puis elle me dit que le "Royaume des morts" était collé à notre monde, uniquement séparé par une ligne invisible ou presque. Elle m'invita à ne pas en avoir peur et à parler à mon père.

Ma conception catholique de la mort se résumait au paradis ou à l'enfer pour l'éternité, et l'un comme l'autre devaient se situer à plusieurs milliers de kilomètres au-dessus ou au-dessous de moi, pas "derrière la ligne invisible", comme derrière un miroir.

Parler à mon père ? C'était à lui de me parler lorsqu'il était sur le point de mourir et que j'étais là, au lieu de me jeter une énième fois ! J'étais mal à l'aise avec cela et déclarai le sujet clos. Ah ! Quel orgueil ! Malgré ma décision de ne plus y prêter attention, les manifestations de "l'autre côté de la ligne" continuaient à investir ma vie. La mort de mon père avait été un tsunami en moi, balayant mes convictions, mes valeurs et ma perception de ce que je croyais être la vie.

C'est en garant la vieille voiture de mon père que je le revis. Il adorait cette voiture et je la faisais rouler un peu le dimanche. Cela faisait deux ans qu'il était mort. J'avais toujours du mal à vivre, je me traînais et refusais la place qui devait être la mienne dans l'entreprise familiale. Je garais donc sa voiture quand le soleil m'éblouit, et je dis tout haut : "Oh, oui, je fais attention, papa, à ne pas abîmer ta voiture ! Je l'aime bien celle-ci ! Je ne voudrais pas te fâcher !" D'aussi loin que je m'en souvienne, je n'avais jamais fait cela, c'était sorti tout seul de ma bouche. Terminant ma manœuvre, je le vis. Il était là, sur le siège passager et me regardait avec un doux sourire.

Mon cœur fit un bond dans ma poitrine et cogna si fort qu'il me sembla que son battement résonnait comme un tambour. Je m'efforçai de sourire et de rester concentré sur cette apparition. Je n'osai plus bouger pour ne pas rompre cet instant magique, puis je repris ma respiration et dis :

"*Bonjour Papa…*

— *Je suis heureux que tu respectes le matériel, Louis, c'est important ! Quand tu respectes le matériel, tu respectes aussi les hommes qui l'ont construit.*"

Je connaissais cette phrase qu'il disait parfois de son vivant. Je me sentis honteux car, du respect, je n'en avais pas eu pour lui. Alors, je me mis à pleurer et les larmes se transformèrent bientôt en rivière ; mes sanglots me libérèrent. Je bredouillai des pardons pour tout ce que j'avais fait contre lui. Je perçus alors en moi un élan d'émotion qui venait de l'extérieur. En quelques instants, mes larmes se calmèrent et une grande douceur m'envahit. L'apaisement fut incroyable ! Il me dit :

— *Pardonne-toi, tu veux bien, mon garçon ? (silence) Nous n'avons pas été très bons l'un pour l'autre mais, maintenant, c'est du passé. Tu peux aller de l'avant. Tu en es capable.*"

Il me semblait si doux, tellement en paix, tellement différent de ce que je connaissais de lui. Lorsque mon cœur fut parfaitement en paix, je respirai profondément. Il n'était plus là, seul son parfum, mêlé à l'odeur du cuir de la voiture, flottait.

Les oiseaux chantaient de nouveau. S'étaient-ils tus pendant ce temps ? À regret, je sortis de la voiture. J'étais vraiment en amour pour l'instant salutaire que je venais de vivre. Je lui dis sincèrement :

— *Merci. Oui, papa, je te pardonne, et, comme tu m'aimes, je peux me pardonner.*"

Je peux dire qu'à partir de cet instant j'ai véritablement commencé ma vie d'adulte. J'avais l'impression d'avoir retrouvé un véritable élan de vie. J'étais responsable et respectueux, comme mon père, mais doux et aimant avec les gens. Je m'investis dans l'entreprise familiale et pris un poste à responsabilité dûment obtenu.

Contre toute attente, la vie m'a gâté et j'ai eu la chance inestimable d'avoir une fille puis un fils, d'une union véritable avec une femme merveilleuse qui accepta ma bisexualité si je lui étais fidèle dans des sentiments sincères. Je pris soin de ne pas reproduire les schémas familiaux et fis de mon mieux pour aimer et valoriser mes enfants, tout en leur donnant de bonnes bases.
Aujourd'hui que je suis loin de la Terre, je réalise que c'est avec un véritable amour et grâce au pardon que j'ai pu transcender cette épreuve de vie, ce qui était un de mes objectifs centraux. Je remercie sincèrement mon père pour la lourde épreuve que je lui ai imposée : accepter de me renier pour que je puisse faire cette expérience du rejet, du pardon et du retour de l'amour.
Les âmes s'aiment d'un amour que vous ne pouvez imaginer que lorsque que vous comprenez l'interaction fabuleuse qui s'opère sous la personnalité humaine. »

Le guide de Louis, qui vient de nous rejoindre, prend alors la parole :

« Nos scénarios étaient écrits de longue date, et le potentiel du pardon, bien mesuré. De nombreuses opportunités de pardon avaient été placées sur le chemin de Louis pour que cela ait une bonne chance de se produire. La médiumnité temporaire en était un ingrédient, mais sans celui-ci, le pardon aurait trouvé un autre passage pour se réaliser.
L'âme de son père exprime l'amour inconditionnel lorsque, bien après sa mort, il apparaît et dialogue avec

son fils. L'ouverture d'une fenêtre de communication avec l'au-delà leur est offerte et leur a permis de vivre cet instant de grâce (compréhension, pardon et amour).

Louis a maintenant fait l'expérience du pardon. Son âme saura le reproduire dans d'autres vies, d'autres circonstances moins propices, jusqu'à ce que cette faculté soit acquise.

Nous faisons le choix de vous présenter cela sous la forme d'un apprentissage, une acquisition de sagesse. Comprenez également que cet enseignement est de nombreuses fois évalué et s'exerce dans "l'incréé" (l'au-delà) afin qu'il soit facilité dans l'incarnation au moment où les circonstances se présentent sous une bonne conjoncture. C'est une sorte de répétition avant la représentation officielle. Rien n'est laissé au hasard. Reste ensuite à la personnalité humaine à diriger, avec son libre arbitre (acquis pour tous), pour aider à l'accomplissement de son âme et lui permettre de revenir vers la plus pure de ses expressions.

Merci à vous qui vous offrez le temps de la reconnaissance et qui ouvrez la porte de votre sagesse sur cette Terre.

Osez les pardons et les mercis.

Osez l'amour de soi et de l'autre.

Osez la grâce de la vie en vous. »

Temps d'échanges avec Louis, rejoint par un guide de lumière

Cyléria nous invite à poser nos questions directement à Louis.

Louis, quelles étaient tes principales missions de vie dans cette incarnation ?

« Mon premier objectif était de me décentrer de ma personne, c'est-à-dire de regarder ce qu'il y avait autour de moi. Je ne peux pas dire que j'y suis arrivé complètement car malgré tout, même en couple, même parent, je voyais toujours mon propre intérêt et je le satisfaisais en premier. Je suis resté quand même un être égoïste, mon plaisir était le plus important.

Bien sûr, j'ai pris mes responsabilités au niveau professionnel mais, là encore, je ne voyais que ce que cela pouvait m'apporter en termes d'argent pour pouvoir mieux le dépenser et me faire plaisir avec une nouvelle auto, de nouveaux costumes ou des voyages. Un bel étalon… J'étais quand même très superficiel ! Je n'ai pas été à l'essentiel. J'ai eu une vie tournée plus vers l'extérieur que vers l'intérieur.

Même notre couple était beau de l'extérieur et pouvait faire des envieux mais, à l'intérieur, notre façon d'être était anticonformiste en nous accordant l'un et l'autre une très grande liberté. J'avais un énorme penchant pour les hommes, plus que pour les femmes. »

C'était ton premier objectif. En avais-tu un deuxième ? Veux-tu nous l'exposer ?

« Je ne vais pas être très original, mais c'était apprendre l'amour de soi et s'ouvrir aussi à l'amour des autres. Je n'y suis pas arrivé non plus.

Lors de mon bilan de vie, j'ai pris conscience que je n'étais focalisé que sur moi et que je ne savais pas aimer. J'ai vu mon grand égoïsme. Je n'ai pas vu autour de moi que des gens souffraient. J'ai fait souffrir ma mère, mon père, ma femme, mes enfants aussi, alors que je ne le désirais pas.

J'ai cru apporter quelquefois de l'amour, mais ce n'en était pas. C'est difficile d'aimer les autres quand on ne s'aime pas soi-même. Je n'avais pas un regard bienveillant sur moi-même puisque je me fuyais.

Je me suis détesté quelquefois. Je partais dans des tourbillons incessants pour m'enivrer d'alcool, des corps des uns et des autres, cherchant toujours dans un regard l'amour de l'autre. Mais on ne peut pas le trouver quand on ne s'aime pas soi-même. »

Pour quelles raisons as-tu passé un contrat d'âme avec ton père pour vivre l'opposition, le rejet ?

« J'avais un gros passif avec mon père… Cela vient de ce que vous appelez "des vies antérieures communes". J'ai été, moi-même, un être peu aimant et rejetant dans d'autres expériences humaines. D'ailleurs, je vais vous en raconter une où j'ai été dans le corps d'une femme et lui (mon père) a été mon enfant. »

Nous sentons que l'énergie change et Louis s'exprime de manière plus féminine. Nous sentons que ce n'est plus Louis qui raconte. Il a laissé place à la femme qu'il a incarnée.

« J'étais une femme un peu simple d'esprit, diriez-vous. J'aimais avoir des rapports sexuels avec les hommes ; c'était ma seule façon de me sentir vivante, ma seule façon de ressentir quelque chose. Ce n'étaient que des hommes de passage. Je me donnais à qui le voulait bien parce que j'étais en recherche de cela. Je n'avais pas de mari. D'ailleurs, qui m'aurait épousée ?

J'ai été mère et je ne supportais aucun de mes enfants. Je les laissais dans un coin sans m'en occuper et je n'en éprouvais aucune culpabilité. Je pensais qu'ils allaient s'élever tout seuls et ce qu'ils deviendraient ne me préoccupait guère. Il ne me serait pas venu à l'esprit de mettre un enfant à mon sein pour le nourrir. Cela peut paraître incroyable pour vous qui m'écoutez et pourtant j'ai été capable de cela. Je n'avais aucune émotion, aucun ressenti.

Ces enfants, je ne savais même pas comment je les faisais ! Je ne comprenais pas le mécanisme de la gestation qui m'était alors inconnu. Je voyais que mon corps changeait, mais je ne le voulais pas. Je vivais comme habituellement et je ne changeais rien à ma façon de faire car j'ignorais que j'étais enceinte. J'ignore combien j'en ai eus, mais aucun n'a survécu. Ils mouraient de faim car j'oubliais de les nourrir, je ne m'en occupais pas, je vous le dis ! Je les laissais dans un coin, sur un tas de paille. Je les oubliais. J'allais faire ma vie et ils n'avaient aucune importance. »

Lorsque tu as quitté cette incarnation de femme, as-tu pris conscience de tes « négligences » envers tes enfants ? As-tu ressenti de la culpabilité ?

« Oui, j'ai pris conscience que je ne m'étais préoccupée que de moi-même, que je ne m'occupais de personne et encore moins de ces enfants. Il n'y avait que ma satisfaction sexuelle qui comptait. C'était les seuls moments de ma vie où je me sentais vivante. Cela était plus important encore que de me nourrir physiquement. Je me nourrissais de ce que j'appelais "cet amour" mais ce n'était pas du véritable amour.

Quand quelqu'un me croisait dans le village, il me disait : "Qu'as-tu fait de ton petit ?" Je répondais qu'il était mort de fièvre ou mort à la naissance. Je trouvais toujours quelque chose pour dire qu'il n'était plus de ce monde. Je ne voulais pas qu'on m'embête avec cela. Pour moi, mourir, cela ne signifiait pas grand-chose.

D'ailleurs, je suis morte en accouchant une énième fois. J'accouchais toujours seule mais, cette fois, cela n'a pas fonctionné. Je me suis vidée de mon sang, j'ai perdu connaissance et je ne me suis jamais réveillée. Cet enfant dont j'ai accouché m'a tuée. Je lui en ai voulu de m'avoir tuée et de m'avoir arrêtée dans ma sexualité, dans ma vie. J'ai retrouvé l'âme de cet enfant dans le corps de celui qui a été mon père dans la vie suivante, mais nos âmes ont eu bien d'autres histoires communes pour en arriver à cette situation ! »

Est-ce pour cela que vous avez choisi de vous réincarner ensemble, mais dans des rôles différents (père/fils) ?

Nous sentons que nous avons affaire à nouveau à l'énergie de Louis.

« Il y a eu d'autres vies, d'autres facteurs encore mais, oui, il fallait rétablir un équilibre entre nous. Et, surtout, je me devais de comprendre qu'il ne fallait plus que je sois, une nouvelle fois, un monstre d'égoïsme. Étant donné le contexte familial, si mon père m'avait adoré et avait été permissif, les choses auraient été bien différentes. Mon comportement aurait été bien pire ! J'aurais été encore plus nombriliste que je ne l'ai été. Je me serais tout permis sans me restreindre et sans contrainte. Or mon père a été le grain de sable dans l'horlogerie, qui m'empêchait de tourner en rond. Je voulais qu'il m'aime, même si j'ai tout fait pour être différent de lui. Je faisais tout pour le choquer, pour qu'il bouge, pour le provoquer, pour attirer son attention. Je cherchais à tout prix son admiration, son amour, mais je m'y suis mal pris. Au fond de moi, il fallait que je me rachète pour tous ces enfants que j'avais laissés mourir dans ma précédente vie. »

As-tu demandé à l'âme de ton futur père, avant ton incarnation, qu'il ait ce genre de comportement avec toi ?

Bien entendu. Il est important de se mettre d'accord sur la distribution des "rôles" comme vous dites. On ne "descend" pas sur Terre pour faire du mal à l'autre ni pour y prendre du plaisir. Simplement, nous avons conscience, chacun, de ce que nous avons à faire. L'autre nous demande d'être selon son besoin d'évolution. Ainsi, j'ai demandé à cette âme d'être mon futur père et de se mettre en opposition par rapport à moi pour me permettre de progresser. Il avait suffisamment de force en lui pour m'ignorer et aller au bout de cette "mission" que je lui confiais.

Je l'ai empêché, entre autres, de s'incarner sur cette Terre en tant qu'enfant *(voir vie antérieure racontée p. 314)* et je lui en ai voulu de m'avoir tué. Bien sûr, ce n'est pas lui qui m'a tué, c'est mon corps qui n'en pouvait plus d'avoir autant enfanté.

Cela a-t-il été difficile pour l'âme de ton père d'accepter ce rôle, de te renier, de te rejeter tout le long de sa vie ?

Lui-même avait déjà fait l'expérience du rejet dans de précédentes expériences de vie, mais il l'avait subi. Il a accepté de faire l'apprentissage d'être dans une forme de non-amour pourtant, même s'il a joué son rôle à la "perfection", son cœur de père m'a quand même aimé, à sa manière.

J'ai ressenti plus de rejet que lui ne m'a rejeté. J'ai beaucoup interprété. Il a refusé d'accéder à tous mes désirs parce que je dépassais largement les bornes et c'est cela que j'ai pris pour du rejet. Dès mon plus jeune âge, j'avais des goûts de luxe, j'étais dépensier. Il m'a mis des limites très rapidement. Par conséquent, comme il n'accédait plus à ma demande, j'ai pris cela pour du non-amour. Il essayait simplement de me donner des repères. Il rejetait mes demandes, mais pas moi. Il est vrai que je faisais parler de moi comme d'un être dépravé. Il n'en était pas très heureux parce que l'on remettait en cause son mode d'éducation. Or, il n'était pas à remettre en cause, c'est moi qui jouais les têtes brûlées. ”

Tu nous as décrit une vie sexuelle très libre. Est-ce que la sexualité que tu as eue en tant que Louis était un choix d'incarnation ?

“ C'était le résidu de tout un passif. Je viens de vous raconter que j'avais été, en tant que femme, une "accro" du sexe. Sans être perverse, j'aimais le sexe pour le sexe, parce que cela me rendait vivante. De ces expériences passées, j'ai retrouvé, en tant que Louis, cette appétence pour la sexualité débridée. Que ce soit avec un homme ou une femme, cela m'importait peu. C'étaient les ressentis, l'expérience qui m'intéressaient. Tant mieux si cela pouvait aussi choquer la bonne société aristocratique ! Cela m'amusait parce que beaucoup faisaient la même chose, mais en secret. Moi, je m'arrangeais bien de cette bisexualité. Je la prenais avec beaucoup d'humour et je la voyais comme une sexualité dite normale. Pourquoi se contenter d'un seul sexe ? »

Nous imaginons qu'il est difficile, pour une âme, d'équilibrer sa personnalité avec le libre arbitre de l'humain ?

« Ah, ça, ça nous échappe totalement ! C'est quelque chose qui est si fort… Cette attirance sexuelle était tellement magnétique, pulsionnelle. C'est ça que j'ai retrouvé dans cette vie : la pulsion. Je n'étais pas allé au *summum* de cette pulsion. Je pense que, maintenant, j'ai expérimenté tous les aspects de la sexualité. Je pense et j'espère avoir été au bout, pour pouvoir la rééquilibrer. »

Cyléria, l'âme choisit-elle son orientation sexuelle ?

« La sexualité est souvent vécue de manière très complexe sur Terre car elle s'imbrique avec l'émotionnel, la psychologie, le physique, vos mémoires, etc. Bien entendu, comme vous l'avez compris, rien n'est laissé au hasard et vous choisissez votre orientation sexuelle. Pour l'âme, la sexualité n'a pas de genre, pas de tabou. La sexualité est importante pour l'humain pour procréer, mais elle ne se résume pas à cela. Elle est un moyen de vivre l'amour inconditionnel, de fusionner le corps et l'âme, de reconnecter un état d'extase céleste, naturel, pour l'âme. C'est aussi une façon de vivre toutes les facettes du rapport à votre corps, du respect à sa dégradation, comme pour Louis.

Ensuite, votre libre arbitre intervient quant à l'intensité et à la manière dont vous vivez votre sexualité. Nous ne portons aucun jugement sur ce sujet. Vous êtes des êtres libres et, encore une fois, tout reste apprentissage. »

Louis, tu n'évoques pas le mot « médiumnité », mais tu as vécu des épisodes de décorporation (*accident dans les escaliers*), de mort partagée (*lorsque ton père est décédé*), tu as eu accès au bas astral (*énergies poisseuses dans le bar*) et tu as pu parler avec ton défunt père (*dans ta voiture*). Avais-tu conscience que ces événements ouvraient en toi cette faculté médiumnique ?

« Ces quatre épisodes auxquels vous faites référence, je ne les ai pas très bien vécus. J'ai ressenti de la perplexité, puis une très grande peur, parce que c'était l'inconnu pour moi. J'ai même cru à certains moments devenir fou, rêver tout éveillé. J'étais alors un être très rationnel et pragmatique. J'ai longtemps cru que j'avais tout inventé car tout était dans une sorte de brouillard. J'ai rationnalisé ce que je ne comprenais pas.

Pour ma chute, j'ai mis cela sur le compte de l'évanouissement, du décès de mon père, de l'émotion. Pour mon père dans la voiture, je me suis demandé si je l'avais vraiment vu, même lorsqu'il m'a semblé converser avec lui. Cette rencontre me permettait de commencer à faire la paix avec lui et donc avec moi.

Concernant la nuit dans ce bar, j'ai cru à des hallucinations liées à l'endroit, à l'alcool. Même lorsque j'ai pris ce coup inexpliqué, je n'ai rien compris. J'ai ressenti de la peur. Pourtant, sur le moment, tout m'a paru bien réel et puis, après, les images se sont effacées et le rationnel a repris le dessus. »

Un guide prend la parole :

« Ces capacités médiumniques n'avaient pas été choisies. Ce sont simplement des ouvertures qui se sont faites à ce moment-là, parce que tout en lui s'est "aligné" pour ouvrir ces portes et nous avons laissé faire. La décorporation, la mort partagée comme vous l'appelez, l'accès aux défunts tourmentés se sont bien produits ainsi que la rencontre avec son père. Ce dernier était très inquiet pour son fils, nous avons autorisé son âme à venir l'aider. »

Dans la scène de la voiture, était-ce bien son père qui était présent ou une illusion ?

« Son père a été près de lui à plusieurs reprises parce qu'il a essayé de le remettre à nouveau sur son chemin, comme il l'a fait dans sa vie incarnée. Il avait l'impression qu'il n'avait pas sauvé son fils. Il se sentait responsable de lui et il voyait bien qu'il se perdait dans la drogue et le sexe. Il avait beaucoup d'amour, malgré tout, pour son enfant ! Cette sensation de ne pas avoir pu le sortir de là lui a donné un sentiment "d'échec" très fort, comme s'il n'avait jamais pu être un bon père ; il avait échoué sur toute la ligne. Qu'avait il fait pour que son fils puisse être aussi inconséquent et porté par toutes ces choses superficielles ? Il ne comprenait pas. Alors, oui, nous l'avons autorisé à lui apparaître à certaines occasions, pour aider Louis, pour essayer de le remettre sur son chemin. »

Son père l'a-t-il aidé à se pardonner dans la voiture ?

Le guide de lumière :

« C'est une illusion, il ne s'est pas pardonné. Il était embrumé ce jour-là. Son père l'a pris dans ses bras, il a senti de l'amour, de la lumière, mais Louis ne s'est jamais vraiment pardonné à lui-même. Ce contact lui a fait une sorte d'électrochoc parce qu'il a senti ce qu'était le véritable amour. Cela lui a permis de se reprendre en main. Mais se pardonner, s'aimer, c'est un bien grand mot. Disons que c'était un commencement pour aller vers ce chemin. »

Louis, vous êtes-vous pardonnés, ton père et toi ?

L'âme de Louis :

« J'ai découvert que l'âme de mon père était aussi l'âme de tous les enfants que j'ai eus dans la vie où j'étais une femme dont je viens de vous raconter l'histoire. Cette âme revenait sans cesse pour m'apprendre à regarder au-delà de moi. Il fallait que je demande pardon à tous ces bébés morts, pour tous ces "meurtres". Il fallait que je leur demande pardon de les avoir ignorés et laissé mourir sans leur donner l'opportunité de s'incarner vraiment.

Pardonner à l'autre, c'est apprendre à se pardonner à soi-même (d'avoir été fermé, obtus, de ne pas avoir voulu voir et de répéter sans cesse les mêmes schémas).

J'ai dialogué après ma mort avec l'âme de celui qui avait été mon père. Nous avons redéployé les cartes et pris conscience de tout ce qui n'avait pas fonctionné entre nous. J'ai surtout vu mes erreurs d'interprétation, mes fantasmes, mes illusions. Il avait essayé d'attirer mon attention. Je n'ai rien voulu entendre ! Je voulais avoir absolument raison, alors que j'avais tort. Il y a eu une distorsion entre ma personnalité humaine (mon mental) et mon âme (mon être intérieur) ; j'ai préféré donner, durant cette vie, tout crédit à ma partie humaine.

Nous avons pu faire la paix, bien évidemment, en expliquant nos points de vue et en revenant surtout sur ce que nous aurions dû accomplir ensemble. Nous l'avons tous les deux compris et nous savons que nous avons donné beaucoup trop de place à nos ego, nos personnalités humaines faisant fi de nos intuitions.

Oui, nous n'avons aucun ressentiment. Nous avons un grand respect l'un pour l'autre et nous nous aimons profondément. Nous faisons partie de la même grande famille d'âmes. »

T'es-tu réincarné sur Terre à présent ?

"Non, je n'ai pas choisi de revenir sur Terre dans ce temps linéaire. En revanche, j'ai fait une incursion dans un autre monde. J'ai voulu aller à l'essentiel, me dépouiller, presque m'oublier. C'était un monde dur et sans couleur. Je n'ai pas du tout apprécié cette expérience car ce que je ressentais était comme si on avait "refroidi", anesthésié, mon âme.
C'était une vie sans sexe, sans rapport tactile. C'est pour cela que j'ai trouvé cela froid, presque "inhumain". J'ai choisi de passer par ce monde comme pour faire une cure de désintoxication. C'était mon choix, j'ai appris. Je ne sais pas si aujourd'hui je suis désintoxiqué. Il me faudra revenir sur Terre pour le savoir."

Était-ce une manière de faire une pause dans ton cycle d'incarnations sur la Terre ?

"Je ne sais pas si je peux appeler cela une pause. J'avais la conviction qu'il me fallait prendre cette option pour pouvoir mieux m'outiller et tordre ma "personnalité" trop égoïste et perverse avant d'envisager un retour sur Terre. Je pensais que c'était une étape qui m'aiderait pour mieux vivre ma prochaine expérience terrestre. Les "résultats" que j'escomptais n'ont pas été ceux que j'attendais."

Merci, Louis. Cela a été plaisant de communiquer avec toi. Reçois tout notre respect.

« C'est moi qui vous remercie de m'avoir accordé toute votre attention. »

Nous ressentons que tu as des difficultés à nous quitter. As-tu encore quelque chose à nous dire ?

« Je suis pris par un sentiment de nostalgie. C'est une vie qui m'a tiraillé entre mes excès, mes folies et mon côté dit respectable. Elle m'a beaucoup apporté, j'en ai tiré les leçons. Mais serai-je capable lorsque je serai de nouveau sur Terre de transformer tout ceci en étant un être plus attentionné et moins tourné vers moi-même et mes plaisirs ? C'est pourquoi la vie, quelle qu'en soit la forme, est une véritable aventure. Rien n'est gagné d'avance, rien n'est figé. Nous possédons tous les pouvoirs en nous mais, très souvent dans l'humain, nous l'ignorons. »

Nous sentons un changement vibratoire, l'impression que l'énergie de Louis « s'élève ».

« N'oubliez pas que vous êtes tous des êtres multidimensionnels, sans aucune limite ! Tout est possible et il n'y a que votre nature humaine qui vous fasse croire que vous êtes limité.
Tout est en vous, libérez votre lumière !
Écoutez votre cœur, votre âme !

Dites-vous que tout est possible.

Osez vivre intensément tous les actes de votre vie, même le plus petit.

Ayez conscience de chaque parole, de chaque geste.

Pardonnez-vous pour vos maladresses (vos prétendues "erreurs"), aimez-les et aimez-vous ! »

Merci, Louis.

Temps de méditation

Prenez une grande inspiration profonde par le nez.
Expirez par la bouche.
Accueillez votre ressenti, votre émotion sans jugement.

Quelle est votre première réflexion après ce message ?
Quelle(s) émotion(s) ressentez-vous ?
Que ressentez-vous dans votre corps ?
Que vous inspire l'expérience de vie de Louis ?
Pour vous y aider, voici quelques axes de réflexion :

S'aimer et aimer

- Pensez-vous vous aimer vraiment ? Par quoi cela passe-t-il ?
- Êtes-vous critique sur vos comportements ou ceux des autres ?
- Êtes-vous rancunier ?

L'au-delà à votre porte

- Pensez-vous avoir eu un ou des contacts avec l'au-delà ?
- Avez-vous été présent lors de la mort d'un proche ?
- Qu'avez-vous ressenti ? Quelles ont été vos impressions ? (sensation de flotter, changement de dimension, vu ou senti une énergie, de la lumière...)
- Pensez-vous qu'un de vos défunts vous protège, est votre « ange gardien » ?

Apprendre à s'aimer et à aimer

Nous demandons au collectif de guides avec lequel nous conversons souvent de nous parler de l'amour.

Lorsque l'âme de Louis nous dit qu'elle venait apprendre à s'aimer, comme la plupart des autres âmes, que cela signifie-t-il ?

« Vous avez tous la même mission. Votre âme et votre humain sont *un*. Vous avez tendance à ne vous référer qu'à votre humain, à votre mental et à votre ego, alors que vous êtes aussi, et surtout, un être éternel, de lumière. Cet ***être*** que vous formez lors de l'incarnation a alors une mission, que nous pourrions qualifier de commune : sentir et accepter que vous êtes cet être (âme + humain) et vous aimer ainsi. C'est donc accepter aussi toutes vos différences, toutes vos errances, toutes vos erreurs (qui n'en sont pas).

L'objectif est de vous aimer dans toutes les facettes de votre personnalité d'être, et dans tous les visages, les corps que vous avez incarnés. Au risque de vous heurter, vous avez été dictateur, meurtrier, et vous avez également été un saint… Vous avez aussi été toutes les nuances qu'il y a entre les deux.

Vous êtes étonné, n'est-ce pas ? Et pourtant, c'est le cas, pour vous tous ! En vous, il y a tous ces personnages. C'est pour cela que vous êtes capables du "pire comme du meilleur". Il serait injuste de renier le meilleur sous prétexte du pire, les deux se valent. Chacun a été un apprentissage car tout doit être expérimenté pour comprendre les choses en profondeur. Acceptez cette dualité car toutes ces facettes ont fait de vous l'être que vous êtes aujourd'hui et que vous serez demain, même si le temps n'existe pas, ici. Vous pouvez lâcher prise sur vos jugements car vous exprimez une facette de vous-même. Mettez de la conscience dans vos pensées, vos paroles, vos actions et demandez-vous si vous pourriez être différent, véritablement, avec votre histoire d'être et votre personnalité d'être.

Vous êtes tel que vous êtes, c'est tout ! Mais votre monde et votre mental sont remplis de comparaisons et de jugements. Vous croyez tellement en eux qu'ils ont séparé votre être en deux. Vous ne vous sentez plus correct, selon une norme inventée par les hommes, et vous ne pouvez plus vous aimer.

Si vous ne vous aimez pas vous-même, vous rechercherez désespérément l'amour qu'il manque en vous chez les autres. Vous projetterez ainsi votre manque sur les autres ! Vous croirez les aimer mais ça ne sera pas de l'amour. C'est l'origine de beaucoup de souffrances en ce monde. »

Pourquoi l'humain a-t-il tant de mal à aimer et à s'aimer ?

Nos guides de lumière :

« L'humain a une propension à se rejeter et à rejeter l'autre parce qu'il est ignorant ! Il ne peut pas voir plus loin que le bout de son nez (vous regardez par le trou d'une serrure et ne voyez qu'une infime partie de la pièce entière qui se trouve derrière). Il voit aussi la différence partout.

Votre histoire est pleine de cela, parce que vous n'avez pas la bonne couleur de peau, la même religion, le même pays ou la même région… Vous vivez cela tous les jours ! Voyez la personne habitant dans la capitale et qui arrive à la campagne, elle n'est pas toujours acceptée à bras ouverts ! Vous êtes dans le rejet parce que l'autre ne réagit pas comme vous, parce qu'il n'aime pas la même couleur que vous… Tout est prétexte à faire du séparatisme.

L'humain est géré par ses croyances, son ego. Il croit toujours avoir raison, avoir la bonne vision des choses, la vérité. Or, il y a autant de vérités qu'il y a d'humains sur cette Terre ! Ce sont toutes ces différences, toutes ces nuances, tous ces camaïeux, toutes ces émotions que vous êtes venus expérimenter. C'est le piment de la vie terrestre.

Comment pouvez-vous juger un être, si vous avez à l'esprit toutes les choses que vous avez vous-même expérimentées au travers de toutes les facettes de votre être ? Vous avez, sans aucun doute, fait pareil ou "pire". Cela a contribué à votre évolution, comme cette expérience contribue à l'évolution de celui que vous jugez.

Bien sûr, la violence n'est pas cautionnée, mais elle fait partie de l'expérience du non-amour de soi et des autres. Moins de jugements apporterait à votre monde plus d'amour et de paix.

Chacun sur cette planète peut faire cet effort : moins d'auto jugement et de jugements des autres, plus d'acceptation de ce qui est, de qui vous êtes, de qui sont les autres. Cherchez à comprendre l'autre plutôt que de le condamner !
Tous les comportements sur Terre sont acceptés, si cela peut permettre à chacun de mieux se comprendre. Voyez-vous, Louis a besoin de revenir sur cette Terre, dans votre temps linéaire, quand il sera prêt, pour voir s'il peut équilibrer sa personnalité humaine qui était accrochée à la sexualité. C'est cela apprendre, c'est cela le chemin. »

Devons-nous nous pardonner comme a essayé de le faire Louis ?

Nos guides de lumière :

« Si vous incarniez la mission dont nous venons de vous parler (s'aimer, s'accepter dans tous ses aspects), vous n'auriez pas besoin de vous pardonner. Le pardon est une réflexion typiquement humaine, qui repose sur le principe du jugement de ce qui est bon ou non. Le véritable pardon n'est pas celui que vous appelez pardon, cette expression est galvaudée.
Apprenez à vous accepter. Reconnaissez que vous faites du mieux que vous le pouvez et que chacun fait également du mieux qu'il peut. Si l'autre vous a blessé, ne cherchez pas à lui pardonner absolument alors que vous avez mal, mais reconnaissez d'abord votre blessure et admettez qu'elle était déjà présente en vous. Il n'a fait qu'appuyer dessus, vous la révéler.

Vous le lui avez peut-être demandé lors d'un accord d'âme à âme.

Pardonnez-vous de souffrir, occupez-vous de cette blessure et remerciez d'avoir l'opportunité de la guérir. Après vous être pardonné, avec sincérité, vous pouvez demander pardon à l'autre avec authenticité si vous sentez que c'est encore nécessaire.

Nous sommes conscients qu'en vous disant cela nous changeons complètement la perspective que vous avez des choses, mais il est important que vous deveniez responsables. Reconnaître sa blessure (que l'autre a touchée du doigt), c'est être responsable et maître de soi. À vous de voir si vous conservez cette souffrance ou non.

Ne laissez plus la responsabilité de votre malheur à l'autre, ne soyez plus victime de l'autre. Cela vous donne un grand pouvoir, vous redonne votre pouvoir personnel. Vous devenez responsable de votre vie. »

Contacts avec l'au-delà

Les expériences de mort partagée

Louis raconte une scène étonnante, où il voit son père mourir sous ses yeux, puis un jeu de lumières étrange tourner dans la pièce. Il dira : « *Une lumière alors plus claire se déplaça jusqu'à mon père. Je vis nettement un halo de lumière s'élever de mon père, rejoindre la première lumière, se fondre en elle, pour monter et disparaître dans l'angle droit du plafond.* » Louis semble assister au départ de l'âme de son père. Ce phénomène s'appelle une expérience de mort partagée.

Nous revenons vers Cyléria :

Pouvez-vous nous parler des expériences de mort partagée ?

Cyléria :

« Tout ceci existe depuis la nuit des temps. Ce n'est pas un nouveau phénomène, mais votre monde s'en est éloigné à cause de sa rationalité. Les peuples premiers connaissaient cela parce qu'ils étaient reliés à la nature et au céleste (spirituel). Des hommes et femmes de traditions reliaient le Ciel à la Terre, leurs connexions permettaient d'accompagner les âmes jusqu'au seuil de l'entre-deux-mondes et parfois même d'y pénétrer. Puis, les peuples se sont "civilisés". La religion, la répression, la pensée unique, l'interdiction des rites ancestraux ont effacé, gommé de plus en plus, tous ces rituels où la mort n'était pas vue de la même manière, naturelle. À ce moment-là, un énorme "rideau" est tombé entre le monde du palpable et de l'impalpable. Il y a eu une véritable séparation.

Dans votre société actuelle, vivre consciemment une mort partagée, comme vous l'appelez, est rarement reconnu. Par déni ou par manque de ressenti, vous avez une sensation bizarre, mais vous ne savez pas y mettre les mots ni l'expliquer. Vous pouvez ressentir quelque chose dans votre corps, mais ne pas voir, ou ne pas entendre, le monde invisible se révéler à vous. Vous allez alors attribuer ces sensations étranges au choc ou à l'émotion d'accompagner cet être sur le départ. Peu d'entre vous se rendent véritablement compte de ce qui se passe énergétiquement et spirituellement au moment du départ de l'âme. Pour être simple, la mort partagée est l'instant qui entoure le décès du corps physique. C'est le moment où les âmes s'accompagnent d'un monde à l'autre ; elles se tiennent "par la main et s'envolent" ensemble. Puis, l'une reste au seuil et l'autre continue son chemin, comme lorsque vous accompagnez un ami cher jusqu'à l'aéroport et le regardez prendre son avion et s'envoler dans les airs. »

Pourquoi certaines personnes le vivent et d'autres non ?

Cyléria :

« Notons que le phénomène est totalement indépendant de la volonté humaine. Vous ne pouvez reproduire cela humainement, ni par votre pensée ni par votre simple vouloir. Cela ne fonctionnerait pas.

L'accompagnant qui vit cette expérience a un accord avec son âme pour qu'il s'ouvre à cette démonstration du monde invisible et qu'il perçoive que la mort n'est pas une fin, que la Vie continue. Il peut aussi se sentir missionné pour parler de son vécu et de la survivance de l'âme. C'est son âme qui lui donnera le courage d'en parler autour de lui, si c'est ce qu'il a à faire. C'est souvent un grand bouleversement intérieur de vivre une expérience de mort partagée. C'est pourquoi certains la renient. »

L’expérience du docteur Postel

Ce phénomène a été vécu, en 2004, par le docteur Jean-Pierre Postel, qui accompagnait son père dans ses derniers instants, avec son fils (médecin) et sa femme (pédopsychiatre). Tous les trois ont fait cette expérience collective de mort partagée, très intense. Jean-Pierre Postel le relate dans son livre *La Mort a-t-elle un sens ? Itinéraire d’un anesthésiste*[1].

Le docteur Postel était alors anesthésiste réanimateur et pédiatre dans un hôpital public français. Comme tout scientifique, il était très cartésien.

Alors qu’ils étaient au chevet du mourant, chacun s’est vu, individuellement, entrer dans un tunnel avec le futur défunt (qui décèdera cliniquement quelques heures plus tard).

Ce tunnel était en dehors de l’espace et du temps et amenait vers une intense lumière. « Nous avons assisté à un petit passage de sa revue de vie, où il voyait à quel point il avait été un homme froid, secret, qui ne faisait pas paraître ses émotions. Alors il s’est tourné vers nous et a dit : “Toute ma vie je n’ai jamais su exprimer aux gens que je les aimais ! Ne faites pas comme moi, si vous aimez les gens, dites-le-leur !” »

Revenus de cette expérience, ils diront : « Nous avons vécu quelque chose d’étrange » mais n’en parleront pas. Quelques jours plus tard, chacun écrira de son côté, pour ne pas s’influencer, les détails de son expérience, puis, en comparant leurs récits, ils seront

•••

1. Livre paru aux éditions S17 Production.

...
surpris de constater que ce qu'ils avaient vécu était remarquablement semblable.
Aujourd'hui, le docteur Postel est spécialisé dans l'étude des Expériences de Mort Imminente (EMI) et des états modifiés de conscience.

Quand les entités « perdues » habitent un lieu

Louis raconte que, lorsqu'il rentre dans un bar, il suffoque, il sent une ambiance poisseuse. Il est bousculé par des ombres qui le percutent physiquement, il en ressent de la douleur. Ensuite, il décrit ses cauchemars dans lesquels il entend des personnes inconnues le supplier, lui demander de l'aide, et cela nuit et jour, ne lui laissant aucun répit.

Nous avons évoqué, précédemment, l'existence de l'entre-deux-mondes et des âmes « égarées ». Dans ce monde astral, il existe un plan d'une fréquence vibratoire très basse, appelé « bas astral ». Certaines âmes désincarnées peuvent y rester coincées pour différentes raisons.

Elles peuvent se retrouver entre elles et peupler des lieux de souffrance, comme les endroits où l'on consomme beaucoup d'alcool, de drogues, de sexe, etc. Ces âmes se nourrissent de l'énergie des « vivants », absorbant l'ivresse de l'alcoolique, le « shoot » du drogué... Elles restent attirées et accrochées par des énergies qui font écho à leurs mauvais penchants lorsqu'elles étaient incarnées.

Imperceptibles pour la plupart des gens (fort heureusement !), de nombreuses entités occupent des endroits plus communs, comme nos lieux de vie ; souvent parce qu'il y a eu un drame (suicide, violence, événement douloureux...). Elles restent « attachées », soit à l'endroit, soit à la personne, qu'elles ont connus ou non. Ces entités semblent revivre la même scène, la même journée, indéfiniment. Elles ne cherchent pas à sortir de ce cycle sans fin.

Rappelez-vous, les guides de ces entités errantes sont toujours près d'elles, pour les accueillir lorsqu'elles seront prêtes à sortir de leur « propre enfermement » et du « bas astral ».

Un bar « nettoyé » d'une funeste entité

En tant que médiums, il nous arrive d'intervenir dans ces lieux pour libérer ces « entités ». Dans ce contexte, la communication médiumnique peut être très difficile et les « négociations » âpres. À ce propos, des proches, qui venaient d'acquérir un bar PMU pour le reconvertir en restaurant gastronomique, nous ont sollicitées pour nettoyer énergétiquement le lieu afin qu'il soit « sain » et avec une belle énergie. Les propriétaires nous disaient que la peinture ne tenait pas malgré les nombreuses couches…

Lors de notre diagnostic, nous avons vu que des événements à caractère sexuel polluaient ce lieu. Une entité masculine rôdait dans cette fameuse pièce et nous l'avons vue revivre des scènes où elle abusait de jeunes femmes. Cette entité effondrait la fréquence vibratoire de la pièce. Après un long bras de fer, les guides ont obtenu l'accord de cette entité et nous avons pu la libérer ainsi que la mémoire « incrustée »

•••

...
dans ce lieu. Pourtant le couple des propriétaires restait dubitatif.
Quelques jours plus tard, par le plus grand des « hasards », l'ancien propriétaire des locaux leur a apporté une coupure de journal datant des années 80, qui relatait l'événement comme nous l'avions perçu. L'homme avait été condamné par la justice. Les propriétaires ont pu reprendre la rénovation des locaux, sans plus aucun problème.

Pour commencer une activité dans un nouveau lieu, ou pour vous sentir bien chez vous, il semble important de nettoyer énergétiquement l'espace. Pour cela, il est nécessaire de se faire aider par un professionnel.

Apparition d'un défunt protecteur

Louis voit son père défunt à deux reprises : la première dans une situation où il avait besoin d'aide, l'autre pour lui délivrer un message d'amour et leur permettre de se pardonner mutuellement.

Il arrive que certains défunts de votre famille puissent vous apparaître (visuellement, « sensoriellement », oralement ou à travers une séance médiumnique) pour vous apporter leur aide, un conseil, vous prévenir d'être vigilant… Les guides les accompagnent et les autorisent à venir à votre rencontre. Ces défunts protecteurs sont généralement passés sur le plan de la lumière et sont remplis d'attention bienveillante et d'amour envers vous. Ensuite, il vous revient d'utiliser votre libre arbitre pour accepter, ou non, cette visite et pour écouter, ou non, leurs conseils.

Une amie, Marie, nous a raconté qu'elle a vu sa mère, décédée depuis deux ans, venir la prévenir qu'il allait se passer quelque chose qui paraîtrait « grave » sur le moment, mais qu'il n'y aurait pas lieu de s'inquiéter. Effectivement, quelques jours après, sa fille adolescente a eu un accident de vélo et un traumatisme crânien, mais sans complication. La mère de Marie, bienveillante, avait prévenu sa fille depuis l'au-delà pour ne pas qu'elle s'affole, même si elle n'avait pas tous les détails de l'événement.

Souvent, des mères nous racontent que leurs jeunes enfants voient l'un de leurs grands-parents décédé venir jouer avec eux, leur caresser la joue, avoir un mot tendre… Pour ces enfants, comme pour certaines personnes hypersensibles, cela semble tout à fait naturel. Ils sont encore « connectés » au monde spirituel. Les parents pensent souvent qu'il s'agit de l'imagination débordante de l'enfant, or il n'en est rien ! Les enfants ont une grande capacité à percevoir ce que l'adulte, plus rationnel, ne voit plus. Écoutez vos enfants, laissez-les vous raconter le contact qu'ils ont eu avec une personne décédée, sans juger si cela est vrai ou non pour vous. Simplement, écoutez-les !

EN RÉSUMÉ

Aimer et s'aimer

- Votre âme et votre humain sont ***un*** : votre mission est de vous rappeler cette unité.
- Acceptez qui vous êtes, sans jugement !
- Acceptez les autres en vous rappelant qu'ils sont, eux aussi, des êtres lumineux.
- Reprenez votre pouvoir personnel et devenez responsable et maître de votre vie.

Les expériences de mort partagée

- Vous pouvez vivre une expérience de mort partagée lorsque vous êtes au chevet d'une personne en fin de vie.
- Votre âme choisit de vous faire vivre cette expérience intense, en conscience, pour vous donner un message fort et vous ouvrir au monde de l'après-vie.
- Votre mission peut être de parler de cette expérience autour de vous.

Quand des entités perdues habitent un lieu

- Certains lieux et comportements attirent des entités.
- Vous pouvez les ressentir, elles peuvent interagir avec vous.
- Il est important de procéder à un nettoyage énergétique de libération de l'espace de vie.

Apparition d'un défunt protecteur

- Cet être vient vous délivrer un message souvent bienveillant.
- Les enfants, parfois, racontent qu'ils ont eu un contact avec leurs grands-parents défunts, écoutez-les !

CHAPITRE 10

LA MÉDIUMNITÉ

Victor, le saut de l'ange

En rejoignant Cyléria, nous sommes loin de nous douter de ce que nous allons vivre émotionnellement. Posée et rayonnante comme à son habitude, elle nous dit, en désignant une âme à ses côtés : « Je n'ai pas à vous présenter cet être car vous le connaissez. Vous l'avez déjà contacté par le passé lors d'une séance avec sa mère. Il est important ici d'aborder un thème délicat, douloureux et tabou dans votre société : le suicide des jeunes. Victor est votre interlocuteur du jour. » En effet, Cyléria nous remémore notre séance avec l'âme de Victor en présence de sa mère Nadia.

L'histoire de Nadia et de Victor

La séance médiumnique de Nadia

Nadia est la mère de trois enfants. Quand elle se présente à nous, elle n'a jusqu'alors jamais consulté de médium, de voyant ou d'énergéticien. Elle ne croit pas vraiment à la vie après la mort et ne s'intéresse pas aux questions relatives à la spiritualité.

Nadia nous dit que c'est une amie qui lui a « ouvert une petite porte » vers la notion de survivance de l'âme et l'a conduite à prendre ce rendez-vous avec nous. D'ailleurs elles ont, toutes deux, fait le voyage depuis la Bretagne pour nous rencontrer.

Nadia a commencé à lire quelques ouvrages et à regarder des vidéos sur Internet, mais elle doute encore beaucoup. Elle a été poussée à nous rencontrer car elle vient de vivre un immense traumatisme qui la fait beaucoup souffrir. En effet, Victor, son fils de 25 ans, s'est suicidé une nuit de juillet 2018 en sautant du pont Alexandre III à Paris.

Nous ressentons que ses attentes sont très fortes, ce qui est tout à fait normal dans les circonstances présentes. Dans ces situations de suicide chez les très jeunes, nous accueillons surtout les mères. Ce sont elles qui, en général, font la démarche de nous consulter car elles écoutent plus leur intuition, leurs émotions et sentent qu'elles sont appelées à faire ce type de démarche. Ces mères attendent beaucoup de la séance… Nous ressentons une pression très importante car nous connaissons l'enjeu pour ces mères fragilisées par la douleur et l'incompréhension du geste de leur enfant.

Après un échange avec Nadia, nous nous mettons en connexion avec notre équipe de guides de lumière. Au bout de quelques instants de silence, l'âme de Victor se présente à nous très « détendue », dans une cool attitude, très relax, l'air heureux et lumineux.

Victor nous raconte alors sa vision de son adolescence, son mal de vivre dans cette société qu'il ne supportait plus, trop loin de ses idéaux.

Il dit à sa mère :

> Tu as toujours su, au fond de toi-même, que je ne resterais pas très longtemps sur Terre. Tu savais que j'étais un être à part.

Nadia nous confirme, en effet, qu'en son for intérieur elle se « doutait » qu'il arriverait quelque chose à son fils et qu'il ne deviendrait jamais un vieux monsieur. Souvent les mères « savent » (voir encadré p. 346).

Pendant notre séance médiumnique, elle a reconnu son fils à ses paroles, à certaines de ses expressions, à ses explications. Victor, par nos voix, a pu lui exprimer ce qu'il vivait à l'intérieur de lui-même et Nadia a convenu qu'elle « savait » tout cela.

Victor, en exprimant les raisons qui l'ont poussé à « rentrer à la Maison », a permis à Nadia de comprendre son geste fatal. Elle a pu sentir que son fils était bien, qu'il n'avait pas de regret, sauf d'avoir fait de la peine aux personnes qu'il aimait. Il lui a expliqué qu'il avait coché toutes les cases de son contrat de vie, qu'il avait appris tout ce qu'il souhaitait et qu'il n'avait plus rien à accomplir sur cette Terre.

Puis, il a détaillé son suicide. Juste avant son passage à l'acte, il dit avoir été parfaitement conscient de sa décision de rejoindre son véritable monde. Il se sentait bien et prêt à se détacher de toutes ses « chaînes » humaines, à retrouver la liberté en faisant le saut de l'ange depuis ce pont. Il se voulait rassurant et précisait qu'il n'avait absolument pas souffert lors de sa chute.

Nadia a été très surprise par cette expression « saut de l'ange » car, d'après la vidéo de surveillance parisienne qui a enregistré le geste de Victor, c'est exactement ce qu'il s'est passé : ils l'ont vu faire le « saut de l'ange », les bras grands ouverts, en sautant du pont pour disparaître dans la Seine.

Nadia ne nous avait pas donné cette information et cette dernière a fini de la convaincre que c'était bien son fils qui lui parlait et qu'il était bien vivant en tant qu'âme.

À la fin de la séance, son visage avait changé : le sourire était revenu sur ses lèvres. Elle nous a dit se sentir en paix même si son cœur de mère restait attristé de cette séparation, mais que comprendre rendait son chagrin un peu moins lourd.

Les mères « savent »

Lors de son accouchement, une de nos amies a senti qu'il fallait absolument donner le prénom de Christophe à son fils (saint Christophe est considéré comme le patron des voyageurs) sans vraiment savoir pourquoi. Elle sentait qu'elle devait le protéger des accidents de la route. Puis, progressivement, cette intuition a disparu et leurs vies ont suivi leur cours. Christophe est décédé à l'âge de 18 ans au volant de sa voiture.

...

...

Sa maman nous a confirmé qu'elle « savait » au tréfonds d'elle-même qu'elle perdrait son fils jeune et dans un accident de la route. Cette information est revenue à sa mémoire après le décès de son fils.

Le message de l'âme de Ardémékar/Victor

Nous attirons votre attention sur le fait que l'âme de Victor va nous donner son point de vue très personnel. Ses propos reflètent son ressenti et son vécu sur Terre et n'engagent que lui.

Bonjour Victor...

« Appelez-moi plutôt Ardémékar, c'est la sonorité qui compte, mais cela ne peut rien évoquer pour vous, c'est ma vibration d'âme. »

Acceptes-tu de nous raconter le regard que porte ton âme sur ta vie sur Terre, en tant que Victor ?

« La Terre n'est pas faite pour toutes les âmes. C'est une école à laquelle il faut être préparé. Tout y est abrupt, angulaire et, émotionnellement, il faut être solide. Pour les hypersensibles cela est difficile, surtout dans votre société actuelle où il n'y a pas de place pour les "faibles". Ils sont laissés pour compte. Or, un hypersensible n'est pas un "faible" ! Bien au contraire, il a l'intelligence du cœur, il n'est pas coupé de ses émotions, de ses sens. Il ressent l'autre dans son énergie, dans ce qu'il est vraiment.

Les hypersensibles ont un angle de vue différent. Ils ressentent l'autre dans son empreinte énergétique. Ils ne sont pas éblouis par le matériel, par les connaissances intellectuelles, par le superflu. Il en faut beaucoup pour les "épater" !

Je suis arrivé sur Terre avec cette hypersensibilité qui faisait de moi quelqu'un de différent, que l'on considérait comme étant à part et que l'on ne comprenait pas toujours.

Je suis venu dans un corps de garçon et, là encore, il faut correspondre à ce que la société attend d'un homme, dans son comportement, sa façon d'être, or je me sentais différent. L'hypersensibilité chez les hommes n'est pas encore très bien acceptée par l'ensemble de votre société.

Ce qui m'a motivé à revenir sur Terre, c'est que je savais que je ferais une incursion très brève. Je voulais surtout venir aider celle qui fut ma mère. J'ai été pour elle un moyen d'évolution pour qu'elle puisse entendre et comprendre que l'on peut être différent et que cette différence peut apporter une forme de richesse.

Mon départ de la Terre lui a ouvert des portes qu'elle n'imaginait même pas sur ce que certains nomment la spiritualité. Elle ne s'était jamais interrogée sur ce qui se passait après la mort. C'était quelque chose de tabou pour elle. Or, en me perdant, elle était "comme poussée et dans l'obligation" d'aller ouvrir ces portes pour venir me retrouver et comprendre, pour se rassurer aussi.

Maintenant, elle est reliée avec cela. Elle sait que je suis vivant et que mon histoire ne s'arrête pas à mes quelques années passées sur Terre. Beaucoup de parents, et je le comprends, sont anéantis par la perte de leur enfant. Ils se disent que nous, leurs enfants, aurions dû vieillir, avoir nous-mêmes une famille, nous marier, avoir des enfants, un beau métier, etc. Ceci est, paraît-il, dans la logique des choses, mais nous ne venons pas tous avec le même objectif. Le mien n'était surtout pas de construire une famille. Qu'en aurais-je fait ? Je ne me sentais pas capable, ni la volonté d'ailleurs, d'assumer d'autres êtres que moi. Je n'avais pas du tout l'intention de me lier à un autre être et de procréer.
La vie sur Terre, déjà, me semblait fade. Il me manquait le piment dont j'avais besoin. Toutes ces contraintes sociales et économiques sont une plaie pour notre créativité et pour nos envies. Nous ne pouvons pas vivre à notre rythme, toujours pressés, compressés par une société qui nous avale et qui en veut toujours plus. Où est l'humanité là-dedans ? Nous sommes tous des petits robots qu'il faut faire avancer pour nourrir un système économique qui nous ronge de l'intérieur et qui fait que nous allons à notre perte.
Voilà quel était mon état d'esprit lorsque j'étais sur Terre. J'étais contre le système, contre l'économie. Je ne voulais pas rentrer dans une case et ressembler à ces "ronds de cuir" qui vont au bureau, font leur journée et, le soir, rentrent tranquillement chez eux, avec leur femme entourée de leurs enfants, font un jogging de temps en temps, un week-end dans la

belle-famille. La belle affaire ! Est-ce la vie que j'aurais dû mener sur Terre ?
Je n'avais pas ce goût-là. J'ai essayé de rester le plus longtemps possible, mais j'ai été pris à plusieurs reprises par ce désir de partir. Je sentais que j'étais appelé dans un ailleurs et que cette vie sur Terre n'était pas une satisfaction suffisante pour moi, elle n'avait pas d'attrait pour que j'y reste. »

Veux-tu dire que tu ressentais cela consciemment, dans ton humain ?

« Cela "m'emmerdait" de devoir me lever, de devoir apprendre ; l'école m'a toujours ennuyé. Apprendre des choses qui ne me serviraient pas, à quoi bon ? Me former à un métier, lequel ? Rien ne me convenait vraiment et puis la routine m'était insupportable ! »

Parle-nous du moment de ton départ

« Je me suis jeté dans le vide, j'y ai pris du plaisir. J'avais l'impression d'être un oiseau qui volait, libre et sans contrainte. Je n'ai pas été conscient de toucher l'eau, j'étais déjà en train de voler à côté de mon corps (décorporation). Je l'ai regardé tranquillement disparaître dans l'eau sans regret, et même avec un certain plaisir. Enfin, je me débarrassais de cette carcasse trop lourde. »

N'étais-tu pas triste de quitter cette Terre et ta famille ?

« Ma seule tristesse fut pour ma famille terrestre. Je savais l'incompréhension et le chagrin que j'allais leur causer. Je le savais ! Mais, eux aussi, le savaient puisque d'âme à âme, je leur avais dit que je ne resterais pas longtemps avec eux. Ma famille aurait dû me perdre bien plus tôt, mais j'ai résisté le plus possible. Je sais que cela les a détruits. Ils étaient dans l'incompréhension, la colère, et ma fratrie m'en voulait.
Mais, pour ma mère, c'était plus que cela. Lorsqu'elle est venue communiquer avec mon âme, je lui ai expliqué les raisons de mon départ. Elle a compris, accepté, même si, quelquefois, son cœur de maman souffre, intellectuellement et dans son cœur d'âme. Elle a compris que je n'avais aucun devenir sur Terre et que rien n'aurait changé ma décision qui était un choix. »

Quel était ton objectif dans cette vie ?

« Je suis venu goûter à nouveau à la vie terrestre en pensant que j'allais y trouver un certain plaisir. J'ai réessayé, mais non, ce monde n'est vraiment plus fait pour moi ! »

Goûter à nouveau, réessayer ? Suggères-tu avoir déjà eu plusieurs incarnations sur Terre ?

“Bien sûr, je suis venu sur Terre à plusieurs reprises, avec des expériences plus ou moins “réussies”, pour reprendre un vocabulaire humain. Moi, la contrainte, je n'aime pas cela. Je suis un esprit, une âme, une conscience *libre*. Je n'ai plus envie de repasser par tout ce cycle d'apprentissage qui a été le mien depuis fort longtemps. Je ne suis pas quelqu'un qui revenait pour une deuxième ou une troisième fois sur Terre. J'y ai déjà fait un certain chemin.

Cette fois-ci, j'ai voulu accompagner ma mère, l'aider, et voir si je pouvais de nouveau me réadapter à la Terre. Mais ce ne fut pas le cas. Ce monde est toujours aussi hostile, même bien plus hostile qu'avant, je trouve. C'est mon avis.”

Quel a été ton chemin d'âme entre tes incarnations passées et celle-ci ? As-tu eu d'autres sortes d'incarnations ?

Ardémékar nous projette une saccade d'images qui tournent comme un kaléidoscope, montrant un grand nombre de personnages, d'images, de sons, d'époques… C'est indescriptible !

“Tout se fait en même temps. Humainement, vous auriez des difficultés à comprendre. Sur Terre, vous vivez selon un temps linéaire. Dans le monde des âmes, nous ne vivons pas ainsi. Ici, il n'y a pas d'espace/temps. Mais pour l'instant, cette donnée est peu importante et ce n'est pas le sujet de mon intervention. »

Comment vivais-tu ton hypersensibilité et pourquoi as-tu choisi une incarnation avec cette caractéristique ?

« Je suis venu comme j'étais, à nu. Je voulais faire cette expérience : ne pas avoir de fard, ne pas me cacher derrière un rôle, *être*. C'est difficile de rester sur Terre avec cet état d'esprit. Je parle pour moi…

Quand on enlève tout, le fard, le maquillage, on est soi-même. Et c'est là que les problèmes commencent parce qu'il faut que les autres nous acceptent ainsi. »

D'après toi, pourquoi cela gêne-t-il les humains d'accepter les êtres sans fard, « purs » ?

« Parce que dans cette société, il y a cette croyance qu'il faut être fort. Il ne faut pas montrer ses sentiments, ses faiblesses, sinon les autres s'en servent contre nous. Vous n'allez pas me dire le contraire, avec tous ces réseaux sociaux qui "vomissent" leurs critiques sans connaître les gens, sans savoir qui ils sont, sans connaître leur histoire. Critiques, critiques gratuites ! Aucune bienveillance ! On n'essaie pas de comprendre, de rentrer véritablement en connexion avec l'autre, tout est superficiel ! Cela peut détruire. Beaucoup sont autocentrés sur leur petite personne, sans s'intéresser vraiment à l'autre.

Les humains, vous avez vraiment un grand pas à faire vers vous-mêmes. Vous avez tant à apprendre de chacun. La formidable richesse est de se mettre à la hauteur de l'autre et de l'écouter, de se nourrir de ses expériences, de le comprendre. Il suffit de prêter attention à l'autre et de l'accueillir tel qu'il est. Pour cela, il faut que vous admettiez que vous n'avez pas raison sur tout. Que ce monde a mille vérités vraies. L'échange et le partage sont essentiels. »

As-tu un conseil à donner à des parents d'enfants hypersensibles ?

« Accueillez vos enfants tels qu'ils sont, ne cherchez pas à les formater à ce que vous voulez qu'ils soient. Ce n'est pas possible de vouloir changer leur nature. C'est comme si vous vouliez faire d'un chêne un bambou. Cela est impossible, un chêne ne ressemblera jamais à une tige de bambou ! Comprenez-vous ? Laissez l'esprit des êtres s'épanouir dans ce qu'ils sont, non dans ce que vous voulez qu'ils soient. »

Pour les êtres hypersensibles, as-tu un conseil à leur donner, un message à transmettre ?

« Ne cherchez pas à vous conformer à ce que l'on attend de vous (parents, entourage, société) ! Assumez vos différences. Je sais que ce n'est pas évident mais c'est la seule voie. Vous avez fait ce choix en venant sur Terre.

L'hypersensibilité peut aussi être un atout. Pour moi, c'était un boulet mais, en même temps, il me fallait être ainsi parce que cela fait partie de ma nature profonde.

Il est important d'apprendre à gérer votre hypersensibilité et d'en faire une force. Développez votre intuition, votre relation avec l'au-delà, avec le vivant (nature, animaux) et surtout avec vous-même ! »

Dans quel état d'esprit étais-tu quand tu as quitté ton corps terrestre ?

« J'étais "pété" : j'avais fumé, bu, je m'étais éclaté avec mes potes. Je me suis dit : "C'est bon, là ! Je peux finir comme ça, en apothéose. Je peux m'envoler très haut, très haut, très haut et laisser tout cela derrière moi !" C'est comme cela que ça s'est passé. »

C'était un choix conscient, tout de même ?

« Bien sûr, je savais que j'allais mettre fin à cette "mascarade". Je voulais me retrouver, moi. Plus dans cette peau trop petite pour moi. Plus dans cette société trop rigide pour moi. Je n'y trouvais pas ma place. Les attentes des uns et des autres, je ne voulais plus y répondre. Je ne voulais pas entrer dans une case.

C'est vrai que l'on peut vivre en étant anticonformiste, rebelle, anarchiste, mais il faut se battre tout le temps. Je n'avais pas envie de me battre. Je suis un pacifiste, moi ! Mon suicide n'est pas un acte de désespoir, c'est un acte de délivrance. Je retourne chez moi, je reviens au pays, comme diraient certains sur Terre. Je n'ai pas souffert. Je n'ai pas séjourné dans l'entre-deux-mondes, je n'ai pas attendu. Je ne me suis pas accroché à mon corps comme certains pourraient le faire autour du leur. Dès que j'ai pu, j'ai pris le chemin du retour avec joie. C'est cela qui comptait et pas autre chose. »

Es-tu bien aujourd'hui ? Es-tu au « bon » endroit ?

« Là où certains mettent énormément de temps à comprendre qu'ils sont morts, à passer un temps fou à s'en vouloir, à réfléchir sur leur sort, à tourner en boucle, moi, je n'ai pas demandé mon reste. Je suis parti, direct. Je les ai vus ceux qui se "perdent", qui résistent. Ils flottent, ils sont comme des bateaux qui dérivent (voir encadré "Bloqué dans l'entre-deux-mondes", p. 367). Mais, moi, j'étais bien sur mon chemin, comme si j'avais pris un véhicule qui venait me chercher et m'emmener. Je m'y suis installé. Tout a été simple, tout a été vite. Cela s'est fait par paliers. Je ne suis pas arrivé à la "Maison" immédiatement. Pour vous donner une image humaine, c'est comme si j'avais attendu le bus et que, une fois monté dedans, il fallait respecter tous les arrêts avant d'arriver à sa propre destination. En simplifiant, c'est un peu ce qui s'est passé. Pour moi, il n'est pas question de revenir sur Terre pour le moment, mais je peux toujours changer d'avis. Indirectement, je "travaille" avec la Terre, mais sur un autre plan. Je réceptionne les êtres en souffrance qui reviennent de leur incarnation parce que je sais ce que c'est. Je "travaille" (même si je ne considère pas ce que je fais comme un job) avec les gens qui se sont supprimés, notamment les jeunes, parce que certains d'entre eux arrivent avec beaucoup de culpabilité. Certains, bien sûr, regrettent leur geste parce qu'ils ont été trop impulsifs, qu'ils ont mis fin à leur "contrat" trop rapidement. D'autres, au contraire, ne le regrettent pas du tout, et c'est un acte de soulagement pour eux, comme cela l'a été pour moi. Mais il y a énormément de souffrance autour d'eux, car ils en ont créé beaucoup. Certains ressentent beaucoup de culpabilité. Alors, je les accompagne sur ce chemin. »

En quoi consiste ton « travail » exactement ?

« Je les accueille, je parle avec eux, un peu comme un confident. Je les laisse beaucoup parler, s'exprimer et, après, je leur fais part de mon expérience et de bien d'autres choses encore. Je suis là pour les aider, les soutenir, pour que la culpabilité puisse s'effriter en eux, qu'ils puissent accepter simplement que leur geste a été le leur, qu'il a été une expérience pour tout le monde (eux-mêmes et leur entourage) et que, bien évidemment, cela laisse des traces derrière eux et en eux. »

Peut-on imaginer le lieu dont tu parles comme un centre de repos où les âmes des jeunes suicidés sont accueillies ?

« Ce serait un centre de parole plutôt que de repos. On y parle et on y écoute beaucoup. Avec votre langage humain, vous diriez que c'est un cabinet de psy, mais ce n'est pas comme sur la Terre. Avec le psy, vous racontez des choses qui vous encombrent, mais rien ne se résout vraiment, en fait. Ça aussi, c'est absurde : le "mec" qui te reçoit est plus malade que toi et il ne comprend rien à la vie. Comment veux-tu qu'il t'aide ?[1]

Moi, je sais de quoi je parle, je peux échanger avec eux et, si je n'y arrive pas, c'est un autre qui prend le relais, et ainsi de suite. Je n'ai pas la prétention de tout savoir et de pouvoir aider tout le monde. C'est un collectif ici, et je suis fait pour vivre ainsi. Ce monde individualiste sur Terre ne me convenait pas à cause de cela. L'entraide y était faible. J'aime ces vies en "communauté", en quelque sorte. On est attentif aux autres, on n'est pas "déshumanisé" ni "invisible" aux yeux de son "voisin". Ici, on prend le temps, le temps de se parler, le temps de se poser, le temps d'écouter. Ces valeurs sont importantes pour moi. »

---

1. Nadia nous a confirmé que son fils Victor avait suivi de nombreuses séances avec différents psychothérapeutes et qu'il ne les appréciait pas du tout, ce qui explique sans doute son opinion tranchée sur ces derniers. Opinion qui n'engage que lui, bien entendu.

Toi-même, as-tu été reçu dans ce lieu lorsque tu as quitté la Terre ?

“Non, je n’ai pas eu besoin de me déculpabiliser. Je n’avais aucune culpabilité, mais du chagrin pour ceux que je laissais derrière moi. Cette vie, je ne la regrette pas !

J’aurais fini certainement en vieux “junkie” si j’avais continué à vivre sur Terre. J’y aurais été plus lourdement sur la “fumette” et sur bien d’autres choses pour, justement, mettre de la brume entre ma vie terrestre et moi. Donc, même si j’avais vieilli, j’aurais désespéré mes parents d’une autre manière, et ils auraient eu peur pour moi. Ils n’en ont pas eu le temps.”

Le suicide d’un enfant ou d’un proche laisse ceux qui restent dans un grand désarroi. Que pourrais-tu leur dire ?

“La première chose à leur expliquer, c’est surtout de ne pas culpabiliser, parce que la plupart d’entre eux pensent qu’ils auraient pu empêcher ce geste. C’est totalement faux ! L’être qui veut quitter la vie terrestre ressent un mal-être. Il n’arrive plus à se supporter et ne voit plus l’intérêt de poursuivre sa vie. Il peut avoir, inconsciemment, l’impression d’être au bout de son contrat avec lui-même.

Donc, la famille, l’entourage peuvent toujours essayer de “marquer la personne à la culotte” en voulant la suivre en permanence, en croyant la protéger. Cela ne servira à rien ! Aucun individu ne l'empêchera de faire ce qui lui semble juste. Même si la famille est très présente, l'être profitera d'un moment d'inattention et se faufilera dans la brèche pour accomplir son geste. Donc, que ces parents, ces familles, ces amis ne s'en veulent surtout pas !

Cette culpabilité et d'autres états émotionnels sont à transmuter. Cet événement est une opportunité, pour ceux qui restent, de faire l'expérience de ce qu'est l'impuissance, l'acceptation du libre arbitre de chacun et de ce qu'est la "perte". Il est essentiel de ne pas rester dans ces états. Il est important qu'ils soient transformés en une énergie plus paisible, plus créative… Ainsi, cela les aide, et nous aide par la même occasion car notre âme n'est pas alourdie par leur peine.

Encore une chose importante ! N'imaginez pas que nous aurions eu une vie meilleure si nous étions restés sur Terre, en faisant ceci ou cela. Vous vous faites du mal pour rien, et cela vous maintient dans l'illusion.

J'ai un message extrêmement important à l'intention des familles : certains parents culpabilisent, pensent qu'ils ne pourront pas vivre sans nous, et seraient tentés de nous retrouver… Cela ne se passe pas ainsi. Il s'agit d'une fuite pour nous revoir. C'est leur partie humaine qui se sent désespérée, mais pas leur âme. Il est important de comprendre que si l'un des parents fait ce geste, il n'arrivera pas forcément sur le même plan que l'âme de son "enfant". Il pourrait ne pas le retrouver et connaître les affres de l'entre-deux-mondes !

Les raisons qui nous ont conduits à partir de la Terre et à suivre ou à rompre notre "contrat de vie" nous appartiennent. Nous ne sommes pas partis rejoindre quelqu'un d'autre, nous voulions nous retrouver *nous*, notre essence.

Sachez, pour ceux qui liront ces lignes, que je comprends la tristesse de ces parents désespérés, bien évidemment, parce que cet enfant ne sera plus dans leurs bras, parce qu'ils ne verront plus son sourire ou son désarroi, parce qu'ils ne sentiront plus sa présence humaine à leurs côtés, et parce que, d'après votre société et votre logique, un enfant doit mourir après ses parents. Vous calculez tout en terme d'âge, or l'âge humain est sans importance.

Je vous donne ces deux exemples :

- Un enfant qui décède quelques jours ou quelques semaines après sa naissance aura rempli totalement son contrat et ses accords d'âme à âme avec lui-même et avec ses parents terrestres. Cela va étonner ceux qui liront ces lignes. Je m'explique. Son âme souhaite faire l'expérience de se donner un corps physique en passant par toutes les étapes de l'incarnation, puis de permettre à ses parents d'apprendre ce qu'est la perte d'un enfant avec toutes les "leçons" qui y sont associées. Ainsi, son passage sur Terre sera un levier de progression pour l'âme de ses parents. Tout s'est déroulé comme ils l'ont programmé ensemble. Je sais que je peux vous choquer, mais cette âme a coché les cases de son contrat et respecté ses accords d'âmes, malgré le peu de temps qu'elle a passé sur Terre.
- Maintenant, imaginez une âme qui se donne pour objectif d'apprendre l'adaptation, l'autonomie, le non-jugement... Pour y arriver, son

âme choisit de faire l'expérience d'incarner un aventurier sans attache parcourant la planète. Cet homme a aujourd'hui 60 ans, n'a jamais quitté son pays et reste à rêver, avec envie, de voyages devant sa télé. Au plus profond de lui-même, il ressent du regret et de l'amertume. Pourtant, des tas d'opportunités se sont présentées à lui, mais sa peur de l'inconnu, ses difficultés à se dépasser, à sortir de son confort et de ses habitudes ont été plus fortes que son désir de voyager. Pensez-vous qu'il a coché toutes les cases de son contrat en suivant sa feuille de route, bien qu'il soit sur Terre depuis soixante ans ?

Comprenez-vous mieux ainsi ? Qui, du bébé ou de l'homme de 60 ans, a véritablement rempli son contrat ?

Moi, j'avais fait tout ce que j'avais décidé de faire. Mon contrat était totalement rempli. Je n'avais plus rien à faire et c'est pour cela aussi que j'ai mis fin à mon histoire. J'aurais pu modifier pour un temps ma "feuille de route sur Terre" et continuer un peu plus, mais je n'y tenais pas du tout.

Oh, bien sûr, j'aurais pu choisir de tomber malade, cela aurait ainsi permis à ma famille d'accueillir et d'accepter mon départ. Même si cela aurait été douloureux, il y aurait eu une forme de fatalisme. Si cela c'était passé ainsi, ma mère n'aurait pas cherché à me contacter dans "l'au-delà" comme elle l'a fait à la suite de mon suicide. Alors que mettre fin à ses jours, cela prend tout de suite des proportions inimaginables dans votre inconscient collectif. Comme je vous le disais tout à l'heure, c'est lié à la culpabilité : "C'est ma faute, j'aurais dû le voir, j'aurais dû le protéger". Cela ne sert à rien, tout ça. C'est de la perte de temps. Vous n'auriez rien pu faire parce que chacun vit dans sa "propre peau".

Ah, vu de l'extérieur, vous vous êtes dit : "Il avait pourtant tout pour être heureux matériellement et il avait la jeunesse, la vie devant lui, etc." Eh bien non ! Tout ne fonctionne pas comme cela. Ce n'est pas forcément l'extérieur qui rend heureux et qui fait que notre vie devient, d'un seul coup, plus intéressante et vivable. Comme je vous l'ai dit, c'est une histoire entre nous et nous, et personne d'autre. C'est cela aussi être libre ! »

Notre société a peut-être besoin d'évoluer sur ces questions ?

« Effectivement, tout ceci n'est pas bien accepté par l'ensemble des humains. Une meilleure compréhension rendrait les choses plus simples. Ah, au fait ! Je n'ai pas été damné ! Je n'ai pas été envoyé dans les flammes de l'enfer, comme certains peuvent le croire. Ce n'est pas parce que l'on met fin à sa mission et à son séjour sur Terre que l'on est tiré par les pieds par des diables. J'étais très serein. J'ai tout de suite retrouvé ma propre lumière. Je ne me suis pas perdu en route. Je savais où j'allais et je vais maintenant très bien. Je ne souhaite pas me retourner sans cesse sur cette vie ni sur les autres, d'ailleurs ! »

Nous pensons que tu as dit l'essentiel : apprendre à changer notre regard sur les enfants que nous, parents, « investissons » ! Nous voulons pour eux une belle vie sans prendre en compte que leurs âmes ont défini des objectifs différents des nôtres.

« Il serait souhaitable que chacun puisse accepter ce que l'autre décide pour lui-même. Mais vous n'êtes pas encore dans une société aussi indulgente et aussi tolérante. Tout le monde croit avoir une vision de ce que doit être la vie. Chacun croit avoir raison. C'est ce qui crée tant de conflits. Si chacun acceptait l'autre tel qu'il est, tel qu'il mène sa vie, cela simplifierait beaucoup les rapports, la tolérance et l'amour entre les êtres. Il n'y aurait plus de conflit.

Il serait aussi souhaitable de changer votre rapport à la mort. C'est cela qui crée les peurs, les paniques, comme ce que vous vivez actuellement sur Terre *(Ardémékar fait ici référence à la pandémie de Covid-19).*

Laissez ce que vous croyez être votre vérité et soyez ouverts à tout ce qu'il y a autour et à l'intérieur de vous, en accueillant l'autre tel qu'il est et surtout en vous accueillant dans votre essence (votre âme). Vivez votre humain à travers elle.

Quand ferez-vous la fête pour accompagner toutes ces âmes qui se délivrent de leur corps ? Vous devriez être heureux pour l'autre qu'il puisse continuer son évolution dans cet ailleurs.

Bien sûr, vous pouvez le pleurer, mais savez-vous que vous pleurez sur vous-mêmes, parce que vous restez

là, parce que vous vous croyez seuls. Fêtez vos départs et, là, votre société aura fait un pas de géant.
Vous croyez qu'un enfant est un enfant. Or, l'âme n'est pas un enfant lorsqu'elle arrive sur Terre. Elle est déjà "aguerrie", d'une certaine façon. Elle est "adulte", si je prends un terme humain pour faire comprendre cela. La mort n'est pas un accident de parcours, elle est décidée par l'âme. Cette âme qui est éternelle. Prenez conscience de cela. »

Merci, Ardémékar.

« Merci à vous. »

Temps de méditation

Prenez une grande inspiration profonde par le nez.
Expirez par la bouche.
Accueillez votre ressenti, votre émotion sans jugement.

Quelle est votre première réflexion après ce message ?
Quelle(s) émotion(s) ressentez-vous ?
Que ressentez-vous dans votre corps ?
Comment votre histoire de vie ou celles de votre entourage résonnent-elles avec l'histoire de Victor ?
Pour vous y aider voici quelques axes de réflexion :

- Une personne de votre entourage a-t-elle mis fin à ses jours ?
- Comment l'avez-vous vécu ? (dans la colère, l'incompréhension, l'intolérance…)
- Avez-vous compris son geste ?
- Lui avez-vous pardonné ou pas ?
- À la lumière du témoignage de l'âme de Victor/Ardémékar, que comprenez-vous maintenant du suicide ?
- Quel regard portez-vous sur cet acte ?
- Cela vous a-t-il un jour effleuré l'esprit de mettre fin à votre contrat d'âme ? Si oui, d'après vous, qu'est-ce qui vous a retenu ? (votre entourage, une voix intérieure, l'aide d'un « ange », vos croyances religieuses, la sensation qu'il vous fallait rester sur Terre, qu'il vous restait quelque chose à terminer, etc.)

Enseignements délivrés par Ardémékar/Victor

La lumière n'est pas toujours au rendez-vous

Ardémékar/Victor vous a raconté que, pour lui, tout s'est bien passé lorsqu'il a quitté son corps. Nous souhaitons souligner ici que ce n'est pas toujours le cas pour les âmes qui se désincarnent.

Lors de nos séances médiumniques, nous accompagnons beaucoup de familles et communiquons avec leurs défunts. Nous avons été amenées à la constatation suivante : nous arrivons de l'autre côté du voile dans le même état émotionnel que lorsque nous quittons la Terre. L'histoire de Yannis va vous permettre de comprendre nos propos.

Bloqué dans l'entre-deux-mondes

Il y a quelques années, Françoise nous a appelées car son fils, Yannis, 16 ans, venait de se pendre avec sa ceinture à la suite d'une rupture amoureuse. Par expérience, il est plus difficile de communiquer avec l'âme d'une personne lorsqu'elle a quitté ce monde dans un état émotionnel chaotique.
Nous avons questionné nos guides pour savoir si un dialogue avec l'âme de Yannis était possible. Nous avons gardé une trace écrite de notre canalisation médiumnique avec son guide. Voici un extrait de sa réponse :
« Il est tourmenté et ne trouve pas son chemin. Il regrette tellement ce qu'il s'est fait à lui-même et à
...

…
sa famille. C'était un geste enfantin, une sorte de vengeance : "Je vais te le faire payer", "Ce sera de ta faute", "Tu vas voir de quoi je suis capable". Mais il s'est puni lui-même.

Il s'en veut terriblement et, pour le moment, il n'est pas en paix. Il sait qu'il s'est emballé. Ce n'est pas la première fois qu'il réagit ainsi. C'est à lui de faire son chemin…

Nous sommes à ses côtés, mais nous ne pouvons pas encore l'aider car son état ne lui permet pas de nous voir ni de nous sentir. Il tourne encore "autour" de sa famille terrestre et de son ex petite amie. Il va lui falloir faire le deuil de sa vie et de ses choix de vie. Son excès de colère et son ego l'ont conduit à ce geste. Il n'a pas su prendre le recul nécessaire. Il croit punir les autres, mais à chaque fois il se punit lui-même.

Nous devons le laisser "réfléchir" pour qu'il puisse suivre son propre chemin même si, selon votre point de vue humain, cela peut paraître difficile. Il s'est fui lui-même ainsi que la situation qu'il vivait sur Terre. Il se doit de "méditer" sur les conséquences de son acte vis-à-vis de lui-même et sur l'impact que cela a eu sur les autres.

La seule chose à faire pour le moment est de lui envoyer la lumière de votre cœur, vos prières, afin qu'au moment voulu il puisse les capter, s'il le désire. Ayez de belles pensées vers lui et surtout ne lui en voulez pas ; cela ne ferait que renforcer ses propres sentiments "d'échec".

Voici ce que nous pouvons vous dire à ce jour : il est sur un plan auquel il n'est pas nécessaire que vous
…

...
vous connectiez pour le moment, car il est grisâtre et les énergies nébuleuses. Voyez ceci comme un apprentissage, même si cela vous semble "dramatique" du point de vue de l'humain. »

Comme vous pouvez le constater avec Victor et Yannis, chaque désincarnation se passe différemment, en fonction de qui vous êtes dans votre personnalité humaine (émotions, sentiments, croyances, etc.). C'est la raison pour laquelle Ardémékar indique que, si un parent met fin à ses jours pour "retrouver" son enfant, leurs âmes ne se retrouveront pas automatiquement, car elles emprunteront des chemins différents pour retrouver la lumière. Chaque âme fera son chemin, plus ou moins "rapidement", pour regagner sa famille d'âmes.

Lorsque nous dialoguons avec une âme qui a des difficultés à se "déshabiller" de sa personnalité humaine et qu'elle s'est bloquée dans l'entre-deux-mondes sans pouvoir rejoindre la lumière, les guides saisissent cette opportunité pour proposer au défunt, à travers nous, de sortir de ces énergies nébuleuses. Ces dernières sont liées à son état tourmenté.

Un travail de compréhension et de détachement est nécessaire pour enclencher le processus de libération post-incarnation. Ensuite, avec l'aide de la personne venue nous consulter, nous servons d'intermédiaires pour que le défunt puisse prendre la main de son guide et enfin passer "la Porte de Lumière". La plupart du temps, les défunts acceptent. S'ils ne le souhaitent pas, nous respectons leur libre arbitre.

Peut-être vous êtes-vous posé les questions suivantes concernant l'utilité de communiquer avec vos défunts par l'intermédiaire d'un médium :

– À quoi cela me sert-il de communiquer avec mes défunts ?
– Est-ce bien pour moi ou non ?
– Qu'est-ce que cela va m'apporter ? Du chagrin, des regrets, des éclaircissements, une meilleure compréhension, un apaisement ?
– J'ai peur de ce que le défunt va me dire et d'entamer cette démarche.
– Comment puis-je être sûr que je communique bien avec mon cher défunt ? Comment en avoir la preuve ?
– Cette communication va-t-elle m'aider à accepter mon deuil ?
– Va-t-elle réconforter les autres membres de ma famille (même s'ils ne croient pas en ma démarche ou à la vie après la mort terrestre) ? Comment cela peut-il agir sur eux ?

Pour y répondre, nous vous laissons découvrir les témoignages des parents de Victor, suivis du témoignage de Catherine, dont le jeune fils s'est également suicidé.

Les parents de Victor témoignent

« Merci à la vie d'avoir mis sur notre chemin des personnes qui ont su réveiller en nous cette partie mystique qui nous était complètement inconnue, du moins c'est ce que l'on croyait. Cela nous a ouvert des portes que nous n'imaginions même pas !

Maintenant, nous savons que l'incursion de notre fils Victor parmi nous devait être très rapide, c'était son choix. Nous savons également que rien n'aurait pu changer cela ! Et pourtant, pendant les quelques mois qui ont suivi son départ, nous étions dans l'incompréhension totale, la colère et la culpabilité de n'avoir rien pu faire pour empêcher son geste.

La séance médiumnique nous a permis d'entrer en contact avec notre fils, que nous avons tout de suite reconnu. Eh oui, il a gardé certaines de ses expressions dans l'au-delà ! Ces échanges avec lui nous ont permis de mieux comprendre son choix et le sens de tout cela. Désormais, nous savons qu'il est toujours avec nous ; nous essayons d'apaiser notre souffrance, notre peine, en continuant à l'aimer immuablement.

Et pour les familles, les amis qui vivent cette expérience si douloureuse, sachez qu'ils sont toujours avec nous, pour toujours... Merci à notre fils adoré Victor, qui nous manque tellement, de laisser ce message d'espoir pour toutes les familles, les amis qui vivent cette expérience de vie si douloureuse. Ils sont vivants ! Ils ont juste changé de forme ! Ils sont présents parmi nous et le seront toujours. ♥♥♥ »

Témoignage de Catherine après le départ de son fils

Une maman, Catherine, a accepté de nous raconter son histoire de vie et le départ de son fils, Maxime, à l'âge de 21 ans. Elle nous fait bénéficier du chemin qu'elle a parcouru, des aides qu'elle a reçues pour avancer et, sept ans plus tard, de la transformation qui s'est faite en elle.

Voici ce qu'elle nous a écrit :

Les circonstances

« Maxime est né en août 1992. C'était un charmant petit garçon, bon élève à l'école, qui n'a causé aucun problème durant son enfance. Il était, en revanche, hypersensible. Il a souffert d'un père physiquement présent, mais psychiquement absent. Quand nous nous sommes séparés, son père et moi, il avait 13 ans. Son père lui a annoncé son départ du foyer avant même de me l'annoncer et lui a demandé de ne rien me dire. Il a donc porté ce lourd secret, durant plusieurs mois. C'est à ce moment-là qu'il s'est mis à se scarifier. Je lui ai proposé de voir un psychologue, mais son père lui a dit que c'était des bêtises. Notre séparation, avec son père, s'est passée au mieux. Après, malgré une scolarité en baisse, Maxime a obtenu son baccalauréat sans souci. Malgré quelques moments difficiles, ce fut un adolescent agréable et très gentil. Après un an de déscolarisation, il a fini par rentrer dans une école d'ingénieur en informatique. C'est à ce moment-là que les choses se sont dégradées. Son père s'est installé avec une compagne. Maxime a compris qu'il n'était plus sa priorité et en a beaucoup souffert. Entre temps, son père a perdu son travail et tout son argent. Il s'est suicidé en février 2013. C'est à partir de ce moment que la descente aux enfers a commencé et, en octobre 2013, Maxime s'est suicidé à son tour, à 21 ans. »

Après le suicide de Maxime

« Je ne décrirai pas les moments de souffrance et de culpabilité que peut ressentir une mère dans ces circonstances. Rapidement, j'ai eu beaucoup de signes de Maxime. Je sentais qu'il était quelque part, dans une autre dimension, car je croyais déjà à la vie après la mort. Mais ce qui me taraudait, c'était comment il allait. Six mois plus tard, alors que je sentais que je m'enfonçais, un médecin m'a conseillé de consulter une médium que j'appellerai Anne. Je n'avais jamais expérimenté ce genre de consultation. Cela a été déterminant et ce fut le début d'un magnifique et long chemin vers ma renaissance. Je me souviens que, à la sortie, je me suis dit : "Incroyable, mais vrai !"

Maxime m'a expliqué pourquoi il était parti et m'a complètement déculpabilisée. Son père, que je n'attendais pas, est venu s'excuser. Ma mère est venue, également, pour me rassurer : "Ne t'inquiète pas pour lui, il progresse beaucoup plus vite que nous autres, il est merveilleux." Mon cœur savait que c'était bien lui, même si mon mental a beaucoup essayé de savoir si cette médium pouvait deviner les choses…

Par ailleurs, ce fut une période d'intenses lectures et de belles rencontres. J'ai arrêté mon travail. Je me suis formée à la sophrologie, j'ai été bénévole en accompagnement de fin de vie… Bref, ma vie a totalement changé, elle s'est remplie d'activités et de personnes enrichissantes. J'ai compris que Maxime me guidait, qu'il plaçait les bonnes personnes sur mon chemin. C'est comme s'il semait des cailloux, tel le

Petit Poucet. Un jour, une de mes nouvelles amies m'a mise sur le chemin de Violette. »

Rencontre et consultation avec Violette

« En février 2017, j'ai donc une consultation avec Violette. Au départ, c'était pour avoir des informations sur une maladie chronique que j'ai depuis mon enfance. C'était aussi pour savoir si le suicide de Maxime avait un impact sur mon état de santé (ça me taraudait toujours). À ma grande surprise, c'est Maxime qui est arrivé. Voici des extraits du message qu'il m'a délivré :

Maxime :

Je viens t'aider. Moi, je n'en ai pas besoin. Je me sens à ma place, alors que je ne l'étais pas sur Terre. Je me sentais étranger dans mon corps, comme s'il ne m'appartenait pas. Ce monde autour de moi, je ne le comprenais pas. Je ne me sentais pas fait pour lui. Tu n'aurais jamais pu, de toute façon, m'empêcher de faire ce que je me devais de faire pour retourner chez moi, là où je suis maintenant.

Il y a tant de raisons. Tu n'es responsable de rien et tu le sais bien. Il valait mieux partir ainsi plutôt que d'essayer de mener une vie dite normale, dans laquelle je ne me serais jamais glissé vraiment. Les choses auraient empiré pour moi, mais pour toi aussi et pour ceux qui m'entouraient. Maintenant, les choses sont justes et tout est à sa place.

J'ai revu celui qui était mon père sur la Terre. Mon passage s'est mieux passé que pour lui, parce que j'étais serein, parce que je savais, parce que ce n'était pas un acte de rébellion ni de colère, mais un acte de délivrance. Sur cette Terre, je devais me construire sans lui, même si, humainement, j'ai cru avoir absolument besoin de cette figure paternelle. »

Catherine intervient : « La description de son père colle totalement à la réalité vécue, il est resté le même de l'autre côté. »

« Alors, vois-tu, n'ayons aucun regret, ni toi ni moi. Je me sens maintenant en paix parce que j'ai compris, parce que j'ai avancé. Chacun avance à son rythme ! Toi, tu es sur la Terre. Celui qui fut mon père doit aussi faire son chemin. Et moi, je continue de le faire de mon côté. Tu as été une mère formidable, je n'en aurais pas choisi une autre, parce que tu as été celle qui m'a permis de réaliser ce que j'avais à faire. Tu m'as laissé libre et cela n'a pas de prix. Tu as tout accepté : tu as accepté de vivre, de m'accompagner par et avec ton âme jusqu'à ce que je quitte cette Terre. Et cela, je t'en serai à jamais reconnaissant. Tu n'as pas crié à l'injustice, tu as senti dans ton cœur ce qui se passait réellement et tu as senti que j'étais à tes côtés. Et, cela, c'était important autant pour moi que pour toi. »

Catherine : « Il a parlé longuement de sa sœur et m'a donné des conseils qui se révèlent tout à fait justes. »

« Nous sommes tous reliés. Lorsque j'avance de l'autre côté, je sais que je fais avancer tous les autres. Lorsque toi, tu avances sur Terre, tu nous fais avancer aussi. Nous sommes comme une toile d'araignée, tous reliés les uns aux autres, parce que nous faisons tous partie d'une même et grande famille, en quelque sorte.

Je suis heureux d'avoir été le porte-parole de cela, car c'est pour moi une façon de te redonner ce que tu m'as donné sur la Terre. C'est un cadeau pour moi mais aussi pour toi. Je t'aime profondément, tu sais que tu n'as pas à t'inquiéter pour moi.

Moi non plus, je ne souhaite pas m'inquiéter pour toi ! Alors, mets-toi en route, maman. Ce sera un des plus beaux cadeaux que tu me feras. Si je te vois heureuse, tout ira encore mieux pour moi parce que je t'aime profondément. Et ce n'est pas parce que nos corps ne se voient pas que nous ne sommes pas en présence.

Tu sais, l'amour entre les âmes est indestructible et éternel. Je serai à tes côtés lorsque tu en auras besoin. Ne vois rien comme un échec parce que tu n'as échoué en rien. »

Catherine confie : « Je ressens totalement l'âme de mon fils et suis heureuse de voir qu'il est en paix, qu'il a beaucoup évolué. Ses paroles sont d'une grande sagesse. Je ressens un grand amour qui nous lie, et c'est un énorme bonheur. Par rapport au premier message transmis par Anne, son langage a changé, est plus évolué, car il était plus "terrestre" six mois après son départ. *(Ce message, transmis par Violette, survient trois ans et demi après le départ de Maxime.)*

Ce message me donne une très grande paix intérieure. J'ai enfin la certitude que tout va bien pour lui et c'est merveilleux. Le lien change : Maxime a été mon fils mais, de plus en plus, c'est un lien d'âme à âme. J'ai la certitude que depuis son départ il a été très présent et m'a beaucoup aidée. Mon enfant intemporel m'accompagne désormais. Je sais aujourd'hui que, chacun, nous avons notre chemin : moi sur Terre, lui de l'autre côté, mais que notre lien d'amour est présent et me nourrit chaque jour. »

Impact de la consultation sur ma vie

« L'explication de Maxime concernant son départ me fait comprendre ce que je ressentais au fond de moi de façon confuse. Les raisons profondes du suicide de son père et du sien sont fondamentalement différentes. Je réalise que le sort réservé aux personnes qui se suicident n'est pas ce que je pouvais craindre. Ils ne sont pas punis pour leur choix. Ils continuent leur chemin de l'autre côté, et je sais par ailleurs qu'ils sont aidés. Les raisons de l'âme et du plan de vie ne sont pas ce qu'on peut croire d'un point de vue terrestre.

J'ai ainsi appris à raisonner par rapport à l'âme, pour tous les événements que chaque personne peut vivre sur Terre, ce qui change complètement la façon d'appréhender la vie. J'apprends ainsi à accepter la séparation physique car notre lien est maintenant d'une tout autre nature : il a été remplacé par un lien d'âme à âme. Je n'ai pas perdu mon fils, il est toujours présent, mais autrement. Je peux dire que cette consultation a grandement facilité le processus de deuil.

De plus, cet amour devient au fil du temps de plus en plus pur car débarrassé de toutes les contingences matérielles de la vie terrestre. Il en découle une douce sérénité en moi, surtout quand je le vois sur ce merveilleux chemin de lumière, de l'autre côté.

Je comprends que tout est juste et à sa place, comme il le dit. On ne comprend pas toujours tout, mais tout a un sens, j'en suis certaine. Le départ de Maxime m'a fait faire un bond dans mon chemin spirituel, que j'avais déjà commencé auparavant. La vie prend un autre sens. La conscience s'ouvre sur un univers plus grand. Je comprends que nous faisons partie d'un grand Tout dont tous les composants sont reliés les uns aux autres.

Je développe ainsi de la gratitude pour tout : la gratitude d'avoir eu vingt-et-un ans de bonheur avec mon fils, d'avoir eu le privilège d'être la mère de cette belle âme, la gratitude de toutes les expériences vécues depuis son départ, de toutes les leçons apprises. Ainsi, j'apprends à accueillir la vie telle qu'elle est.

Ce drame me fait apprécier toutes les petites ou grandes choses que la vie peut m'offrir. Le bonheur a ainsi une tout autre saveur. De grandes joies peuvent jaillir après des peines profondes. Les chemins difficiles mènent souvent à de merveilleuses destinations. Un jour, une femme, maître bouddhiste, a dit : “Tout est impermanence, même la souffrance.” Je le comprends aujourd'hui.

Je remercie ainsi profondément Violette pour avoir permis tout ce chemin de transformation, de la souffrance vers la lumière. »

Sept ans après le départ de Maxime

« Maxime a trouvé un canal pour me transmettre des messages. C'est une amie récemment rencontrée qui reçoit ses messages par écriture automatique. Il ne vient que quand j'ai besoin de soutien pour une épreuve que je traverse. C'est ce qu'il m'avait dit dans le message de Violette. Et c'est merveilleux. Désormais, c'est mon âme guide, j'en ai la certitude.

Catherine
Le 14 septembre 2020 »

Nous vous laissons accueillir vos émotions, vos ressentis en douceur.

En ce qui nous concerne, nous sommes toujours émues lorsque nous aidons un être humain, mais également son âme, à retrouver la paix et le chemin de retour vers la lumière, sa famille d'âmes. Que tous les cœurs puissent être en paix.

EN RÉSUMÉ

Le suicide

- Le suicide ne conduit pas à l'enfer ni à la damnation, il n'y a ni jugement ni condamnation.
- La personnalité humaine peut mettre fin à son contrat de vie lors d'un geste désespéré ou impulsif. La loi du libre arbitre de l'humain est respectée.
- L'âme peut prévoir le suicide dans sa planification pré-incarnation ou lors d'une réactualisation de son itinéraire.
- Les âmes proches de cette âme savent qu'elle va se suicider car les accords d'âmes sont (re)négociés dans ce sens.
- Chaque âme en tirera un apprentissage pour son évolution : ouverture spirituelle, transmutation de la culpabilité…
- Après un suicide, l'arrivée de l'âme dans l'au-delà va dépendre de son état de paix ou de tourment, de ses croyances… Elle peut être bloquée dans l'entre-deux mondes ou entreprendre son retour vers la lumière.
- Au moment du passage dans l'au-delà, les guides sont toujours à nos côtés, nous le sentons ou non.
- La durée de vie humaine n'est pas importante pour l'âme : ce qui compte, c'est si elle a coché ou non les cases de son contrat d'âme, c'est-à-dire atteint ses objectifs.

La médiumnité : un moyen de communiquer avec un défunt

- La vie continue pour tous les êtres qui quittent la Terre et communiquer avec leurs âmes est possible via la médiumnité.
- La médiumnité permet de communiquer avec toutes les âmes (qu'elles soient incarnées ou non).
- Le lien d'amour est indestructible, immuable et relie nos âmes.

CHAPITRE 11

CONVERSATION AVEC CYLÉRIA

Lors des centaines d'heures de canalisation/*channeling* que nous avons eues avec nos âmes témoins, nos guides et Cyléria, nous avons gardé certaines questions auxquelles ils ont répondu et il nous paraît important de les partager avec vous.

Pourquoi devons-nous vivre quelquefois des expériences douloureuses sur Terre ?

« Il y a plusieurs facettes à cela. Parfois, vous devez passer par la douleur pour la comprendre, pour la ressentir et la dépasser, pour sentir que si vous faites la même chose à l'autre, cela peut provoquer la même sorte de douleur en lui.

Par exemple, pour une douleur physique : vous savez qu'en marchant sur un clou, vous pouvez vous transpercer le pied, vous blesser et que cela peut être douloureux. Mais comment le savoir, si vous ne l'avez pas expérimenté un jour ?

Il y a aussi vos douleurs morales, affectives, parce que vous faites l'expérience du rejet, de l'abandon, du désamour, parce que vous-même ou une partie de vous a appris ou est en train d'apprendre à se désaimer. Il faut s'éloigner de soi-même pour mieux y revenir. C'est pourquoi vous faites des allers-retours dans toutes ces expériences et, quand celles-ci sont reconnues, apprises en quelque sorte, il y a aussi ce phénomène où vous êtes en rejet de ce que vous vivez, vous freinez des quatre fers ! Vous n'acceptez pas ce que vous vivez et cette résistance crée en vous des distorsions entre votre personnalité humaine et votre âme.

Au lieu de passer la haie qui est devant vous, vous restez coincé devant, à pleurer, à vous lamenter, à vous dire : "Qu'ai-je fait pour mériter cela ? J'en veux à la terre entière. Ce n'est pas de ma faute." En réagissant ainsi, vous perdez beaucoup de temps, mais ce n'est pas une raison pour culpabiliser. Cela fait aussi partie de votre expérience. Mais, le moment venu, il vous faut tout de même avancer, dépasser cela. Vous êtes comme des athlètes, des sportifs : vous devez vous dépasser, avancer, apprendre sur vous-même, de plus en plus.

Vous pouvez aussi apprendre dans le refus, bien entendu. Mais que cela ne se répète pas sans cesse car, sinon, vous tournez en rond et vous n'avancez plus.

Pensez aussi à reconnaître les peurs qui vous handicapent énormément. Là aussi, il vous faut les affronter, les confronter, les dépasser, les transmuter ; cela fait partie de votre itinéraire. ”

Certains d'entre nous se sentent démunis face aux épreuves qu'ils vivent. Avons-nous toujours les outils pour les affronter ?

« Dès lors que vous choisissez de revenir sur Terre, vous établissez un contrat avec vous-même, les autres, et un itinéraire en quelque sorte. Vous recevez tous les outils nécessaires pour accomplir votre périple, au fur et à mesure. Cela peut se faire par des rencontres, des formations, un apprentissage de diverses façons.
Vous avez *toujours* les outils en main, mais vous n'en n'avez pas conscience parce que vous n'y prêtez pas attention, parce que vous pensez être démuni. Vous partez souvent perdant, alors que vous avez toute la ressource à l'intérieur de vous-même ; vous en avez tous la force. Mais souvent vous l'ignorez parce que, justement, vous êtes dans la résistance, dans cette non-acceptation et c'est cela qui crée cette dysharmonie en vous. »

Comment lever les résistances ?

« Résistez-vous à la vie, à vous-même ? Si vous pensez être dans cette situation, essayez de changer le regard que vous posez sur la vie et votre vie. Prenez de la hauteur. Ne focalisez plus sur des événements, voyez au-delà.
Posez-vous ces questions : "Que me dit cet événement ? Que vient-il me raconter sur moi ? Comment vais-je le dépasser ?" Demandez intérieurement à recevoir tout ce dont vous avez besoin. Demandez

que tout se réactive en vous, car tout est là, en train d'attendre patiemment.

Cela demande, effectivement, un état de présence, de conscience dans ce que vous vivez. Ramenez votre attention dans l'instant présent, à chaque parole que vous prononcez, à chaque pensée que vous émettez, à chacun de vos actes, émotions, attitudes face à vous-même et aux autres. »

Que fait l'âme une fois qu'elle a tout expérimenté sur Terre ?

« Il y a déjà beaucoup à faire pour explorer tout ce que l'humain permet. Bien entendu, une fois que l'âme aura exploré tous les possibles, tous les apprentissages, toutes les leçons, elle connaîtra "tous les recoins de cette Terre". Cela ne veut pas dire explorer chaque pays, bien entendu. C'est l'humain qu'il faut explorer, avec les capacités qu'il a. C'est comme vous, sur Terre, lorsque vous avez fini vos études et que vous expérimentez le travail, la vie professionnelle. Vous avez fait le tour de votre métier, vous en connaissez chaque recoin. Il n'y a plus besoin d'y revenir ou d'en apprendre davantage.

Alors, le retour sur Terre n'est pas fatalement choisi par l'âme. Elle choisit d'autres terrains d'apprentissage. Elle n'a plus besoin de revenir s'incarner sur Terre, sauf exception, bien évidemment. C'est un monde à part, la Terre ! »

Pourquoi la Terre est-elle un monde à part ?

« Parce que vous y faites n'importe quoi ! C'est-à-dire que tout est possible. Vous pouvez vivre un grand amour absolu ou devenir le plus grand criminel de la Terre. Votre libre arbitre est tellement... libre, ouvert. Vous n'avez aucun interdit. D'ailleurs, vos lois humaines n'empêchent personne de dépasser les limites, n'est-ce pas ? C'est une planète où vous pouvez vous aimer et vous détester l'instant d'après.

Vous aimez mal. Vous vous aimez mal. Vous pouvez porter aux nues vos policiers (et cela s'est vu, il y a quelques temps, sur votre Terre), vous êtes prêts à les embrasser et, le lendemain, à leur jeter des pierres et les haïr. N'est-ce pas cela la grande liberté que vous vivez sur Terre ? Prenez-en conscience.

Qu'est-ce qui vous motive, alors ? Écoutez votre cœur, votre vrai cœur. Écoutez votre âme et peut-être que vous prendrez plus de recul en écoutant ce qui est juste pour vous. Il n'y a pas de jugement de notre part, que vous jetiez des pierres ou que vous embrassiez vos forces de l'ordre, simplement, prenez conscience de ce que vous faites, de vos choix, lorsque vous insultez, lorsque vous haïssez...

Même dans votre amour vous n'êtes pas justes. Il y a l'amour passion qui peut vous dévaster. Il y a l'amour jalousie ou possession qui conduit certains à supprimer l'être "aimé". Il y a l'amour liberté, où vous aimez et vous laissez l'autre libre, vous acceptez qu'il soit heureux, même sans vous. Il y a l'amour parental, où vous aimez vos enfants inconditionnellement, même s'ils deviennent différents de ce que vous aviez voulu pour eux. Il y a l'amour parental où, si l'enfant dévie de votre désir, vous lui retirez votre amour ! Vous le rejetez parce qu'il n'a pas la bonne sexualité, la bonne morale, le bon comportement, selon vous. L'amour est alors conditionnel, n'est-ce pas ?

Il n'y a pas à porter de jugement, il n'y a pas de comportement plus valide que l'autre, mais seulement des expériences, même si cela peut vous paraître difficile.

Vous rêvez d'un monde où tous les humains s'aiment, où le ciel est bleu toute l'année, avec du soleil, sans saison, sans pluie, sans peine, ni écueil, ni épreuve, mais croyez-vous que vous y apprendriez quelque chose ? Votre âme est déjà dans ces conditions. C'est elle qui est venue “s'encanailler” sur Terre.

Il faut être courageux pour venir sur cette Terre, dans ce monde d'apprentissage où chacun a souvent oublié qui il était, d'où il venait. Mais cela est nécessaire pour beaucoup, pour justement se baigner dans cette ambiance terrestre où vous êtes confrontés à votre libre arbitre, où vous pouvez passer de l'ombre à la lumière ou vous baigner durant toute une vie dans l'ombre. C'est important, car il faut apprendre ce qu'est l'ombre, avoir les pieds dans la mélasse toute une vie, pour apprendre justement à s'en sortir. Mais cela, vous l'avez demandé, vous l'avez accepté, personne ne vous a poussé, personne ne vous a ordonné de faire telle ou telle chose ou d'avoir telle ou telle épreuve dans votre vie.

C'est à vous de vous mettre en cohésion, en cohérence avec votre âme. Nous savons que vous, qui lisez ces mots, êtes capable de comprendre et d'entendre puisque ces lignes sont à votre intention pour vous réveiller et pour vous révéler à vous-même. Cela vous montre le chemin qu'il vous faut suivre de nouveau, maintenant, pour retrouver la reconnexion avec votre âme. Ne vous laissez plus abattre par les défis, les événements. Ne vous laissez plus emporter par ce qui se passe autour de vous, par la peur mais, au contraire, sentez ce qui se passe en vous et suivez votre intuition. La vérité de l'un n'est pas la vérité de l'autre. Tout est vu à travers un prisme différent. ”

Cyléria, comment réussir sa mission de vie ?

“ Vos réactions, vos choix, le regard que vous portez sur les choses, les événements sont importants. Dans “mission de vie”, vous entendez “objectifs à atteindre”, or la destination n'est rien en comparaison du chemin, du voyage que vous entreprenez.
Lorsque vous ferez votre “bilan de vie”, après la mort de votre corps physique, vous noterez votre progression sur les “lacunes” des vies précédentes, le développement d'une valeur “positive”, l'amour que vous aurez donné et reçu, votre manière d'aborder les autres, votre altruisme, vos sacrifices, l'écoute de votre intuition, de votre âme, de votre mental, de votre ego, de votre courage, votre responsabilité, en fonction de la feuille de route que vous avez établie

avant votre incarnation. En aucun cas vous ne serez jugé, mais vous évaluerez votre évolution personnelle par rapport aux missions de vie précédentes.

Faut-il cocher tous les objectifs que votre âme vise, imaginer une liste pour considérer votre incarnation réussie ? Ou faut-il, simplement, n'en cocher que quelques-uns ? Peu importe, dans tous les cas, vous apprenez, vous évoluez. Même si vous n'en cochiez aucun, vous auriez appris quelque chose ! Vous auriez atteint d'autres objectifs, qui n'auraient pas été les vôtres initialement. Nous vous rassurons : vous cochez toujours plusieurs de vos objectifs mais, parfois, vous avez l'impression de ne pas avoir été au bout. Alors, soyez magnanimes avec vous.

Savez-vous que lorsque vous revenez près de nous, il n'y a personne qui vous juge ? Vous êtes, les humains, ceux qui jugent le plus dans cet univers ! C'est vous qui ne vous passez rien, qui regardez votre vie au microscope en pointant le petit détail où vous pensez avoir failli. Vous n'avez failli en rien, vous avez vécu sur cette Terre.

Votre seule décision de venir sur cette planète-école est déjà louable, honorable, c'est déjà un apprentissage en soi. Essayez de voir vos vies avec recul et avec un doux regard. Vivez l'instant présent, accueillez chaque événement en vous disant simplement : “Ceci est sur ma route, mon âme m'a mis ici. Qu'ai-je à comprendre ? Qu'ai-je à vivre ?”

Oui, cela est parfois difficile : perdre sa fortune, son compagnon, son emploi, avoir un corps qui tombe malade ou change… Questionnez-vous et

demandez-vous ce que vous pouvez changer en vous ? Quelle direction pouvez-vous prendre ? Non pas de façon raisonnée, mais en communion avec votre cœur, et votre âme.
Demandez-nous de vous aiguiller. Nous mettrons sur votre route des signes, par exemple une rencontre avec un inconnu qui va vous donner l'information qui vous manquait pour prendre une décision importante, les paroles d'une chanson à la radio qui va répondre à votre questionnement… Il y a une infinité de signes possibles. Lorsque vous êtes à l'écoute de ces synchronicités, elles vous parleront, vous en verrez la magie.
Soyez à l'écoute, et sachez que tout ce que vous traversez n'est pas une épreuve, mais un moyen de grandir, d'en savoir plus sur vous-même, d'élargir les connaissances de votre âme, de vous rendre plus puissant et, ainsi, de transmettre un jour à ceux qui traverseront les mêmes épreuves que vous, d'être aidant, accompagnant, en ouvrant votre compréhension, votre compassion, en ayant un regard bienveillant sur tout ce qui se passe autour de vous. C'est cela apprendre ce qu'est l'amour inconditionnel sur cette Terre.
Il est important que vous entendiez ceci : ce que vous êtes dans cette énergie universelle que vous appelez “âme” est venue s'instruire dans le concret. C'est pourquoi vos épreuves, vos défis comme vous les appelez, sont concrets. L'âme est aussi venue apprendre à trouver des solutions pour se dépasser concrètement. C'est pourquoi il y a la guérison ou la transformation. Elle est venue aussi

se donner le droit de mettre un genou à terre et d'être plus forte après être passée par un événement transformateur.

La vie sur Terre est d'une richesse incommensurable pour l'âme. Ce n'est pas un chemin de croix, bien au contraire ! Transformez la vision de votre vie sur Terre. Nous savons qu'il y a des événements difficiles, des êtres qui vivent sans nourriture ou sans eau potable, d'autres qui vivent sous une dictature, mais cela aussi est une expérience de vie. Cela ne veut pas dire que nous cautionnons le manque de liberté, loin de là ! »

Sommes-nous conscients d'être des âmes lumineuses dont le but est de retrouver le chemin qui mène à la Source ?

« Pour vous permettre de comprendre plus facilement, prenons l'image d'une montagne surplombée d'un soleil d'où émane une lumière des plus pures. Imaginez un être émergeant de ce soleil : c'est une âme qui se détache de la Source qui l'a fait naître.

L'âme va descendre de la montagne en respectant des paliers pour faire l'expérience de l'incarnation. Elle s'éloigne de plus en plus de la lumière source, creuse sous la montagne pour connaître ce qu'est l'incarnation sans lumière (ses parts d'ombre).

Lorsque l'âme a vécu toutes les nuances de la vie terrestre, son évolution va lui permettre de remonter la montagne par paliers, la ramenant au cœur du soleil. Elle revient à la Source.Voici ce qu'est le cycle de vos âmes. Il y en a qui descendent de la montagne et d'autres qui la remontent, mais ceux qui la descendent la remonteront un jour. Tout est question de rythme et non de temps. Par conséquent, personne n'est en retard, chacun va à son rythme. »

CONCLUSION

Nous nous rendons une dernière fois dans cet espace de rencontres astrales où nous retrouvons Cyléria et les êtres de lumière avec qui nous avons passé ces quelques mois. L'endroit est calme et empli d'une lumière rose poudrée, très douce et lumineuse.

Ils sont tous là. Tous les êtres que nous avons eu l'honneur de canaliser pour cet ouvrage forment une ronde autour de nous. Nous les saluons un à un, et chacun d'eux nous sourit et s'incline légèrement. Ce n'est pas juste un geste : une vague de lumière et d'émotion nous parvient et touche nos cœurs. C'est un moment extraordinaire, aussi émouvant qu'authentique. Tous sourient et ont le cœur qui rayonne. C'est une image forte ! Cyléria est parmi eux et dit :

> « Recevez notre plus haute gratitude pour l'effort fourni pour l'écriture de ce recueil d'expériences terrestres à destination de celles et ceux qui sont actuellement incarnés sur votre planète.
>
> Chaque âme qui a contribué à cette œuvre est remerciée.
>
> Chaque âme qui a témoigné vous remercie profondément de l'attention bienveillante que vous lui

avez portée. Pour beaucoup d'entre elles, déposer le témoignage de leurs expériences vécues a été autant une épreuve qu'un soulagement. Pour d'autres, cette dictée et cet échange ont mis un point final au chapitre de la vie qu'elles ont évoqué. Toutes disent qu'elles offrent une chance à leurs vécus de servir à tous ceux qui les liront.

Ce livre a été créé pour vous. Vous avez été accompagné lors de votre lecture et compréhension de ce qui a été déposé ici, touchant un point sensible en chacun, exactement là où vous avez à grandir. Loin d'une leçon de morale, ces écrits sont des exemples parmi tant d'autres, qui soulèvent le voile de l'invisible pour que vous puissiez entrevoir "l'après" comme une continuité.

La mort est un changement d'état, un changement de conscience et vous savez à présent que vous serez accueilli lors de votre transition pour retrouver votre véritable identité éternelle et de lumière pure. Mais en cet instant, vous êtes sur Terre pour vivre une vie riche de possibles.

La planète Terre est un espace magnifique, n'est-ce pas ? Les mers, les lacs, les rivières, les cascades, les plaines, les montagnes qui se dressent, les forêts et les littoraux, la lumière du lever du jour et les animaux sauvages, l'énergie des minéraux et la diversité de la flore et des végétaux… Savez-vous pourquoi vous appréciez tant tout cela ? La planète Terre vous apparaît sublime car elle est à l'image de votre âme : authentique. Elle est. Elle ne s'excuse pas d'être aussi belle, docile, parfois rude ou même tempétueuse, elle est. La contempler, vous relier à elle, vous rappelle d'être vous-même.

Vous avez choisi de vivre un temps dans cet écrin de beauté, en être libre, et, si vous le désirez, guidé par votre âme (étincelle divine d'amour) et vos guides spirituels, amis fidèles.

Durant ce temps de vie sur Terre, vous avez des rencontres merveilleuses à faire, des émotions extraordinaires à découvrir, des forces et des talents à développer.

Vous pouvez laisser passer les jours, les mois, les années de votre vie, mais un jour ou l'autre vous regarderez derrière vous. À ce moment-là, vous vous demanderez peut-être si vous avez vécu pleinement ce temps offert dans cet espace si beau, auprès de toutes ces personnes qui ont croisé votre route, qui vous ont donné l'opportunité d'évoluer.

Ce temps sur Terre est éphémère, alors recevez ces quelques conseils pour vous permettre de mieux vivre votre incarnation.

Vivez, vivez intensément chaque jour que votre âme vous offre, comme un précieux cadeau !

Aimez, aimez-vous, aimez la vie et les autres âmes qui ont choisi de vous accompagner ici-bas.

Appréciez et honorez la splendeur de votre Terre et du vivant qui la partage avec vous : la nature, les animaux…

Écoutez, écoutez la petite voix en vous qui rassure et qui vibre dans votre cœur, dans votre corps, pour vous guider.

Osez ! Osez faire, osez être naturel et resplendissant de joie, car c'est ainsi qu'est votre âme.

Chaque minute de votre vie peut être consacrée à en faire une œuvre, l'œuvre de votre vie ! C'est cela que vous évaluerez à votre retour à "la Maison" parmi nous, comme l'ont fait toutes ces âmes qui se sont mises à nu devant vous dans cet ouvrage.

Prenez-en conscience maintenant.

Si vous ressentez le besoin de changer de cap aujourd'hui, n'ayez pas peur du changement, de sortir de votre zone de confort, pour faire de votre vie une œuvre, une œuvre qui vous remplit, qui vous rend fier. Vous avez chacun une place, un rôle, des talents. Exprimez-les pleinement ! Ne mettez ni des "comment" ni des "peut-être, si". Laissez votre cœur vous guider et vous montrer votre chemin.

Vous l'avez sans doute constaté, votre mental vous freine trop souvent, mais restez à l'écoute, car votre âme vous montre le chemin, elle le connaît si bien ! C'est elle qui l'a imaginé et taillé sur mesure pour vous.

Faites que chaque jour compte dans la construction de votre œuvre personnelle.

Appelez toutes les aides humaines et célestes dont vous avez besoin et nous y répondrons.

Soyez heureux, car vous ne déambulez pas sur la Terre sans but ni chemin.

Vous avez une mission, pour la plupart discrète et silencieuse, mais sur cette Terre, aujourd'hui, il est indispensable que chacun accomplisse au mieux cette incomparable expérience de l'incarnation.

La Terre est une planète où tous les possibles sont disponibles. Vous êtes libre et créateur ! Tout est réalisable pour vous, à l'échelle individuelle et collective. Votre expérience terrestre vous permet d'exprimer votre essence originelle : l'amour et la lumière.
Vous êtes toujours aidé, toujours accompagné, ainsi nous ne nous quittons pas.
Nous sommes sans cesse reliés et interconnectés.
Il suffit de vous rendre dans votre cœur et de nous appeler. La présence de votre guide à vos côtés est indéfectible (voir encadré p. 398).

Si vous ne deviez retenir qu'une chose, c'est ceci :
Écoutez cette part en vous qui vous parle.
Écoutez, car elle détient toutes les clés.
Écoutez, car elle détient tout l'amour dont vous avez besoin.

Nous avons été honorés de partager ces discussions avec vous qui nous lisez.
Recevez notre amour infini et sans jugement.
Soyez, soyez.
À très vite ! (comme vous dites sur Terre)
Paix, joie et amour infini en vos cœurs, chers humains, chères âmes. »

Vous voulez appeler votre guide spirituel ?

Chaque jour, adressez-vous à lui simplement : « Bonjour comment vas-tu ? » Vous pouvez lui parler de votre quotidien, de vos ressentis, de vos réflexions.
Rentrez dans l'échange, même si vous ne l'entendez pas. Commencez à tisser une relation intime avec votre guide. Au fil des jours, vous sentirez sa présence subtile.
Exprimez-lui votre besoin (aide pour résoudre un problème ou prendre une décision, demande de protection, d'énergie, etc.)
Demandez-lui de vous envoyer des signes et soyez attentif aux synchronicités que vous recevrez en réponse. Cela va créer en vous une véritable ouverture au monde qui vous entoure, en l'observant, en y portant une attention toute nouvelle.
Le soir, remerciez-le de vous avoir accompagné durant la journée.

GRATITUDE

Durant les mois qui ont vu naître cet ouvrage, nous avons été entourées d'une énergie fabuleuse. Nous remercions à notre tour toutes les âmes qui sont venues à nous pour témoigner avec beaucoup de courage et de sincérité. Nous remercions Cyléria et son équipe, nos guides spirituels et nos âmes.

Nous souhaitons adresser nos remerciements à notre belle équipe « terrestre » qui nous a énormément encouragées, soutenues. Mille mercis à Fabienne Le Cocq, Elisabeth Huteau, Nicole Palluau, Francine et Pierre Marie, Patrick et Claudine Wuthrich pour leurs yeux de lynx et leur réactivité.

Un grand merci en particulier à Jean-Paul Busier pour ses blagues et son soutien, pour ces bons petits plats, pour nous avoir soulagées de l'intendance et permis de nous consacrer au *channeling* et à l'écriture.

Merci à Sophie pour sa confiance et l'opportunité qu'elle nous a offerte et à Sylvie pour son grand respect des textes.

Merci à vous qui avez lu ce livre. Nous espérons qu'il vous a donné autant d'émotions, d'ouverture de cœur et d'esprit qu'il nous en a procurées.

Merci à toi Violette pour cette formidable aventure que nous vivons en *soul sisters*.

Merci à toi Virginie pour ce tandem (tant d'aime) que nous formons, ma chère sœur d'âme. Quelle joie de partager avec toi ce chemin de vie si passionnant.